中国校本教研与校本课程数字出版平台
中国校本教研网 www.schooledu.com.cn
◎特别推荐◎

超越自我的教师

◎32位名师的成长感悟◎

丛书主编◎张 怡
本册主编◎李卫东 李秀伟

江蘇教育出版社

图书在版编目（CIP）数据

超越自我的教师：32位名师的成长感悟/李卫东，李秀伟主编. —南京：江苏教育出版社，2013.9

ISBN 978-7-5499-3392-1

Ⅰ.①超… Ⅱ.①李…②李… Ⅲ.①中小学教育—研究 Ⅳ.①G63

中国版本图书馆CIP数据核字（2013）第211381号

书　　名	超越自我的教师：32位名师的成长感悟
主　　编	李卫东　李秀伟
责任编辑	林　琬　闫丽春
出版发行	凤凰出版传媒股份有限公司 江苏教育出版社（南京市湖南路1号A楼　邮编210009）
苏教网址	http：//www.1088.com.cn
照　　排	润星之源文化有限公司
印　　刷	三河华润印刷有限公司
厂　　址	三河杨庄镇杨庄村
开　　本	787毫米×1092毫米　1/16
印　　张	19.25
字　　数	315千字
版　　次	2013年9月第1版　2013年9月第1次印刷
书　　号	ISBN 978-7-5499-3392-1
定　　价	35.00元
网店地址	http：//jsfhjy.taobao.com
邮购电话	025-85406265，85400774　短信　02585420909
E - mail	jsep@vip.163.com
盗版举报	025-83658579

苏教版图书若有印装错误可向承印厂调换

提供盗版线索者给予重奖

编委会名单

为造就更多的名师而努力

人类的创新发展潜能是难以估量的，人类不断超越自我的步伐是没有止境的。同样，我们这个时代发展速度之迅速也是远远超乎身在其中的大多数人的想象的。当国人还普遍沉醉于这些年来通过自己的双手和不懈努力而终于赢得了“世界工厂”的美誉的自满状态之时，一个更加崭新的以数字化制造和新能源、新材料的应用，以及计算机网络为代表的科技时代，或者说是以数字化制造为标志的一场新的科技工业革命又已经悄然兴起了。

国务院参事汤敏在接受《中国教育报》的访谈时曾言：近年来，信息网络的发展已经深入生产、生活的各个环节，而高技术合成材料如碳纤维、石墨烯、纳米等各种新型材料层出不穷。将这些新材料、新技术以及数字网络技术结合起来进行数字化制造的高科技工艺（如“3D打印技术”等）也正在崛起。有关专家预测，这种新的数字制造生产模式将会逐步取代传统的车、钳、铣、铇的生产方式，在制造工业领域必将引发新的革命。其中，首当其冲的就是“直接从事生产的劳动力会快速减少，劳动力成本占生产总成本的比例会越来越小”；而且“这种新工艺可以满足个性化、定制化的各种要求”，等等。显然，这场工业革命对中国未来发展的冲击是非常大的：过去，为了追求劳动力的低成本，很多发达国家将制造业搬到发展中国家。我国之所以成为世界制造业的中心，就是因为拥有廉价劳动力。但是相比之下，在以数字化制造为标志的新工业革命的生产方式下，廉价、熟练的劳动力已经不再那么重要了。“过去外包给发展中国家的产品，有可能重新内包回发达国家。”也正因如此，以数字化制造为代表的崭新的工业革命已成为当下世界各国科技界、教育界关注的焦点。因为，如果抓住了这次历史性机遇，就可能在未来的竞争中抢占制高点，若失之交臂，则可能离实现中华民族伟大复兴的“中国梦”的愿景渐行渐远。那么，我们究竟靠什么才能抓住这次机遇？靠什么才不会被这场新兴的工业革命甩在后面呢？关键在于人才，在于我们能否拥有能够不断追踪科技前沿的创新型人才。

如果说未来的发展靠人才，那么人才的培养则靠教育。而教育质量发展与提升的根本，则必然取决于教师，取决于我们能否拥有担当得起培育适应未来发展需要的杰出人才之重任的高素质的教师队伍。在我看来，这样的教师其自身应当具有宽厚的人文情怀、生命至尊的信念、不息的生命激情、执着的创新意识、勤于思辨的大脑和独立的精神操守。换言之，作为一名优秀教师的理想人格境界应当是：人文情怀，博雅底蕴；独立思想，学养丰厚；求真创新，勇于超越；心怀敬畏，真诚服务；担当正义，淡泊名利。

我知道，这样来界定教师的人格境界显得太过于苛求，我也知道，在教师队伍中，有为数不少的人乃至一些所谓的“专家”还在屡屡发表着诸如“教师这个职业只不过是‘三百六十行’中的一种，与其他职业没什么不同，不必‘圣化’”“教师也是人嘛”等颇能博得“共鸣”的“高论”。我承认，教师也是“人”，也是有七情六欲的凡人，但我们可曾想到，教师这个“人”与平常意义上的“人”有着重要的区别——教师是一个以“树人”为己任的人！换言之，教师这个职业原本就是一个“树人”、育人的职业。

那么，通过教师的“教育”，究竟要“树”怎样的人呢？李政涛在《做有生命感的教育者》中曾讲道：一个真正有灵魂的教育，应当是以“追求无限广阔的精神生活，追求人类永恒的终极价值：智慧、美、真、公正、自由、希望和爱，以及建立与此相关的信仰”，并使学生“成为有灵魂有信仰的人，而不只是热爱学习和具有特长的准职业者”。既然如此，如果一位教师自身都没有思想、没有灵魂，没有主动担当意识，更没有对精神生命高度的自觉追求，而仅仅是做一些“夯实砸牢”知识点之类的“体力活”，那么，要指望我们企及上述教育之鹄，可能吗？对此，我曾在一篇文章中谈到：正是由于我们做教师的每天所面对的都是一个个活泼的生命，所以，无论我们自己承认与否，我们所从事的这个直面生命的职业，实质上就是在用我们教师自身的生命之火来不断点燃那些更为稚嫩、更为年轻的生命之火！“教师”之所以千百年来会受到大多数人的尊敬，可能其缘由也在于此。

因此，在我看来，作为教师，作为润泽那些天真烂漫的花季生命获得精神上的健康成长，引领他们的精神生命趋向真、善、美的使者，我们确乎是该有一些超越一般世俗的高尚的理想情怀，确乎是该有一些不同于他人的对生命高度、对完满人生的思考与追求！

如果你是一位真正对学生生命成长有高度责任感的教师，你就必然会自觉地不断提升自我，不断超越“技术”层面，向“教心”的高度迈进。教师不仅仅是知识的传递者，其任务也不仅仅是促进学生创新智慧的生成，至为重要的在于，教师要切实成为引领学生的精神生命和智慧生命得以自由、健康成长的心灵导师、智慧导师和思想导师！这，才是为人师者对自己的教育人生和生命高度的应然追求。

在今天，就基础教育的改革与发展而言，区域性（而非个别化、散点式）促进中小学教师队伍整体实现专业发展，显得尤为迫切。这是因为，当下我国的教育改革已进入“深水区”，教育发展的内外部环境更加复杂，亟待解决的问题更加多样，实施改革举措和创新探索的难度进一步加大。其中，基础教育当前所面临的最根本的问题是：“第一，促进公平；第二，提高质量。”其中，“提高教育质量，是基础教育的永恒主题”，也是教育改革发展的核心任务。因为“实际上，教育公平问题在很大程度上是质量问题。没有质量的提升、内涵的丰富，教育公平往往容易流为空谈”，所以我国基础教育的决策者强调指出：“传统的以硬件指标为主的均衡发展观急需改变，单纯的外延式教育改革急需改变。基础教育的未来发展，应树立起新的改革观，走‘内涵式综合改革’之路，即以质量提升为核心，以综合改革为抓手，实现基础教育高水平发展。”而这一新的基础教育改革发展思路的重要支撑点，就是大力实施县域（市、区）教育综合改革战略。这是因为，县域（市、区）改革是区域改革的基础和关键，以县域（市、区）为单位的综合改革一旦实现突破，必将会形成战略性影响。

那么，县域（市、区）教育综合改革发展的核心又该如何确定呢？对此，教育部副部长刘利民曾明确指出：“当前，教学质量或课程教学改革，已经上升为国家教育改革的核心环节；课程教学改革已不仅仅是学校教育的微观问题，更是关乎教育改革成败的宏观问题。”因此，即便从区域教育改革与发展的角度来看，“区域教育改革的重点应从学校硬件建设转移到学校内涵发展上，树立起新的区域教育发展观。新发展观的要义，就是把课程教学改革置于区域发展的核心地位……”那么，谁是一个区域范围内的课程与教学改革的直接推进者？谁才是真正确保区域教育教学质量实现高水平提升的核心力量？答案只有一个：教师，是千千万万高素质的教师。百年大计，教育为本。教育大计，教师为本。如果没有优质的师资，就不可能有优质的教育。就一个区域的教育发展来看，如果没有这个区域教师队伍专业素质的整体发展，就不要指望这个区域的教育教学质量得到整体提升。

正是从这个意义上讲，我认为山东省济南市槐荫区已实施多年的“名师、名班主任”建设工程（简称“双名教师”建设工程）经验，值得总结、研究，并值得向大家推荐。

从 2007 年开始，应槐荫区教育局师资培训中心的邀请，笔者开始持续关注并陆陆续续地参与了其推进“双名教师”建设工程的有关活动。在这个过程中，笔者看到了槐荫区教育局对于教师专业成长的信念和理性；看到了槐荫区的教师对于自我成长的渴望和执着。随着工程不断深入推进，笔者更欣喜地看到，槐荫区教师团队的专业成长带来了该区教育发展面貌的巨大变化，同时促进了槐荫区教育质量的快速提升。由此，也使笔者看到了区域基础教育改革与发展的灿烂未来和希望所在。

说到底，这项旨在促进区域教师队伍专业素质整体提高的“双名教师”建设工程，直接受益的是参与这项工程的槐荫区的老师们，而最终受益的却是槐荫区学校里的那些孩子们。

搭建各种平台，努力引领教师进入研究状态，并由此判断槐荫区这一工程的价值是有意义的。然而，对于那些有追求并勇于不断超越自我的教师来说，仅享有这样的教育生态是远远不够的。著名美学家朱光潜先生曾将书法艺术的追求划分为层层递进的四个境界：疵境——稳境——醇境——化境。受其启发，笔者认为一位教师要真正做到不断超越自我，并最终成长为一名具有教育家禀赋和思想境界的卓越型教师，仅有一次性成长是根本不可能达到的，他至少还需要经受第二次、第三次成长过程的历练。其中，所谓“第一次成长”即由“疵境”（职初型教师）到达“稳境”（成熟型教师）；所谓“第二次成长”即由“稳境”（成熟型教师）到达“醇境”（专家型教师）；至于“第三次成长”则是由“醇境”（专家型教师）到达“化境”（卓越型教师、教育家）。大致看来，在卓越型教师的这三次成长过程中，第一次成长的关键在于教师主动学习、借鉴他人，进行经验积累；第二次成长的关键在于教师自身能够注意结合实践勤于思考，以及外力推动和适宜成长的教育生态保障；而第三次成长的关键却不在于外部力量，而完全取决于教师自身的文化自觉和教育情怀。很显然，唤起教师自身发展动力的“第三次成长”尤其值得我们关注和深究。

因此，作为教育管理者，当我们在参考和汲取槐荫区推行“双名教师”建设工程的有益经验时，更应当关注和思考一下：究竟是什么唤醒了槐荫区教师自觉追求专业发展的进取激情？而作为普通教师，当我们感慨于槐荫区教育主管部门为该区的教师们所精心搭建、提供的各种专业发展平台和发展机会之余，更应当认真地扪心自问：我自己是否真正拥有一种发自内心的炽热的教育情怀？

如前所述，我们所处的这个时代，是一个日新月异的时代，而教师所从事的教育教学工作，原本就是一项极富于创造性的劳动。因此，教师的专业发展道路是没有止境的，而在一所学校、一个区域内，促进教师队伍整体素质不断提升的工作也是需要永久进行下去的。成功不会眷顾那些只会怨天尤人、无所事事和固步自封的人，真正走向成功的，永远是那些脚踏实地、从不自满和有所准备的人。

如果你是有追求、有责任感的教师，你就要努力成为善于解放自我和不断勇于超越自我的人。而就一个区域而言，作为教育管理者，如果想促使所在区域教师队伍的专业素质获得整体发展，专业精神得以高度彰显，就应当像槐荫区教育主管部门的同仁那样，真正走到教师中间，与他们同呼吸、共命运，努力打造“双名教师”骨干团队，并充分发挥他们的辐射带动作用，以点燃更多教师主动求发展的激情，使教师都能迅速走上自我发展的专业成长之路。

正如德国教育家第斯多惠所言：“教师必须明确地认识到：1、……凡是不能自我发展、自我培养和自我教育的人，同样也不能发展、培养和教育别人；2、教师只有先受教育，才能在一定程度上教育别人；3、教师只有诚心诚意地自我教育，才能诚心诚意地去教育学生。”

所以，只有当每一位教师的专业素质都能真正有效地实现高度发展之时，我们的教育质量才能够获得真正意义上的提升，“让每个孩子都能成为有用之才”的美好愿景才能够真正得以实现。

那么，就让我们为造就更多的走向明天的教师而共同努力吧！

是为序。

齐　健

2013年8月于泉城

目　录

凤凰涅槃，随时而舞

张
薏

名师简介

张薏，济南市小辛庄小学英语教师。

学习也是一种修行，它让我感觉心灵澄净，底蕴丰润，我喜欢沉浸在思考中的那种感觉，更享受努力思索、努力奋斗后得到的那些收获。这，何尝不是一种快乐？

1989年，我以童话创编、体操、舞蹈、声乐4门专业课年级第一和文化课年级第四的成绩毕业于山东省幼儿师范学校。

参加工作后，我先后做专职音乐教师2年，任幼儿园园长2年，任大队辅导员3年，在教导处进行教学管理4年，任班主任6年。曾带过学校唯一一个双语实验班，一个人执教英语、语文两门学科并任班主任，教过除体育之外的小学所有学科。

1992年，我首先获得英语单科结业证书，之后仅用一年的时间就拿到了自学考试专科文凭，所学专业为企业管理专业。之所以选择这个专业，是因为该专业包含我非常喜欢的国际贸易、国际金融、企业管理学、会计学、数据库处理等学科，然后我开始进修英语专业的第二学历，3年后获得第二个专科文凭。取得双学历之后，我参加了全国成人高考，本科毕业之后又通过了全国学位外语考试，获得教育学学士学位。之后参加全国工程硕士统一考试，在山东大学考生中以总成绩第11名被山东大学汉语国际教育硕士专业录取。攻读硕士的3年中，我所有的周末和节假日全都用来上课，早晨 6 点 30 分出门，晚上 11 点 30 分回家，有时候还带着孩子去上课。

期间，参加了大大小小的技能培训，甚至是服装裁剪、个人色彩设计、国际礼仪、现代舞、乐队指挥等的培训，算起来自己一直都在不停地进修、学习。之所以努力学习，一是觉得自己过去书读得少，学习不够努力，知识体系薄弱，作为一名教育工作者要不断地充电；还有一个很重要的外部因素，就是我有一个非常有前瞻性又严厉的“虎爸”，他不允许我被边缘化，工作后，父亲依旧对我说，在家里只能做三件事：睡觉、干活、学习，不学习就去干活，不干活就去睡觉，随我自己选。刚刚毕业时，他对我说计算机和英语是将来社会发展的趋势，然后就出钱让我去报辅导班进修计算机和英语。学校最初开设微机课的时候，没有计算机专业的老师，我便成为学校的第一位计算机教师；后来国家又要求在小学开设英语课，当时的小学也没有能力配备专职英语老师，我又成为学校首批小学英语教师。父亲的预见后来全部成了现实，他教导我要树立终身学习的观念，他还经常关注教育的发展动态，及时告诉我一些新的理念和信息，直到现在我的教育理念仍然赶不上父亲。读硕士期间，节假日父母帮我照看孩子，他们对我的学习给予了大力的支持，我非常感激和敬重我的父亲，他是我工作、生活中的一位智者，他鼓励我与时代赛跑。

很多人问我，都已经是学校的高龄教师了，还这么拼命学，累不累呀？在博文中我曾这样回答：

不累，那是骗人的；不苦，那是忽悠的；但是走过来了，过去的风雨历程，也就不算什么了。

很多人都愿引用但丁的话：“走自己的路，让别人说去吧。”所以，选择了，就不后悔；做了，就不回头。要知道，这个世界上，没有完全正确和绝对有价值的选择。

2009 年攻读汉语国际教育硕士期间，经美国大学理事会和国家汉办严格选拔，我得以赴美做一名汉语教师志愿者，成为山东省唯一一位赴美任汉语志愿者的小学教师，也成为美国整个路易斯安那州唯一一位汉语教师志愿者。到达当地的第三天，我就开始了为期一年的汉语推广和文化传播之旅。我承担的教学任务是把所有的学科（包括语言、数学、科学和社会学）用汉语教给 15 名母语为英语、年龄 6 岁左右的美国孩子。这是一项极具挑战性的任务，我持之以恒地使用创新的教学方法，使这些美国学生从最初一句汉语都听不懂，到听懂汉语并能说汉语。学年结束的时候，这些孩子已经能够阅读 20 本汉语教材并用汉语进行简单的日常交流。

在我执教的这所学校里，学生大多来自贫困家庭，因此他们常常存在一些行为上的问题。我有效地引导了孩子们的行为习惯向良好的方向发展，在我的汉语班里，从来没有出现过纪律和行为不良的问题。除了对学生行为和学习的成功教育外，我还积极地向美国孩子传播中国传统文化，并通过孩子们让中国文化融入整个社区。我在当地组织了几项大型的学区活动，包括秋季狂欢中国情、国际日之我的祖国、庆祝中国农历新年、牵手上海杂技团等，学生们在这些活动中展示了中国功夫、中国歌曲、中国服装，制作了京剧脸谱、中国龙、中国剑、中国灯笼和中国熊猫，这些活动，也帮助当地居民更多地了解了我们美丽祖国的文化和传统。我与当地华人协会紧密合作，号召当地华人热情地投入汉语和传统文化推广活动中来。

在美工作期间，我深知自己肩负的使命，以自身优秀的品行、高度的责任心、精湛的教学技能和良好的跨文化交际能力，在当地学区、社区和学校同事中树立了极高的声誉。当地报纸、电台、电视台多次对我的汉语教学和文化推广活动进行了报道，工作不到 3 个月，我即被邀请在全美外语教学大会上发言，并因为成功的教学成果成为会场上唯一一位破例延长时间的发言人。美方校长 Keith Barttlet 先生在送往路易斯安那州教育部的教师评价表上给予我 100 分的满分评价，并且在写给中方的评价信中说："张薏老师是一位极其专业的，极有奉献精神和极具爱心的实至名归的杰出教育者。她在我们学校的老师中树立了极高的声誉。因为她勤奋的工作、乐于助人的精神和热情的笑容，得到了大家的钦佩。她甚至同意帮助培训两位即将来我校继续她的伟大教育工作的新老师。她是一个了不起的人。我高度赞扬她为我们学校所做的一切。张老师的班级是整个路易斯安那州最为成功的汉语班。由于学校刚开设汉语沉浸式课程，我们不可能为孩子们找到比张老师更好的老师了。张薏建立了一个极其成功的课程项目，她因此值得高度赞扬。我们遗憾的是，她将不能和我们一起共事到下一学年。但是我们仍希望，在不久的将来，她能重返我们的汉语课堂。"而我的美国同事则说我是书写路易斯安那教育历史的人。

正如我在博客中所写，当离开祖国，才知道自己这样爱国。我曾经反复地问自己，为什么我那么在乎自己的肤色，在乎五星红旗的颜色，后来我慢慢地懂得了，这样的在乎让我有一种精神和心灵的归属感。我不是不定的风，不是无根的浮萍，我有自己的根，有自己的归宿。这个归宿使我虽身在万里之外，但心与祖国和家人的距离只有咫尺之遥！

国庆大典上国旗升起的那一刻，我泪流满面，无法自抑！多日来的拼搏，多日来的挫折，多日来的顽强，都因这一瞬间的颜色和音乐，这一瞬间的庄严和凝重而释然。我哭得一塌糊涂！

我为自己的国家骄傲，我为自己的拼搏自豪！

我所取得的这一切，是因为我在一个优秀的集体中成长，它让我保持着一份沉甸甸的感激。槐荫区委、区政府和槐荫区教育局在教育队伍建设上具有远见卓识，启动“槐荫名师培养规划”，作为槐荫区名师首批培养对象，我也找到了施展才华的舞台。当我站在各级领导精心搭建的这个舞台上时，才真切地感受到：心有多大，舞台就有多大；自己有多努力，舞台就有多灿烂。

当我们在成长中努力践行时，我们得到了来自各级各界的大力支持和帮助。资金、情感、时间、空间让我们在追求名师之路上走得踏实、有力，让我在成长的过程中，对自己提出了更高的标准。当最终获得“名师”这一称号的时候，我发现，名师已不仅仅是一种荣誉，而是一种情怀，一种能感召和鼓舞每一位槐荫教师实现理想和抱负的情怀。

现在我更要承担一份责任，作出一份承诺：我将在自己的工作岗位上更加勤奋学习，不断超越自我，不断开拓创新，不断创造出更加辉煌的工作业绩，为了槐荫教育美好的明天，为了教育至高至美的境界，把满腔热情和全部智慧奉献给槐荫的教育事业。

附：我的教育故事

简单就是最有效的教育（异域风采录）

我被家长投诉了！

今天一大早，就得到了这么一个让人苦恼的消息，坦率地说，刚开始我确实有点紧张。原来是我们班一个学生误把小石头放到自己耳朵里，结果导致耳朵疼，她向我描述自己痛苦的时候，由于语言带着浓重的南方口音，我没有听明白。结果，晚上去了医院，今天早上家长就来学校投诉了。校长了解事情原委后，并没有责怪我，也没有找我谈话，因为和我搭班的美国老师向他反映，她们也经常听不清楚这个孩子的发音（更何况我这个不远万里从中国来的老师了）。

但是，职业责任感和常年在国内受到的培训（或者说是一些惨痛的教训），提醒我不得不重视这个事关学生安全的问题。为此，我特意请我们班的英语教师帮助我教育一下这个孩子，同时告诫全班学生注意防止此类事情再发生。我因此见识了一次让我感慨的美式德育工作场景。

那位美国老师将这个孩子叫到前面，当着全班学生的面，开始了一段教育的对话：

“你昨天怎么了？”

“我耳朵疼。”

“为什么疼啊，亲爱的？”

“我把小石头放到耳朵里了。”

“啊，那你晚上怎么样啊？”

“晚上疼，去医院做了手术。”

“天哪，疼吗，你害怕吗？”

“疼，害怕。”

“那以后怎么办？”

“以后不再把石头放到耳朵里了。”

说到这里，老师笑了，说，好的，一定要记得啊。然后就对其他孩子说，你们记住了吗？孩子们回答，记住了。

没有过多的训诫，也没有喋喋不休和夸大的教育，更没有气急败坏的责骂，只是就事论事，简单明了，不拖泥带水。没想到她竟这样干净利索地完成了教育，我真的开始佩服这个生了10个孩子的美国母亲了。

在美国，学校里没有专门的德育工作者或班主任，我的任务是负责一年级学生，虽然除教学之外要承担大量的学生生活管理工作，但那仅仅是对学生生活的料理，而从来没有接受过单纯的德育工作任务。我发现很多美国孩子虽然很调皮，但是在平时的行为习惯和待人接物上，不管是5岁的孩童，还是10多岁的少年，都彬彬有礼。挂在他们嘴边的总是“sir”（先生）“madame”（夫人）“sorry”（对不起）“I am sorry to bother you，but……”（对不起，打搅你了，但是……），至于感谢的话就更普遍了。美国的德育工作渗透在家庭、社会和学校每一个细小的环节中，他们非常喜欢情境教育，更重视体验教育，他们努力创设情境，把握机会，让孩子们在学习实践中去习得、去体验、去感悟，培养自己学习生存和发展的能力。

这就不难理解在美国儿童早期的教育中，很少出现“狼来了，要吃你了”这样吓唬孩子以期达到规范和约束孩子行为的办法，也很难出现“棍棒底下出孝子”的豪言壮语，反倒有点类似“润物细无声”的渗透式教育。

我想，直率可能是人与人之间最便捷的沟通方式，所以我们总说，孩子之间沟通无障碍，因为他们简单而直率。

突然，很羡慕孩子的世界了！

在磨课中行行复行行

李妮妮

名师简介

李妮妮，济南市济微中学语文教师。

正如清朝唐彪所言："文章读之极熟，则与我为化，不知是人之文，我之文也。"学生只有在读书中才能学会读书，在感情中触摸、领悟、交换感情。文章不是无情物，所谓"夫缀文者情动而辞发，观文者披文以入情"。因此"以情带读，读中悟情"是我语文教学的追求。

命运有一半在你手里，有另一半才在上帝的手里。你一生的全部就在于：运用你手里所拥有的去获取上帝所掌握的。

你的努力越超常，你手里掌握的那一半就越庞大，你获得的就越丰硕。在你彻底绝望的时候，别忘了自己拥有一半的命运；在你得意忘形的时候，别忘了上帝手里还有一半的命运。你一生的努力就是：用你自己的一半去获取上帝手中的一半。这就是命运的一生；这就是一生的命运。

节选自《上帝只掌握一半》

回顾参加工作的 16 年间，在众多深深浅浅的脚印中，能令我驻足深思的却是磨课的脚印……

我的稿子背熟了吗？

——1998 年，临沂市小学社会学科优质课评选

在参加工作的第二年，通过选拔，我很幸运地参加了临沂市社会学科优质课评选活动。在教研员及其他老师的帮助下，

我准备好教案，开始了一次又一次的演练工作。对于什么时候说哪一句话，做哪一个动作都已经烂熟于心。在正式比赛开始之前，我还在紧张地问自己：“稿子背熟了吗?”

结果出乎意料，我竟然获得了一等奖。反思其中原因，大概是我具备较扎实的基本功、一定的“演技”和认真的态度。

学生能够配合演好这个课堂的“亮点”吗?

——2000年，莒南县初中语文优质课比赛

2000年，我被调到初中，正式开始了语文教学工作。

一切重新开始，备课时参照教参，课堂上随心所欲，只是跟着教研组长亦步亦趋，犹如邯郸学步。

县里组织语文优质课比赛，我毫不犹豫地报了名，我觉得大显身手的机会终于来了。到现在还记得当时讲的是《故乡》一课，比赛之前，我绞尽脑汁地设计课堂上的亮点：两名学生分别扮演“我”和“闰土”，到台前表演两人相见的场景。我没有想过这样设计的意图，于是，这么凄凉的见面竟在轻松活跃的气氛中被表演出来，导致学生与文本生生被隔离。

结果我只得了个三等奖。痛定思痛，我渐渐懂得：无法飞翔，是因为把自己看得太重，因此，要学会“时刻归零”。这时，我读到了特级教师窦桂梅的一段话：“让读书成为我的生活，必须成为我的生活，我们不要为校长读，不要为新课程读，不要为学生读，而为你自己！只要你心静，有一双慧眼，真正地读书，内化成我们内在的东西。”读书，是一个人最好的精神食粮。于是，我选择了沉默，开始了别样的读书生活。

读经典作品。我的古典文学和哲学修养不足，必须靠读书学习来弥补和进修，要像永不干硬的海绵一样不断地吸收和获取。因此，我阅读了中国古代、现代以及外国的文学作品，笔记做了一页又一页。

读语文教学专著或杂志。专家对语文教学的真知灼见逐渐闯入了我的视野，名师精彩的实录、精巧的设计令我啧啧称赞，并深受启发，因此积累笔记也做了一本又一本。

写课后反思。我渐渐发现，其实语文很简单，它承载着“价值引领，铺垫人生底色；习惯培养，形成持久学力；兴趣激发，引入读书殿堂”这三大功能。有了这样的认识，我开始反思自己的课堂。得意的记下来，再接再厉；失意的记下来，仔细推敲，反思的文章写了一篇又一篇。

课堂上学生能够通过朗读品味与作者交心吗？

——2006 年，临沂市语文优质课比赛

2005 年，我又一次参加了县优质课的比赛，并获得第一名。2006 年，参加了临沂市初中语文优质课评比活动。当时要求老师讲课外的文章，提前一周抽课题，这可是考查老师的真本事，我抽到的是史铁生的《合欢树》。在一遍又一遍潜心品读中，我体会到《合欢树》是史铁生用朴实无华的语言谱写的感人至深的追忆母爱之曲。行云流水般的演绎，敲击着每一位读者的心灵，款款文字渗透着对母亲去世的悲伤之情，涌动着对母亲的真切怀念之心。而我要做的就是搭建一个平台，让学生品味文章平淡、质朴的文字，感受作者对母亲无尽的思念。触摸语言最好的办法就是实实在在地读，有滋有味地品，可以是目光触摸般的默读，可以是声音触摸式的朗读，可以是心灵触摸式的听读，可以是记忆触摸的诵读。

“品”离不开“读”，“读”即是“品”。读可以传情，可以带来读者自身真切的体验，也可以引发与作者的共鸣，最终可以把外在的语言化为内在的语感。

这节课我力求做到以读促讲，通过读感悟，带着感悟再读，使孩子们能表达与强调自己的体会，真正做到与作者心心相通。

当我与学生一起读到：“我倒没太害怕，心想死了也好，死了倒痛快。母亲惊惶了几个月，昼夜守着我，一换药就说：‘怎么会烫了呢？我还直留神呀！’幸亏伤口好起来，不然她非疯了不可。”时，看到学生拧着眉头红着眼圈，我知道，我又一次超越了自己。

为了学生真正地学，学会等待

——2008 年，山东省语文优质课比赛

礼堂里人山人海，却很安静。

“在读了《生于忧患，死于安乐》一文后，你想对自己或别人说些什么？”我在与学生交流感悟，此时还有五六分钟就下课了。

有一名男孩用闪闪烁烁的眼神看着我，似乎想说些什么，我就叫起了他。

“我……我想说的……就是老师……”男孩似乎很着急，又不知从何说起。他不断地用手挠头，接着竟然沉默了。

大赛上这样的沉默是很让人揪心的，我们都知道，比赛中分分秒秒都很珍贵。我想不如搪塞几句让孩子坐下吧，后面还有一些预设的内容，但是不行，他是鼓起勇气才说的，他应该在这个课堂上表达出自己的想法。在短暂的几秒钟考虑后，我走过去，微笑地看着他，帮他举着话筒。

“孩子，你学了这篇文章后，一定有些话特别想说出来，对吗?”孩子点点头，“我和同学们都特别期待听听你的感悟，我们等着。”

男孩抬起头，看着我：“其实……其实，我是想对老师您说几句话，老师您今天的这堂课一定很重要吧？您也一定为了这堂课付出了很多，可能还会遇到一些失败与挫折，但是这些磨炼肯定会使您更加优秀。所以，天将降大任于斯人也，必先苦其心志，……增益其所不能。”

我的心渐渐地被温暖包围，所有因比赛而带来的辛苦、迷茫、痛苦，等等全都释然了，有酸酸的滋味涌上心头。我紧紧地握着那个孩子的手，而全场掌声雷动。

“学会等待”对我来说可谓字字千金。

在以前的课堂上，我往往只想着预设的步骤，给听课的人一种牵拉痕迹很重的授课感觉。经过不断的反思我懂得了，在课堂上要学会等待，学会等待学生最真实、最自然的生成点，那才是课堂上需要教师去关注的东西，把握好了这一点才是一节课真正的精彩所在，而不仅仅是在备课伊始那些自己所做的种种预设。面对学生的自然生成，要先让自己保持绝对的冷静，不能因为跟预设的不一样就先乱了阵脚。其实学生的每一次回答都是源于自己对课文、对问题的思考，在这时教师要站到学生的角度去思考，想一想为什么他会这样说、会这么想，再想一想怎么顺势引导，只要自己保持冷静，就会出现精彩的课堂智慧。这也是对教师个人素质和教学智慧的考验。在省优质课比赛的前一天晚上，我就不断地告诉自己一个道理，对自己定的目标要学会等待、学会倾听，冷静地处理学生的每一个课堂生成点。

课堂上，首先要为学生考虑

——2012年，山东省语文教学能手决赛

2012年，经过层层选拔，我得以参加山东省教学能手的最终对决，我深感压力巨大。从散文、文言文、诗歌、作文四大课型着行准备，最终是通过抽签决定比赛课题，每个课型都是语文教学的重头戏。从选题到备课到试讲再到推翻重来，反反复复，纠结彷徨……但在整个准备的过程中，我始终牢记语文教学的使命：使学生在实践中逐步养成一种能迅速准确地理解、感悟和运用语言的能力。

在一次试讲课上，下课铃响了，我只能匆匆收尾下课，结果自己最期待的和全班同学共同创作一首小诗的环节，也是自己颇为得意的亮点没有时间展示，为此我很是懊恼。这时市教研室杨宏丽老师在下课间隙对我和蔼地说："讲完课了，为什么垂头丧气呀？"我不好意思地说："时间没有把握好，我没有讲完。"杨老师看看我，认真地说："不是时间的问题，而是整体。这堂课你不觉得你的设计太满了吗？全都上完，第二课时干什么去呀，上的是展示课，可是不能就为了展示，要为学生考虑呀。"听罢杨老师的话，我恍然大悟：自己曾经追求的上完课，上满课，课堂容量一定要大，要高，确实都是在为自己的课堂考虑，但却没有真真切切地为学生考虑。

我在午后的阳光下回想磨课的经历突然感到很幸福，沿着这条路也许我无法走到顶峰，但是沿途的风景已经足够我欣赏了。研究是一个旅程，到达目的地是重要的，但更重要的是欣赏沿途的风景。幸运的是在这条路上并不只有我一个人，有很多具有丰富经验的老师在和我一路同行，从他们身上我能感受到不同风格的授课方式和教学经验，在他们那里我学到了许多教学思想的精华。我相信这种磨课的教学历练最终会化作我人生的硕果，它必将启迪我在教学路上奋斗不息，耕耘不止……

附：我的教育主张

"良药"也能不"苦口"

——初中语文有效性作业实施初探

《教育大辞典》对"课外作业"是这样表述的："根据教师要求，学生在课外时间独立进行的学习活动。在教学活动总量中占有一定的比例。一般认为，是课堂教学的延伸，有助于巩固和完善学生在课内学到的知识、技能，并能培养学生的独立学习能力和学习习惯。"可见，适量、有效的作业，是学习过程中不可缺少的一个环节。

但绝大多数教师布置课后作业时存在着一些误区，以至于学生对语文作业的态度由应付到疲于应付，最后听之任之。笔者认为，造成误区的原因有两个：

（1）作业布置随意，缺乏系统性与序列性。

（2）作业设计层次不清晰，缺乏针对性。

在新课程的背景下，优化语文作业，实现轻负高质，是语文教师追求的目标。进行规范、科学、有效的语文作业设计应当成为语文教学改革不容忽视的重要课题。

一、源于教材，强化课堂学习效果

语文作业设计不能任意为之，要以巩固课堂学习的知识和技能为基础，从而进行有效拓展，注重知识能力的迁移，使学生“得法于课内，得益于课外”。

教材是教师教学的依据和载体，学生通过教师对教材文本的讲解掌握听、说、读、写等语文学习的基本技能，并且逐步提升自己的语文素养。因此，课后的作业也应基于文本，让学生巩固课堂内学到的知识与技能，并且能够逐渐内化，做到灵活运用。

《罗布泊，消逝的仙湖》一文中颇有特色的是生动具体的描写、翔实准确的数据以及由此而产生的鲜明对比。我曾看过一位教师颇为精巧的作业设计，他让学生借鉴文中学到的，描写罗布泊前后不同景象的生动语句，写出想象中20年后的青海湖和月牙泉是怎样的一番景象。有的学生十分乐观，笔下的青海湖、月牙泉依然保持着清澈、美丽的景象；有的学生显得悲观，想象中20年后的青海湖、月牙泉遭遇了与罗布泊相同的命运，树木枯死，河水干涸。这样的作业设计不但能够鼓励学生写出自己的个性，而且能强化课堂学习的效果，又能自然而然地引导学生进行深层次的思考，可谓一举三得。

二、生活有多广阔，语文作业就有多广阔

虽然现在的中学生汲取知识的能力很强，但却缺乏合适的方法，而且缺乏主动性。所以语文教师在布置作业时不能拘囿于教材，而应创造性地布置作业，让学生在作业中享受到快乐。

1. “我亲爱的小宝贝”

一年一度的母亲节就要到了，我给全班同学布置了一项特殊的作业：星期天每人回家“领养”一颗小植物，照顾它，爱护它，对它的生命负责；每个星期都要写“宝贝成长记录”，记录“宝贝”成长的过程和自己的心得。在那段时间里，我总能在周记中读到精彩的文字。

2. 漫游语文世界

生活中处处有语文。语文老师在布置作业时可以把学生引入广阔的生活中，于是“漫游语文世界”系列作业产生了，我将全班同学按照兴趣爱好分成6组，分别确定探究的主题：人名、广告语、店名、对联、标语、手机短信。然后小组分工合作，以语言的视角到生活中充分领略语文世界的魅力，于是精彩在意料之中出现。

三、关注生本，关注学生的需要

在读周彬的《坚守学生立场》一书时，有一段文字给我留下很深的印象："课堂教学中的主宰者永远是学生，而且学生对自己的学习行为有着最终的决策权，他可以选择参与课堂教学，也可以选择不参与课堂教学……最终决定参与课堂与否的仍然是学生自己。"我们是不是也可以这样理解，课后作业的主宰者永远是学生，而且学生对自己的学习行为有着最终的决策权，他可以选择认真完成课后作业，也可以选择应付作业，甚至也可以选择不完成作业，最终决定作业效果的仍然是学生自己。这就要求教师在布置作业时一定要关注"生本"，考虑学生的需要与兴趣，真正做到"以学为主"。在这方面，我做了一些思考与尝试，而且收到了很好的效果。

1."我的作业小超市"

我与学生们约定，每周三的家庭作业由学生自己布置，这充分地尊重了孩子们自己的意愿。作业的内容与形式可谓五花八门，学生可积累名言、成语、对联，可展开想象写日记，编故事；可以看《新闻联播》，可以看《焦点访谈》等，关注社会热点问题，谈见解、谈收获，做时代的小主人。

每月有一节课的时间，让全班同学进行一次家庭作业的交流会，重点谈一谈自己经营"作业小超市"的收获。"作业小超市"的产生，还给了学生一片可以自由飞翔的天空，给予他们可以尽情奔跑的田野。更重要的是，学生们找到了作为学习中的真正主人的感觉。

2. 适合的才是最好的

传统语文教学"一刀切"的情况比较严重，老师布置作业时全班一个模式，要求一样，内容也一样。这就导致有些语文基础较差的学生不能完成相应的任务，一些语文素养较好的学生又觉得没有发挥的空间，导致有人"吃不消"，有人"吃不饱"。

因此我给学生分层布置作业，具体做法如下：先根据学生的语文能力把学生分为A、B、C三组，作业也分成基础题、提高题、思考题。对于语文基础较差的A组，只要求他们完成基础题；对于语文基础一般的学生，要求他们完成基础题和提高题；对于语文基础较好的C组学生，就要求他们三项作业全部完成。当然，我鼓励学生尽量向高一级的任务挑战，实现自我提高。这样每一位学生都有自己能够完成的任务，如果完成质量好，或者超额完成任务还能受到表扬，学生学习自然也就有信心了。

通过一个学期的实践，班级的语文成绩有了明显的提高，特别是一些原来语文基础较差的学生，进步更是明显。

作业是课堂教学的延伸，它的优化设计，可以最大限度地拓展学生的空间，让学生有更多的时间自由支配，丰富课余生活，发展独特个性。在实施新课程标准的大背景下，语文教师只要以新课程标准精神为依据，树立起新的语文作业设计理念，就能做到“良药”却不“苦口”，使学生在“糖衣炮弹”裹藏的作业中，得到个性的张扬，得到人格的尊重，得到情感的体验，得到能力的提升，得到生命的发展。

于向阳

讲台上的歌唱家之梦

名师简介

于向阳，济南市纬十路小学音乐教师。

音乐教育最根本的目标是培养“人”，一个健全而完整的人。我们面对的是一群有思想的、鲜活的生命，要抛弃一味的灌输与专制，通过音乐影响学生，让学生能够学会用音乐的思维来思考问题。所以在每一节课上，我都会倾听——倾听学生真情的呼唤，倾听他们的心声；我都会等待——用发展的眼光看待学生的成长，不急于求成，不心浮气躁。

一、 关键时刻的推手

教师这个职业并非我选择的，我的理想是成为一名歌唱家。我出生于胶东农村，从小性格内向，虽然没有在家人或其他人面前展示过自己的歌喉，但我知道自己有一副好嗓子，于是一直偷偷地在心里唱着歌。记得小学五年级时，校长给我们上了一节音乐课，教大家唱《红梅赞》，当时我受到了深深的震撼，第一次被美妙的音乐所吸引，也许从那时开始，我的心里就有了这样一个梦想——成为一名歌唱家。

初中时我进了镇上的中学，这是全镇学习精英汇聚的地方。不太聪明的我不得不埋头苦干，努力学习，但即使这样，现实也让我很失望——每次考试排名都很靠后，我沮丧到了极点，最后甚至萌生了退学的念头。这时，教我们音乐的于思力老师，发现了我的好嗓子，吸纳我进入了学校的音乐小组。他鼓励我大胆地歌唱，并安排我在学校的各种活动中进行展示，于是我的信心又找回来了——是音乐把我从退学的边缘拉了回来。经过努力，我如愿以偿地考入了当时县里最好的高中——牟平第一中学。在这里，我在专业老师的指导下，开始接受比较正规的音乐教育。通过几年的学习，我考入了山东艺术学院，跟随刘忠贤教授系统学习声乐。在刘老师的悉心指导下，我的演唱水平有了长足进步，每次学期专业考试都名列前茅，我自己感到仿佛离歌唱家的梦想又靠近了一步。

1993年大学毕业，由于种种原因，让我与歌唱家的梦想失之交臂，被分配到了济南市纬十路小学，成了当时艺术学院第一个被分到小学的毕业生。理想与现实的巨大差异，让我苦闷了三年，三年中虽然一直在彷徨，迷茫，但是这也给了我反思的空间——我的人生目标究竟在哪里？由于自己的专业技能在小学阶段的教师中比较突出，因此区音乐教研员比较关注我，经常与我交流专业和教学方面的问题。1997年，我参加了山东省音乐教学研讨会，在大会上，我有幸聆听了全国特级教师刘德昌的一节音乐课《小雨沙沙》，我完全被打动了，原来小学的音乐课可以这样地精彩而有意义！回来以后，我思考了许多，我想，我也可以在小学音乐教育的岗位上做得更好。在区教研员的帮助下，我参加了济南市小学音乐评优课，凭借《摇篮曲》一课获得了一等奖。从这以后，我真正地爱上了教师这个职业，开始在音乐教学研究上投入更多的时间与精力。通过与全国名师和特级教师的交流，我深深地体会到了自己身上的责任：既然我从事了这个职业，就应该把它当作事业来热爱，把它当作一种理想与信念去追求。教育的爱不是普通的爱，应该是完整的爱、健康的爱。它需要我们与学生进行心灵的沟通与交流，要善于发现学生的闪光之处，给予他们关怀：每个学生都有自己闪光的一面，我们要用爱去发现。

2003年5月，在美丽的海边小城日照，我的努力与追求得到了回报——我代表济南市音乐教师参加了山东省小学音乐教师优质课评选，并荣获第一名。同年以一节唱歌综合课《花蛤蟆》，代表山东省参加了全国第四届中小学优质课现场课的评选，荣获了全国二等奖。在这期间，我有幸结识了对我音乐教学有着重要影响的山东省音乐教研员李东老师。从备课到参赛，李东老师给了我许多有意义的指导，让我的音乐教学能力得到了突飞猛进的提高。更重要的是，李老师教会了我要对音乐教育和课堂教学不断反思。从那时开始，我就认识到，音乐教育最根本的目标是培养

"人"，一个健全而完整的人。我们面对的是一群有思想的、鲜活的生命，要抛弃一味的灌输与专制，通过音乐影响学生，让学生能够学会用音乐的思维思考问题。我现在教的学生都非常喜欢上音乐课，也非常喜欢我，而这也正是我一直追求的理想与信念。

在李老师的帮助下，我还在小学音乐唱歌综合课的教学中进行了深入探索，从学生兴趣入手，抓住音乐要素，突出音乐课中的音乐性。我一直把课堂教学作为教育科研的主阵地，把音乐课中的一些常见现象和问题进行研究、总结，从而更好地为自己的音乐课堂服务，并体现于自己的音乐教学之中。我在学生的歌唱习惯养成、歌曲的音乐要素挖掘等方面做了深入细致的研究，使学生的歌曲学习能力和表现能力得到了很大的提高。2005 年，我以"小学歌曲教学"为专题，在山东省基础教育新课程骨干培训者省级培训会上讲授了 12 节课。2006 年和 2008 年分别在山东省音乐教学研讨会上做了公开课展示，并进行了专题发言，受到了与会专家和教师的一致好评。2010 年 3 月，应中国教育学会邀请，我参加了中国教育学会教师发展基地组织的"小学音乐课堂教学研讨会"，会上上了一节观摩课并作了"抓住音乐本体谈音乐教学"专题讲座。

2010 年 8 月，在山东省音乐教研员李东老师的推荐下，我有幸代表中国在北京参加了第 29 届世界音乐教育大会，在大会上以《京韵》一课，向各国音乐教师展示了中国京剧艺术的魅力，同时也展示了自己的教学理念和教学艺术。

回首 20 年的音乐教学生涯，我感慨良多，感谢一路走来陪伴、引领、指导我的老师和同伴们，我会更加执着而坚定地在音乐教育的道路上走下去。

二、 读和写促进自我提高

我经常关注名师和特级教师的成长历程，并发现他们的成功几乎都与读书有关。作为音乐教师，在成长的道路上，读书写作一直是我的短板。我一直在思考该如何解决，2007 年，一个偶然的机会，我决定从博客入手，把我的点滴反思和生活所悟写下来，于是，我建立了自己的博客空间。

万事开头难，开始的时候无从下手，脑子空空，我坚持每天反思自己的教学，并定期记录在博客上。同时，我买了大量的书籍，每天坚持阅读，写笔记和心得，慢慢地使自己养成了买书、读书的习惯，写作水平也有了很大的提高。博客空间为我打开了一扇窗，很多音乐教师在这里交流、讨论。从那时开始，我的论文和文章也慢慢出现在了报刊上，2004 年我的教学设计《花蛤蟆》发表在了《中国音乐教育》上，2006 年，论文《透视新课改中音乐教学的一些现象》发表于《中国音乐教育》，《副科≠养老》一文发表于《中国教师报》，《音乐教师基本功还重要吗?》发表于《中国教育报》，还有多篇文章被《济南教育》录用。多年来我一直从事《山东省寒暑假生活指导》的音乐学科编委工作。

这些成果的取得，都是从博客这个空间开始的，它让我慢慢地养成了读书写作的习惯，并从此延伸下来，并慢慢地带动了我身边的音乐教师。

从 2008 年开始，我成立了音乐教师工作室，以专题研修、课堂实践为途径，带动区内音乐教师成长。在省、市、区教研员的帮助下，我们依据国内现状，结合匈牙利柯达伊的教学法和北美地区音乐教材等，根据学校学生的认知特点，把现有的音乐教材加以整合，梳理音乐教学目标，确立了基于目标统领下的课堂教学改革的实践研究。我们将工作室的工作重点放在了以行动学习主导学科研修共同体的建立上，通过课例研修改进学科教学，培育青年教师的研究状态，支撑课堂进步，成就专业成长。此外，还通过读书活动提高成员们的素质，例如阅读《儿童早期音乐教育——理论与实践》《音乐学科教学法概论》《体验音乐》等书籍，每个成员定期利用工作室主页或个人博客进行读书交流活动。

读书与写作是伴随教师成长必不可少的内容，它能让我们的教育内容更丰满，能使我们的内心更强大。通过几年的读书与写作，我的教学能力和科研能力都得到了提高，收获颇丰：连续四届担任济南市音乐学科带头人；2007 年获济南市骨干教师素质大赛一等奖；2009 年被评为“济南市教育科研先进个人”“山东省教学技术能手”；2011 年被评为“山东省教学能手”。

孩子们如明镜，我临水顾盼，惊叹如许澄澈，纯净，天真未凿。在相处的每一天我开始学会敬重孩子们，犹如仰望一棵棵春天的树。他们生机盎然，葱茏青翠，在春阳中迎风招展，尽情欢畅。常常在一双双明澈晶莹、明心见性的眸子里，照见人生。镜中的自己，拥有一对轻盈的翼，恣意遨游于湛蓝的天。

附：我的教育故事

因为投入，所以交融；因为交融，故而精彩

——我的2008省音乐教学年会心得

山东省教学年会虽然已经落下了帷幕，但是会场的热烈气氛我至今记忆犹新。每天上午上课，下午研讨，1000多名音乐老师度过了紧张而有意义的一周。

这次课上，我为大家准备了一节小学三年级的唱歌综合课。上完课老师们进行了热烈的探讨，从他们不同角度的讨论中我收获很多。这种研讨会对我来说是一种历练，这个经历很难得！我喜欢上课的这种经历，它让我变得更加丰富。经过本次年会，我也心生很多感慨与体会。

首先，我们应该怎样上公开课。作为一名教师，在教学活动中经常要遇到上公开课的情况，这就出现一个问题——公开课是为谁而上。大多数年轻老师会更多关注听课教师，这样公开课往往就成了一场安排好的演出课，每个环节都是为了听课老师而设计的，学生成了道具。这样的课看似热闹，其实是无效的，听课的老师也会觉着没什么收获。在接到公开课任务的时候，我也想过，拿什么奉献给全体老师，其实很简单，只要投入地奉献给学生，就是奉献给下面听课的老师了。所以，不管是谁来听课，这个课堂上就只有我跟学生，“我的地盘我做主”，和学生交融在一起，一切都是为学生考虑，那么这节课就已经成功了一大半。

课后，在讨论“这节课究竟好在哪里”这个问题的时候，很多老师谈了自己的看法。其实我自己的感觉就是投入、交融，我和学生在这节课上真正做到了对话、交流，我已忘记了下面听课的老师，所以大家会觉得这节课还不错。

其次，音乐课一定要时刻关注学生的变化。很多人在上公开课时往往会按照自己设定好的步骤进行，生怕完成不了既定的内容，从而忽略学生的问题，尤其是唱歌课。往往学生唱得不好，老师也不理睬，这就造成了一节课学生演唱没有起色的问题。在下午的探讨中，有老师提到了我课堂中的“断”的问题，他们认为不应该断，应该让学生唱完，但我的教学实践证明不“断”是不正确的，教师在课堂上应该勇于“断”，当我们听到学生不正确的发音时，应该及时地纠正、引导，这样才是有效的教学，从上

午的课堂效果中已经得到了验证。

再次，在本届年会上，很多教师围绕“如何激发学生的兴趣”一题展开了激烈的讨论。其实，学生兴趣的培养，应该是以音乐为本，深入地研究音乐作品，从音乐要素入手分析音乐作品，结合生活中的元素进行启发。兴趣来源于音乐本身，而非多元文化及非音乐文化的介入。

最后，从本次教学年会上的 12 节课看，教师的基本功是非常重要的，教师在上课之前，要大量欣赏音乐作品，收集音乐资料。烟台的李昕蔚老师的《大河之舞》给我留下了深刻的印象，举手投足间体现了一位真正的音乐教师的风范。如果我是一名学生，一定非常喜欢上李老师的课。这节课的成功也是建立在李老师扎实的基本功基础上的，看了以后令我十分感动。

这次年会带给我最多的就是感动。李东老师周到的考虑，带给了与会老师全新的感受！授课教师真诚的投入，给了大家更多的感受！听课教师热情的参与与讨论，让我们觉得不虚此行！

在教育实践中不断成长

马文静

名师简介

马文静，济南市光明街小学专职美术教师。

美术课堂并不是要把学生培养成艺术家，也不是要把学生培养成美术工匠，而是要通过美术教育逐步完善学生的素质、素养，让学生觉得上美术课是一种享受，让每一个孩子都能体会到美术课的乐趣。乐学才能好学，教师要给学生提供愉悦的学习氛围和喜欢的学习方式，这样才能在潜移默化中让学生的能力和素质得到提高。

从2004年至今，我工作已有8个年头。在这8年的教育教学实践中，自己摸爬滚打，不断地成长。因为刚参加工作，年轻没有经验，留下了许多遗憾。但是随着教学时间的增长，我对自己、对教学有了很多新的认识和反思，在教育实践中不断成长、不断成熟起来。

2004年，从山东聊城大学美术教育专业毕业之后，参加了济南市槐荫区美术教师的选拔考试，通过面试、现场抽题说课等环节，最终加入了槐荫区教师的行列。随后我服从槐荫区教育局的安排，来到了槐荫区吴家堡镇周官屯小学，这是一所我之前从未听说过的学校，一所有着类似于“稻花香里说丰年，听取蛙声一片”的美好景色的学校。那时候，镇上除了我以外几乎没有专职的美术老师，仅有的几位美术老师不是即将退休的老教师就是其他科目的代课老师。因为我在大学时各科成绩都还不错，所以在学校教师紧缺的情况下，我又开始教英语课。这样，我所教的课程中有一半以上是英语课，只有零星的几节美术课。工作安定下来之后，我信心满满地准备开始我的教学生涯，开始熟悉校园环境，了解学生，钻研教材和教学方法……但是随后我就发现，在大学里学习的那些教育理论很难运用到实际的教学中，而让每个学生都学好知识也不是一件容易的事情。那时候的乡镇学校，很少会有专家和领导督促教师的教学，教师们也都是“关上门上自己的课”，只有在期末的时候才会把各自所带班级的考试成绩进行排名。因此，我也学着其他老教师的样子，每天留下那些学习成绩差的学生补习功课，以免拖累班级整体成绩。至于在大学里学的美术专业在这里几乎没有用武之地，也只有在学校需要美化环境、做板报的时候，才能展露一下自己的才艺。同事们几乎都忘记了我还是一位美术老师，而领导更关注的也是我的英语教学成绩。即使是教仅有的几节美术课，我也是照着教材教学生画画，因为那时候我自己都不知道该如何来上美术课，也没有见过真正的小学美术课是什么样子的。我只是在黑板上画个小房子、小动物，让学生照着画就算是完成了一节美术课的教学。至于教研活动，因为交通不便，我几乎也不去参加。工作的前两年我就这样安逸又无聊地度过了。

直到 2006 年，学校分配了专职的英语老师，在我的要求下，学校领导才安排我教自己的美术专业。当时，课程改革正在轰轰烈烈地进行，对教师的教学观念和教学方法等都提出了许多要求。面对这种教学大环境，我开始反思，觉得自己的美术课也必须要改革，否则就无法紧跟教学改革的步伐。恰好这个时候槐荫区的美术教研员郭老师找到我，要求我负责引领整个镇上的美术教学，并号召每个学校都应该形成自己学校的美术特色。压力之下必须产生动力，于是我带着学生开始了对美术教学的探索。我带着学生做过泥塑，没有泥就让学生自己去搜集黄河的黄胶泥；带着学生去芦苇塘采过苇秆，做手工制作的材料……慢慢地，我觉得美术教学其实是一件很愉快、很有趣的事情。在我的带领下，学生也都乐此不疲地尝试着各种新奇的美术创作方法。2006 年下半年，槐荫区举办了一次版画技法讲座。

我想，我教育生涯的改变也许就是从这个时候开始的，我对这次版画培训的记忆非常深刻。这次版画讲座的主讲人是山东省版画协会的主席陈老师，讲的主要内容是版画的创作技法，其中有绝版版画的创作技法。在大学的美术专业学习中，我接触过版画，但是没有深入地研究过，这次培训为我开拓了一个新的空间，让我眼前一亮。回到学校之后，借着区里一次环保版画展的机会，我带着学生一起做起了版画。从那时起我开始感受到版画艺术的魅力，在区里的环保版画作品展中，我的作品受到了陈老师的肯定，这促使我更加信心百倍地开始版画教学和版画创作。随着镇上中心组教研活动的推进和特色美术教学活动的开展，我觉得自己越来越像个美术老师了。

紧接着我的教育生涯又发生了一个重大的转折——我从吴家堡镇调到了市里的光明街小学任教。如果说在镇上小学的三年是对我的一种磨炼，那么在光明街小学的教学实践则促使我真正地成长和发展。光明街小学虽然不大，但是与在镇上的小学相比却处处充满着机遇和挑战。学校里虽然只有我一个美术老师，但是学校领导对美术学科非常重视，我的特色美术教学以及各项教学教研活动也就得以有序而紧锣密鼓地开展。我先在学校的兴趣小组开展小学生版画教学，同时，我也在不断地研究版画的创作以及绝版套色版画的制作。一开始学校兴趣小组只有几个学生，上课时间也是我从课余的时间挤出的，是我自发地授课。慢慢地举小组发展为版画社团，越来越多的学生对版画产生了浓厚的兴趣，这也促进了我对版画创作和版画教学的深入研究。随着版画教学的不断深入，学校的美术工作也有了很大的进展。我辅导的学生很多在省、市、区获奖，并在全国版画藏书票大赛上获得多个奖项。借助特色美术教学，我也多次参加各级各项活动，并在省、市、区和全国版画藏书票研讨会上做版画技法的讲座。在学校的校本培训中我承担了版画培训任务，我所在的光明街小学也独自承办了济南市的版画研讨会。活动的开展同时又促进了我自身专业技能和教学业务水平的不断提高，我在省、市、区教学技能比赛中也均获殊荣。2010 年，适逢槐荫区“双名”工程评选第二批名师人选，我抱着试试看的心态参加了选拔，结果很幸运地被选入第二期名师人选。从那个时候开始，我的教育事业又面临新的挑战。在教育局和学校的共同培养下，在任务驱动下，我不断地学习和进步，不断攀登教师职业高峰，享受着美术教师这一职业带来的乐趣和挑战。

附：我的教育实践

感受趣味版画，丰富快乐童年

版画属于绘画的一种，它是以不同的底版材料作为媒介物，通过多种形式的印刷方法制作出来的美术作品，是绘画与印刷术相结合的造型艺术表现形式。儿童版画是指适合儿童制作的，集绘画、手工制作于一体的美术作品，是少儿美术教育的重要组成部分。版画的底版制作和作品印制过程中形成的有趣效果，能有效地激发儿童的学习兴趣。

我校学生从2008年开始接触版画课，2009年逐步形成了一定的体系，版画课也逐步发展成了学校的美术特色课程。在多年儿童版画的教学实践中，学校版画教学形成了系列目标和实施方案（如下图所示）：

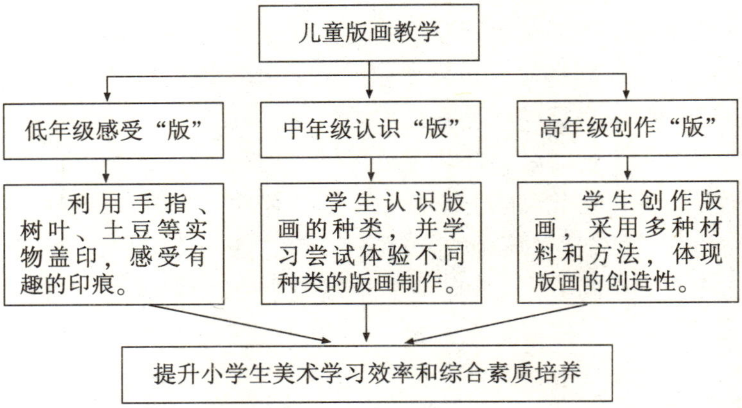

在小学低年级阶段主要以感受“版”为主。这一阶段的学生在造型上还处于意象阶段，教师主要是引导学生对拓印产生兴趣，在版画教学中表现为游戏活动，通过游戏让学生形成对“版”的初步感受。例如，将手指涂上颜色印在纸上，玩具、树叶等实物的盖印等。在教师的引导下，儿童感受“版”，感受不同材质的物体在纸上留下的不同的、有趣的痕迹，从而使学生乐于去尝试、去探索，感知版画的趣味性，激发学生的学习兴趣。

小学中年级阶段认识“版”。教师要引导学生了解版画的基本工具、材料、基本的版画语言和一般的版画表现方法，让学生体验版画的肌理之美和印迹之美，如纸版画、吹塑纸版画等。这一阶段的学生已经有了一定的儿童绘画基础，通过版画教学，可以让学生学习不同版种和不同的版画表现方法，了解丰富的版画知识，感受不同的版画种类的表现魅力和趣味，为学生将来的版画创作打下坚实的基础。

小学高年级阶段主要是创作“版”。教师要引导学生对版画的表现形式、内容和手段进行创新，进行多样化的版画创作。高年级阶段的学生对版画创作已经有了一定的基础，学生可以根据自己的兴趣爱好，选择不同的表现形式和材料进行版画创作。学生还可以分主题、分内容进行创作，对版画的材料和技法要敢于创新。

儿童版画教学的目的是通过有趣的版画活动培养学生的创造能力、动手能力和表现能力，从而实现版画的育人价值，有效促进小学生的健康发展和综合素质的培养。它的作用主要有三点：

第一，加强了学生对文化的传承和交流，培养了学生对传统民族文化的热爱之情。

版画是我国的民族传统文化之一，它的历史源远流长，文化内涵非常丰富，与古代的篆刻艺术、拓碑、画像砖等有一定的相通性和关联性。它不仅具有审美艺术价值，还具有广泛的社会实用价值。进行儿童版画教学，可以让学生了解版画丰富的历史文化知识，加强学生对传统文化的传承和交流。在儿童版画教学中，版画藏书票的教学能引导学生把藏书票与读书、爱书、藏书结合起来，让学生感知藏书票中蕴含的深厚文化底蕴。例如，在学校开展为自己喜欢的图书做藏书票活动，开展“快乐还书日”活动，同学们可以将自己制作的藏书票放在图书中与其他同学进行交换，让藏书票起到文化交流的作用。

学校的儿童版画教学还与学校的传统文化课程以及孔子文化的学习结合了起来。例如，学生在进行版画创作时，将孔子“六艺”的内容和孔子的故事用版画的形式呈现出来（如下图），既加强了对民族传统文化的认识和了解，又从积淀的传统文化精粹中汲取了民族精神的力量，并培养了民族审美情趣。

《礼》五年级一班　王据鲤

《乐》五年级一班　路梓萱

《射》五年级一班　汤雨萌

《御》五年级一班　朱玟

《书》五年级一班　朱虹

《数》五年级一班　冯心怡

第二，加强了学生对生活的观察和热爱。

艺术来源于生活，儿童版画教学同样与学生的实际生活相联系。在进行版画创作时，学生将一个个鲜活的生活情境和生活体验当作版画创作的题材，用版画作品来讲述身边发生的故事，使自己的作品更具有生命力和生动性。例如，有的学生用版画刻画自己的校园生活；有的学生用版画表现自己有趣的生活故事；有的学生则用版画记录班级里发生的一些文明故事，并利用版画的复数性，印制出进行校园文明的宣传活动（如下图）。学生在制作版画的时候，融入了他们对生活的细致观察，从生活中发现美，用版画创造美，也让他们更加热爱生活。

第三，加强了学科之间的交流和整合。

儿童版画不是一门孤立的美术教学，它可以与各个学科联系起来，通过版画的创作来促进学生对其他学科的学习兴趣，培养学生的综合素养。例如，有的学生将版画创作与作文习作结合起来，为自己的作文添加版画的插图，使图画和文章相得益彰（如下图）。

学生习作

一天，小白兔要去河对岸的菜地拔萝卜。当它过桥时，小白兔不小心脚下一滑掉进了小河里。小白兔不习水性，它吓坏了，急呼救命呀。这时，一只正在河中练习游泳的鸭子听到了呼救声，急忙向小白兔游去，一边游还一边不停地说："我来了，不要怕，不要怕！"它游到小白兔跟前，头往水中扎下然后迅速一个挺身，托起了小白兔，小白兔终于脱离险境。它趴在鸭子的背上，紧紧地搂住鸭子的脖子，大口大口地喘着气。过了一会儿，它一边流泪一边对鸭子说："谢谢你！"鸭子托着受惊的小白兔奋力向岸边游去。它不敢分神，因为它的身体有些撑不住小白兔的体重，它只能不断地鼓励自己，给自己打气，"到了，到了，快到了。"终于游到了岸边，鸭子把小白兔平稳地放在岸上，禁不住展开双翅高兴地围着小白兔转……小白兔也开心地笑了。

总之，版画教学通过分年级、分阶段实施不同的教学内容来达到不同的教学目标的方式，让学生循序渐进地对版画艺术有所了解和感悟，使学生感受到了版画的乐趣，并乐于积极主动地去创作版画。学校开展版画教学，不仅仅是为了教授学生一门技能，而是通过版画教学来提高学生的综合素养，发挥版画教学的美育功能。版画教学与学生的日常生活、其他学科的学习等联系起来，在丰厚学生生活、文化的积淀的同时，更丰富了学生的童年，促进了学生快乐成长。

做心目中的名师，教有韵味的历史

陈江

名师简介

陈江，女，济南第十二中学初中历史教师。

教育的本质是一种超越，教育永远是面向未来的。教师应该有勇于超越的勇气和永不停歇的意志。每个教师的成长中都有痛苦。但是静下心来认真反思自己的成长历程时，你就会发现痛苦背后的快乐。我们在专业成长的道路上还有很长的路要走，一定要坚持不懈，不要轻言放弃。

从 1989 年走出大学校门，迈上三尺讲台的那天起，我就一直在思考两个问题：一是将来自己做什么样的老师，二是讲什么样的历史课。

随着人生阅历的不断丰富，我逐渐找到了这两个问题的答案：一是你想让自己的学生遇上什么样的老师，那你就努力成为什么样的老师；二是你喜欢听什么样的历史课，你就努力地讲什么样的历史课。

我对自己的要求就是：做自己心目中的名师，教有韵味的历史。

一、做自己心目中的名师

从我走上三尺讲台到今天已经整整 24 年了。回顾这 24 年，我从只有理论没有实践的懵懂青年，成长为今天经验比较丰富、得到大家认可的教师，并逐渐形成了属于自己的“韵味历史”教学风格，这得益于我的领导、同事、家人的大力帮助与支持。每每静下心来，闭上眼睛，脑海中总是会浮现出让我难忘的人和事。

1.“三名工程”封闭式培训打开了我专业成长的大门。从2000年开始，槐荫区组织了两届“三名（名学校、名校长、名教师）工程”的评选活动。为配合该活动，槐荫区教育局也组织了两次封闭式的业务培训。虽然两届我都没有入选为槐荫区名师，但那两次培训却令我对今后的成长道路豁然开朗。这是我工作11年以来的第一次进修性质的培训，教育局领导花了很多心思，请来了不少的名师对我们进行新课程改革、教师专业化成长、教育科研、教育管理等方面的培训。在这次培训中，我第一次从真正意义上了解了教师的专业化成长，树立了成为专家型教师的教育理想，我也第一次知道了教育科研，明确了教育科研是教师专业化成长的必由之路。

2002年，第二次培训结束后，我结合自己十余年的教学实践，尝试申报了“在初中历史教学中实施‘三段四步式教学法’的研究实验”这一课题，当年济南市教育科学研究所批准该课题立项为市级“十五”重点科研课题。

2.“济南名师人选”培养工程让我在反思中总结出了“韵味历史”的教学特色。2006年，经过济南市教育局严格的层层筛选，我有幸成为“济南名师工程人选”中的一员。在为期五年的培养期内，市、区两级教育局为我们提供了大量的进修培训、挂职锻炼的机会，学校领导更是给予了我大力的支持。在培养期结束的考核中，我写了一篇名为《收获成长》的个人总结，总结了自己在这五年中的收获。

（1）心路的成长。上海的顾泠沅教授让我明白了“名师”即“明师”的道理。“明师”就是一个明明白白的老师，明明白白地做人，成为一个具有高尚职业道德、强烈进取精神、扎实苦干劲头的老师；明明白白地做事，成为一个具有渊博的学识、高深的专业知识、扎实的专业技能的老师。这也是我今后要走的专业成长之路。

齐健教授关于教师专业成长的四个境界的划分，使我清醒地认识到我已经走过了“入境”和“稳境”，现在经过“名师工程”的培养正逐渐地进入“醇境”，也就是能够高度地把握教育教学规律，形成独特的教育教学思想，成为专家型教师。我的职业理想是再经过数年的个人完善和提升，力争达到“化境”，也就是教育大家的境界。当然，“化境”是我的理想，也许我很难达到，但我一定会为梦想而不断努力。

（2）科研引领下的专业成长。科研课题让我学会在研究与自我批判中成长。经过八年的研究，“三段四步式”教学模式已经成为了我的教学风格，它让我能够站在系统论的高度研究历史教学，让学生学会构建历史知识结构，全面促进教学质量的提高，尤其是优秀率的提升，让我校的历史教学在槐荫区始终享有盛誉。这一教学模式帮助学生形成了良好的学习历史的习惯，激发了学生学习历史的兴趣，体现了历史学科所独有的“论从史出，史论结合”的特色。因此，学生不仅在课堂上乐学历史，在课下也喜欢研读历史方面的书籍，这为学生今后的长远发展奠定了良好的基础。

在八年对该课题的研究过程中，我们经历了“牛刀小试，初露锋芒”的初级阶段，也走过了“遭遇险滩，剖析自我”的坎坷历程，但最终还是迎来了“超越自我，优化提升”的成熟阶段。每一个阶段我都带领课题组的全体成员，认真总结经验，反思不足，不断批判自我，挑战自我，超越自我。在研究中我不断地成长、成熟，终于取得了丰硕的成果，2010 年顺利结题。

在进行课题研究的同时，我深深地喜欢上了研究每一节课的教学设计。对每节课进行教学设计让我有一种当导演的感觉，成功的设计让我满足，让我深深地沉醉在浓厚的历史韵味之中难以自拔。成功的教学设计让我所教的课一次次获得成功，并不断地把我推上各级各类的观摩和研讨交流的课堂展示的讲台。我先后在青岛市参加了全国六城市“同课异构”活动，并为该活动提供了《难忘九·一八》一课，受到与会同行的好评；参加了 2007 年的济南市骨干教师教学能力大赛，凭借《甲午中日战争》一课获得一等奖，并因此被评为“济南市建功立业先进个人”……我的教学设计也先后在全国各级各类刊物和专著上发表。可以说，教学设计让我觉得自己是一名“教学艺术家”。

经历了五年的名师培养，聆听了无数的专家讲座，我的教学经验愈来愈丰富。回顾多年来的历史教学，我总结提出了“韵味历史”这一教学主张。

3. 首次国培学习，使我进一步完善了“韵味历史”的内涵。2010 年 11 月，经过市、区两级教育部门的推荐，我有幸参加了第一届“国培计划”的培训。在为期两周的培训中，我接触到了我国中学历史教学领域的许多名家、大家，他们的思想让我颇受启发。其中对我影响较大的是上海师范大学的李稚勇教授，他在 2010 年 11 月 9 日上午给我们做了专题报告，他的一句“中学历史课既是科学又是艺术”对我影响颇深，使我大有“一语道破天机”之感。为此我专门写下了《科学·艺术·享受》这篇心得，我这样写道：

如果我的历史课堂真的能达到这样的境界，我相信我一定能享受到专业发展给我的人生所带来的巨大快乐，在很大程度上也能实现我的人生价值。

“历史课既应该是科学，又应该是艺术，更应该是享受”这一思想认识的形成，进一步完善了“韵味历史”的内涵。在此基础上，我于2010年12月9日用“韵味历史”的教学思想执教了《三国鼎立》(人教版《中国历史》七年级上册第18课)，获得了极大的成功。

4. 上海方略远程培训，明确了发展方向——做自己心目中的“名师”，教有“韵味”的历史。2012年春天，槐荫区教育局委托上海方略公司对区各个学科的骨干教师进行“教研组长工作室”远程培训，而这次培训历史学科的指导教师是李惠军老师。在为期一年的培训中，李老师给我们做了六次讲座，我们还于2012年11月赴上海访学。通过讲座和上海访学，李老师的形象在我的心中越来越高大，成为了我崇拜的偶像，做一个像李惠军这样的老师成为我的理想。我知道，今后的我应该“做自己心目中的名师，教有韵味的历史”。

二、教有“韵味”的历史

我是一个喜欢听歌更喜欢唱歌的人，我特别喜欢的一首歌是李谷一唱的《故乡是北京》。这首歌最吸引我的就是它那浓郁的京腔京韵，有时甚至我想：什么时候我教的历史课也能变成让学生们体会到余音绕梁、回味无穷的“韵味”历史呢？从1989年工作至今，在这24年的历史课堂教学过程中，我一直在追求、探索着。

（一）讲出历史的韵味

《义务教育历史课程标准2011版》要求我们“注重对基本史实进行必要的讲述”，要“通过具体、生动的情节使学生感知历史”。一节好的历史课首先是教师“讲”出来的，这里的“讲”既包括教师生动的讲述，也包括教师巧用心思的教学设计。24年的教学经历让我在这方面积累了相当多的案例。

案例：《曹操的诗意人生》(《三国鼎立》)。

2012年底，槐荫区举行了第一届教师素质大赛，我有幸进入了最终的决赛阶段。决赛以“同课异构”的形式进行，课题是《三国鼎立》(人教版《中国历史》七年级上册第18课)，有8位历史教师同时讲这一课。

在三国时期的纷繁资料中，最为人们所熟悉的是《三国演义》文学作品和影视作品中呈现的英雄人物。我设计的本课教学设计的突破口是曹操的诗意人生。曹操作为建安文学的典型代表，有大量的诗作传世，在人教版七年级上册的语文教材中就选取了曹操的《观沧海》和《龟虽寿》两首诗，而且非常巧合的是，这两首诗的学习恰好在历史课《三国鼎立》之前，因此学生对曹操这个历史人物已经有了一定的了解。

基于这一教学现实，我设计将曹操作为本课的核心人物，通过曹操的京剧脸谱引发学生对曹操是“英雄”还是“奸雄”的思考，以曹操的诗作为载体将曹操的人生分成四个阶段：《蒿里行》展现了忧国忧民的曹操；《对酒》展现了胸怀天下的曹操；《观沧海》展现了壮志凌云的曹操；《秋胡行》展现了壮志未酬的曹操。从而让学生了解到一个有血有肉、有思想、有情感的曹操，使学生对曹操的评价水到渠成。曹操诗意人生的教学设计体现了韵味历史的文学韵味这一特色。

在抓住这一主线后，我把教材内容又作了进一步的整合。

《三国鼎立》一课共有三个子目，分别是官渡之战、赤壁之战和三国鼎立的形成，主要讲述三国鼎立形成的过程和当时各国的经济发展状况。三国时期是我国封建社会继秦汉之后的一个大分裂时期，这一时期的时代特征是“政权分立”，但在政权分立中又蕴含着统一的因素。因此，我把本课教学设计为“官渡之战，壮志凌云”“赤壁之战，壮志未酬”“三国鼎立，指待山河归一”这三个板块，再配以优美的PPT设计，进一步增强了这节课的设计感。

以曹操的诗意人生串连起东汉末年英雄的故事，历史课和故事韵味、文学韵味达到了完美与和谐的统一，至今想起来，我仍有些得意。

(二) 探究历史的韵味

学生是学习的主人，课程改革就是要使学生由被动的接受者，变成主动的探究者。在多年的课堂教学实践中，我逐步探索出了行之有效的学生合作探究的方式，通过合作探究，让学生体验历史学科独有的论从史出的“研究韵味”。多年来，在这一方面我也积累了非常多的成功案例。

案例：轻事件过程，重事件归因——《难忘九·一八》。

2009年11月，在山东省青岛第四十四中学举行了全国六城市的“同课异构”教学研讨活动，我作为济南市的代表参加了历史学科的同课异构，当时的课题就是《难忘九·一八》（人教版《中国历史》八年级上册第14课）。

常规的历史课会花费大量的时间完成知识维度的教学目标，也就是要传授学生基本的历史知识，而本节课在教学设计上完全冲破了这一常规的束缚，本课教学设计的基本原则是“轻过程重归因”。本课一共有两个子目：“九·一八事变”和“西安事变”，对此我们采取了让学生自学的方式，而绝大部分时间用来引导学生探究深层次的原因。因此，在本节课上一共探究了三个问题：一是对蒋介石采取不抵抗政策的原因的探究，二是对张学良、杨虎城发动“西安事变”的原因的探究，三是对“西安事变”发生后各政治派别不同的态度及为什么采取这种态度的原因的探究。

之后教师引导学生把各个原因串联起来，通过分析得出这样的结论：自私导致了蒋介石南京政府的无耻，不抵抗政策实际上纵容了日本的侵略，大难来临，中华民族面临着亡国灭种的危机。归因分析是让学生通过小组的探究合作，透过现象看到本质，看清不抵抗政策的本质，解开了一个泱泱大国为何面临比自己国土小得多的日本，只有四个多月就丧失了东北三省的领土的谜团，激起了学生对以蒋介石为代表的南京政府的痛恨，为下一目蒋介石在“西安事变”中被扣以后，“杀蒋”“放蒋”的中华民族的选择作了充分的情绪的铺垫。

小归因中可以蕴含大智慧，小归因中孕育着我们所期待的情感教育，一节充满研究韵味的历史课让学生终身难忘。

（三）寻找生活中的历史

从广义上讲，历史是指对人类社会过去的事件和行动，以及对这些事件行为有系统的记录、诠释和研究。历史可提供今人理解过去的证据，以及未来行事的参考依据，与伦理、哲学和艺术同属于人类精神文明的重要成果。因此，历史是包罗万象的，是与所有的事物盘根错节、紧密相连的，是绝不可能孤立地存在的。这就要求我们的历史课堂教学要特别注意让学生从整体上把握历史，注意在学生的头脑中构建历史“知识树”。除此之外，我认为教师还要注意充分挖掘生活中的历史，让学生体会到“历史即生活”，体验历史的“现实韵味”。

在挖掘历史教学的现实韵味方面，我主要采取以下两个做法：一是充分利用生活中的影视和文学作品、歌曲、济南老街巷的历史沿革、学校周边的文物古迹等，将这些与学生生活密切相关的东西巧妙地融入历史课堂教学；二是结合时政热点，抓住有利时机，对学生进行其他学科所不能替代的历史学科教育。

（四）培养学生正确的情感态度和价值观

历史课堂教学的三维目标中最高级的目标就是情感态度和价值观目标。初中阶段的学生多数在13～15岁，正是一个人价值观、人生观、世界观形成的关键时期，历史学科作为一门人文学科，在这一时期对于一个人价值观、人生观、世界观的形成有着至关重要的作用。

历史学科对于学生的价值观、人生观和世界观的教育，是通过实实在在的对历史人物和历史事件的教学实现的。因此，我在历史课堂教学中，特别注意挖掘教学细节，通过细节的教学渗透情感教育，达到历史教学感动人、感染人、影响人，最终改变人的目的；通过对一些历史人物、历史事件的评价，教会学生运用辩证唯物主义的原则一分为二地评价历史人物和历史事件。

历史学科是以历史人物和历史事件为载体的人文学科，如果教师在教学过程中能处处充满情感，以情感人、以情动人、以情化人，讲出历史课的情感韵味，那么历史教学的情感态度和价值观目标的实现就是水到渠成的事情了。

齐健教授在他写的《教给学生有生命的历史》中曾这样写道："我们必须要把课堂定位为是人的'发展场'，在这里，人（主要是学生，当然也包括教师）的生命素质、生命质量和生命境界理应得到持续不断的超越与升华。"齐健教授的这一观点对我产生了极大的影响，历史学科三维目标的设置，尤其是情感态度和价值观目标的设置，最终极的目的就是提高学生的生命素质、生命质量和生命境界。培养学生的人文情怀是历史教学的最高境界，通过历史课的学习，学生学会尊重"人"，承认"人"，学会人与人之间要相互尊重和容忍，让学生走出校门走上社会，在今后的人生道路上都能得到持续不断的发展，让他们的人生实现不断的自我超越，不断的升华。这就是历史学科的人文韵味和生命韵味之所在。

学习历史的目的是为了古为今用，洋为中用，也就是要让学生学会运用所学的知识去分析问题、解决问题，引导学生形成正确的情感态度和价值观，这是历史学科作为人文学科所独有的人文韵味。

结束语：也许我永远也做不成自己心目中的名师，永远也教不出自己心目中有韵味的历史。但是我知道，随着自己在专业上的不断成长，我心目中名师的标准会越来越高，我心目中所想达到的历史的韵味会越来越浓。我坚信，只要我不放弃努力，我总能成为更好的自己。

附：我的教育故事

特别的爱给特别的你

——一个特别的学案

从2010年3月开始，我校开始大力推行“讲学稿”的教学模式，同年4月份，我们初三历史备课组集体制作的一份特别的学案，收到了令人意想不到的效果。

一、制作特别学案的起因

特别学案制作的背景就是2010年四月份的模拟考试。在这次填报志愿前最重要的一次模拟考试中，学校的历史成绩竟然出乎所有历史老师的意料，差得另人吃惊。

但冷静下来想一想，出现这样差的成绩也是在情理之中的，原因有很多，但其中最重要的一个就是学生对历史学习的不重视。

首先，学生在初二学期末经历了地理和生物的学业水平考试，由于考试前所有学科都给地理、生物学科让步，所以绝大部分学生在考试中都轻松过关。所以自认为经历过学业水平考试的学生普遍觉得学业水平考试并不“难”。

其次，过去两年多的历史期末考试大多是阶段性测试，即只考一册书，而且考前老师往往会强调重点内容是什么，甚至会给学生们划出考试范围，所以学生们每次考试前都是临时抱佛脚。很多学生都认为历史考试是“小菜一碟”，到时按照老师给划的重点看看就行。因此，学生们对历史学科的复习并不重视。所以，真正一场大考下来后，学生们的成绩差也就不奇怪了。

总结原因后，备课组所面临的问题就是如何改变学生“不重视”的态度。经历了一番冥思苦想和激烈的争论之后，备课组达成共识，决定带领学生进行一次“反思”，于是就产生了这份特别的学案。

二、特别学案的特别收获

“反思”是很有必要的，但如何带领学生们进行反思呢？为此，我们制订了一份特别的学案。

编制这个学案时我们遵循的原则是：通过让学生回顾平时上课的表现、平时复习的表现、考试中审题做题和检查题的表现等具体的行为，挖掘出现这些行为的思想根源，让他们认识到错误的行为是在错误的思想指导下进行的，要想改变行为必须从改变自己的思想开始。在深挖思想根源的基础上，让学生提出今后的改进措施。简单来讲就是：查找日常的不良行为习惯——挖掘不良习惯的思想根源——反思经验教训，指导今后的学习。

按照之前的计划，上课时以教师为主带领学生反思，结果课堂气氛比较沉闷，一节课上完，老师们觉得效果不是非常理想。第一课时结束后，备课组在办公室进行了简短的交流，决定由老师唱主角改成让学生唱主角。上第二节课时课堂气氛开始活跃起来，主动发言的学生越来越多，不少同学把自己日常不好的行为全部罗列了出来。朴实的话语，深刻的剖析，让学生的情绪越来越激动，批评和自我批评越来越热烈，渐渐地，他们发现不良行为的背后的原因其实是自己的思想认识出现了问题。我们把这一节课的最后 15 分钟留给了学生，让他们自己认认真真地写完这个特别的学案。

平时的一节课，学生大多收获的是知识和能力，而这一节特别的课学生们收获的却是思想。

三、特别学案的特别启示

1. 要教学生学会反思

教育的最终目的是通过教书达到育人的目的，但在日常的教育教学工作中，往往过多地注重传授学生知识、培养学生的能力，过多地关注学生学习成绩的提高，而忽视了对学生情感态度和价值观的培养；更多关注的是改变了学生多少不良的行为习惯，忽视了产生这些行为习惯的根源：思想态度。

其实要改变学生最根本的是要改变他们的思想。记得有这样一句名言：“播种一种思想，收获一种行动；播种一种行动，收获一种习惯；播种一种习惯，收获一种性格；播种一种性格，收获一种命运。”因此，思想才是第一位的，也是最根本的。

引导学生学会自我反思就是在改变学生的思想。有人曾经这样解释“慧”这个字，慧就是心上的一把扫帚，人如果能够经常用这把扫帚清扫一下自己的内心，他一定会获得精神和物质的双丰收。由此我们也可以看出反思的重要性。

我们利用这个特别学案所上的这一节特别的课，探索出了一条切实可行的引导学生自我反思的途径，即引导学生通过剖析自己日常的行为反思自己的得失。只有教学生学会了反思，他们才能在反思中蜕变，在反思中进步。

2. 教学中及时反思调整很重要

通过这一节特别的反思课，我也认识到在日常的教学工作中，不能只是刻板地完成既定的教学任务，而应该针对随时出现的问题，发挥教育智慧，及时地调整自己的教育教学计划，随时反思自己教育教学中的得失，这样才能使我们的教育教学水平得到不断的提高。

（附学案）

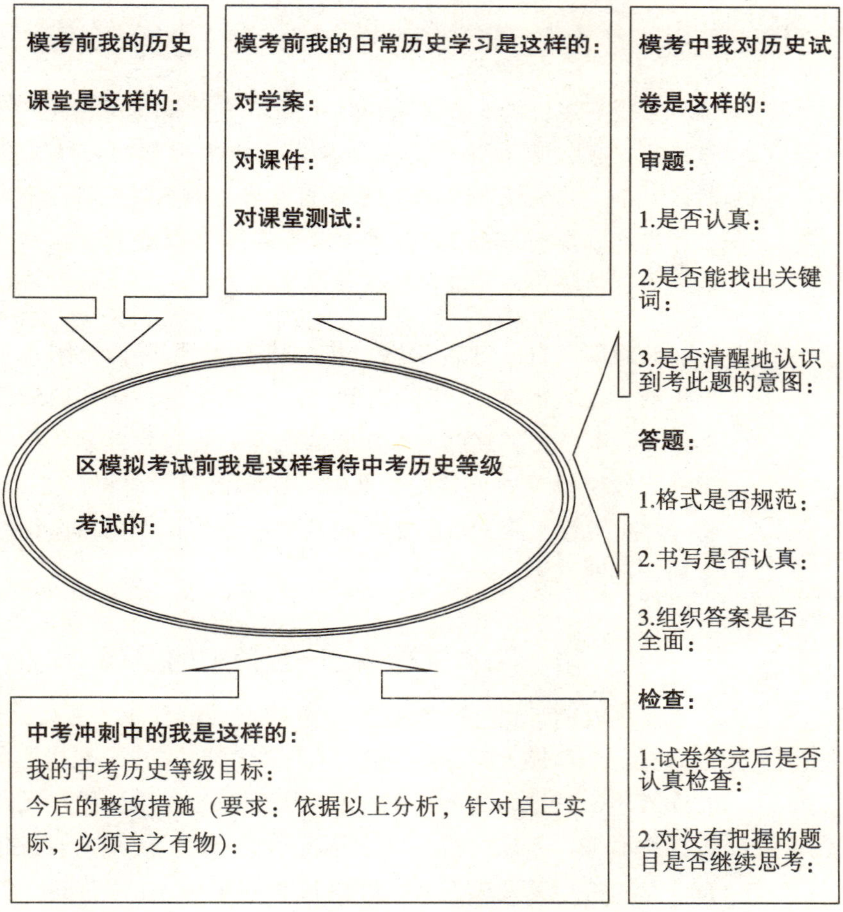

成长，永远在路上

——一个中学历史教师的行与思

刘兴庆

名师简介

刘兴庆：男，山东省济南槐荫中学高级教师。

拿破仑说：“不想当元帅的士兵不是好士兵。”一个教师，年轻的时候，要有强烈的成功欲望。哈佛大学的一项研究表明，一个人的成就85%归功于他对待事业的态度。“一个人的工作态度就是代表他这个人”，积极的态度成就富有生命意义的人生，消极的态度只能收获庸庸碌碌的人生。

眨眼间，自己已逾不惑之年，从1991年开始，踏入中学历史教育领域也有22年的时间了。一路走来，在那段颇颠簸的路上，有茫然的迷惑，有切肤的伤痛，更有自然累积生成的感动、愉悦以及些许领悟。此时，度量己身，尝试静心回望，将一路上点滴汇聚而成的各种收获悉心整理，作为将来继续探索前行的财富。

一、第一篇文章发表——坚持中的坚强

高中时期听到过一个故事，至今记忆深刻。

有一个年轻人问苏格拉底：“怎样才能成功?”苏格拉底没有回答他，只是约这个年轻人第二天到河边见他。第二天年轻人如约而来，苏格拉底不容分说就将他推到了河里，直到他奄奄一息才将年轻人拉上来，苏格拉底问年轻人：“你这个时候最需要什么?”年轻人深深吸了口气，答：“空气!”苏格拉底

说："对！这就是成功的秘密。当你渴望成功的欲望就像刚才需要空气那样强烈的时候，你就会成功！"

回想1989年我在山东省章看丘第一中学读高三时，常常因为头疼写作文，而怕上语文课。每次作文，自己的脑子都是空空如也，一篇800字的文章，要求两节课完成，先撇开文章的质量不说，就是凑够字数这样最低的要求，也让我头疼不已。听到同学们笔下唰唰作响，我的心中充满惆怅、烦躁和不安。课后看到同学们一篇又一篇文笔优美而且达到字数的文章，我是多么羡慕啊！为此，我也多次请教同学，但效果总不太好，那时我认为自己就是没有写作的天赋！

记得有一次的作文课给我留下了很深的印象，那是高考前的一次作文课。当时中国女排在世界上连创佳绩，山东大学毕业的李家声老师教我们语文，他出了一个作文题目：《给中国女排大姐姐的一封信》。我很清楚信的格式和要求，但对信的内容毫无头绪，平日的写作艰难状态再一次上演。两节课过后，我的"杰作"出炉：题目、开头、结尾，再加上年月日，整整一页纸——一页只有300字的作文纸。课后李老师又对我进行了单独的辅导，最后他语重心长地说："现在你的作文分想有大幅度的提高比较难，今年高考你的语文如果能考到70分（总分120分），就是成功。你一定要记住，在今后的学习、工作中要多读书，读书可以改变命运，写作能力的提升也不会是难事。"我豁然开朗，原来多读书可以提高写作水平。高考结束后，面对我69分的语文成绩，李老师仍然鼓励、安慰我："不错！不错！上大学后你一定要多读书，感觉写得好的文章可以试着投稿，终有一天你会成功的。"

从那时起，对于李老师的殷切期望我始终牢记在心。大学期间，我读了点书，虽然不再害怕写作文了，但还是没有写过令自己哪怕稍微有些满意的文章，当然也就更没有勇气去投稿了。

1991年10月，我有幸成了济南槐荫中学的历史教师。从工作的第一天起，李老师的殷切期望我还是一直放在心上。

白天教学我要备课、上课，晚上要批改作业，但一有时间我就会看书，写体会，写反思。这样的生活持续了五年多，经过五年的阅读与学习，我的思维慢慢地被激活了，我萌生了通过写作来表达自己愿望的想法。1996年暑假，我突发奇想，准备写一篇小文章向《济南教育》投稿。有了想法之后，我就开始搜集资料，并结合自己日常的历史教学，用了一个暑假的时间，不断修改，终于将一篇小文章——《浅谈加强历史教学的形象性》定稿。开学的前一天，我到镇上把文章寄给了《济南教育》编辑部。随后的日子里，我就是盼望，盼望文章能够发表，但一想到自己的写作能力和水平，心中不免有些惆怅，深感文章发表的可能性不大。

盼望着，盼望着，便渐渐地忘了这件事。

我清楚地记得那一天，1997 年 3 月 23 日，邮递员给我送来一个邮件，是《济南教育》编辑部寄来的。我迫不及待地拆开一看，我寄去的小文章《浅谈加强历史教学的形象性》变成铅字赫然出现于《济南教育》（当时是双月刊）杂志 1997 年第 1 期中。

八年的坚持，八年的渴望，八年的坚强，似乎让我离成功近了一步，《浅谈加强历史教学的形象性》终于变成了铅字。那时我在心中默念："李老师，我真的成功了。"

人的一生中会不断地出现新的起点。此后我便以"我的 1997"作为新的起点，在坚持中坚强，在坚强中继续坚持。新起点，新要求，除了阅读大量的历史专业、教育学专业、心理学专业的书籍外，我还广泛地阅读教育类报刊，如《中学历史教学参考》《历史教学》《中学历史教学》《历史教学问题》《中国教育报》《教师报》《山东教育导报》《山东教育》《教学与管理》《济南教育》等。阅读成为我对生活的一种自然选择，阅读成为我在曲折的生活道路上的拐杖，阅读成为我对待生活的一种基本态度。

"在教学中研究""在研究中教学"。近年来，我撰写教育教学论文 30 余篇，多次获得国家、省、市级奖励，先后有 20 多篇论文在《山东教育科研》《新世纪教育教学理论探索》《当代教育教学文论》《济南教育》等刊物上发表。

二、 第一个市级课题——探索中的求索

教育科研对于教师的成长具有重要意义，专家们也一再强调它是教师专业发展的重要途径，是教师由"教书匠"走向名师的必由之路。

在 1991 年前后，"教育科研"对农村初中一线老师们来说还是一个陌生的词汇，老师们对"教育科研"普遍还存在着"陌生感"和"神秘感"，有人认为"搞教育科研是在做表面文章，华而不实，费力不讨好……"，面对现实的困难，我冷静下来进行了深入的思考：我该如何以教育科研为切入点，做一名学者型教师？

为了实现这一目标，我制订了“两步走”战略。

第一步，在教学中探索课题。“任何教学都必须进行反思，没有反思的教学是不完整的教学！”我坚持每节课都要遵循教学预设——假想模拟——调整改进——实践验证——反思改进的过程，并在后来的教学中不断地改进和补充。在教学中，我虚心地向老教师求经索法，不断改进自己的教学方案，努力使自己走在教改阵地的最前沿。尤其是实施新课程以来，我更加重视课堂教学改革，关爱全体学生，关注学生的可持续发展。我进行了大胆的探索，并认真钻研课程标准，吃透教材，积极开拓教学思路，遵循“三注重”原则——注重实行分层次教学、注重培养学生的能力、注重提高课堂教学效率，逐渐形成了“讲而不灌、练而不乱、启而适时，诱而多变”的教学风格。我努力让历史课堂教学充满民主、和谐、互动，激发学生的求知欲望，引导学生从多方面、多角度、多起点、多层次、多原则、多结果等方面思考问题。我的教学努力得到了学生的认同，他们一致反映：“听刘老师的课是一种享受，做刘老师的学生是一生的幸福。”

历经十年的历史教学后，我感到，在教学中的疑惑和问题不是越来越少，而是越来越多。诸多的疑惑与问题如果仅靠按部就班的日常教学是难以解决好的，甚至是无法解决的。经过深入思考后，我得出的结论是：死搞教学是没有出路的。于是，我决定致力于教学科研，走教学与教育科研有机结合的路子。

第二步，在研究中追求真谛。直到2001年，我已经做了十年的历史教学工作，有了较为丰富的教学经验，但是一提到做课题，我的心里还是有些担忧。要想做一名学者型教师、研究型教师，我必须进行系统的课题研究。

“明知山有虎，偏向虎山行。”我循着“问题即课题”的思路，对自己诸多的疑惑与问题进行梳理，并结合自己的教学实践，利用当时学校已经购置的先进多媒体设备，与学校历史组的杨继民、高晶、徐忠萍、王月梅四位老师初步确定了《利用多媒体辅助“四段式”课堂教学模式的研究》这一课题，然后开始查资料、搞调研，积极为申请立项济南市“十五”课题做准备。

2001年9月，济南市教育科学规划办公室批准了我们的立项申请，并把它作为济南市“十五”规划课题。

经过2001年至2006年五年的教学实验和研究，我们在教学原理与历史课堂教学的结合上，取得了突破性的进展，探索形成了历史课堂教学的新模式（如下图）。

创设情境 激趣示标 → 自学研讨 艺术精讲 → 巩固达标 深化理解 → 畅所欲言 体悟历史

这项课题的研究成果，于2006年7月通过了济南市教育科学规划办公室专家组织的成果鉴定：该课题研究成果在全市同类研究中居领先水平。2007年12月，济南市教育科学规划办公室对济南市所有结题的市“十五”规划课题进行了筛选论证，我们的课题被认定为全市推广的优秀教育科研成果（槐荫区唯一一项）。

2006年是我在教育科研上收获的一年。在这一年，身为学校教科室主任的我，不仅成功地完成了自己主持的济南市“十五”规划课题的任务，而且还领导、组织化学和地理课题组的老师们齐心协力，完成了其他课题的研究任务，并顺利结题。

课题研究产生了良好的效果，随着教改实验的推进，参与教学实验的学生在优秀率、及格率、平均分等几方面都有较大幅度的提高。学校在减轻学生学习负担、提高学生自学能力等方面均取得了良好的效果，学生在学习兴趣、学习态度、课堂气氛、师生关系等方面也有了较大的改观。参与该课题研究的教师在教学水平、业务能力上都有了较大提高，他们进一步端正了教育思想，进一步树立了正确的教育观、教学观、学生观、人才观、质量观；也促使教师从新的理论角度进行教学设计、教学课件的制作及实施教学；促使教师通过集体备课、评课，加强师师合作，充分发挥了教师集体的智慧和力量。与此同时，我个人也取得了一定的荣誉，多次被评为槐荫区教育科研先进个人，2006年5月，我被评为济南市第二届教育科研先进工作者。

基于第一个市级课题的研究，我还创制了一项科研成果《说课框架》，现已成为中小学多个学段、多个学科在说课大赛、教师应聘、教师资格考试等方面能够发挥积极作用的制胜法宝，并获得了济南市基础教育课程改革优秀成果一等奖。

我也许是注定要做一名“探路者”。

2006年9月，我主持的课题《减轻初中学生过重课业负担问题的研究》申请立项为济南市“十一五”课题，并于2009年11月成功结题。

2011年9月，我主持的课题《问题引领教学的有效策略研究》申请立项为济南市“十二五”教师专项课题。

穷尽所能，我也许成不了一名学者型教师，但“做一名学者型教师”这一毕生的追求，将不会改变。

三、第一次市级比赛——曲折中的不屈

2003年暑期开展的济南市第四届教学能手评比活动，我至今难以忘怀。

2003年6月初，济南市教育局下发了第四届教学能手报名参评的通知。那时候，因学校地处偏远，参与教学评比活动的机会比较少。工作12年里，我只参加过四五次区里的优质课比赛并获一等奖，但市级的优质课评比活动一次也没有参加，更别说是能获得优质课一等奖的荣誉了。所以收到报名通知后的几天里，我始终思量着两个问题：自己的实力能与市区学校的优秀老师相比吗？没有市公开课一等奖，能评得上市教学能手吗？但转念一想，自己有“区教学能手”“区百佳教师”的荣誉，还有发表在《山东教育科研》《济南教育》上的10多篇文章，一种自傲的心理油然而生，学校领导、同事们也纷纷鼓励我报名，于是抱着试一试的心态，我填写了报名表。

也许是槐荫区教研员和教育局领导的垂青与厚爱，一周过后，我竟得知被推荐去参加市级教学能手的评选。当时我又喜又忧，喜的是能够参与市级评选，忧的是以往的市级教学能手要有市级优质课一等奖，而这恰是我所缺乏的。学校领导、同事纷纷鼓励我说：“你现在不仅代表咱们学校，还代表咱们区，即使拿不到市教学能手的荣誉，也要展示出自己应有的水平。”

是的，不管结果如何，积极地对待、认真地准备才是正确的选择。接下来的时间里，我一边上课，一边准备参赛的教案、课件。

于是乎，“一个抓不住机会的教师不是好老师”成为我这次参赛的鞭策语。

本次比赛的要求是只准带教材，在所教学段，老师现场抽课题，独自备课一小时，随后参赛。经过认真梳理，我认为参赛不能存侥幸心理，必须做好全面的准备，这是第一步。我把可能用到的教材、教参、备课本、教学设计等都放在了写字台上，堆了满满一桌。我告诫自己，千万不要着急，慢慢来，一课一课地来，一册一册地来。

做小学教师的妻子给了我莫大的支持和鼓舞，她在生活上对我照顾得

无微不至，让我把所有的心思、精力都放在了备课上。早晨 6 点起床，备课。8 点吃饭，上午备课。中午 12：30 吃饭，休息 1 小时后，1：30 开始备课。晚上 6：30 吃饭，7：00 开始备课，一直持续到 10：30。天天如此，一直坚持了两周，我终于把初中 3 个年级的 6 册历史教材的 120 多课内容全部梳理了一遍。

“遇难题，找科研”。于是，我又把我们的济南市“十五”研究课题拿出来，反复地琢磨，把研究的重点聚焦在课题研究中探索形成的历史课堂教学模式上。

两周的备课给我最重要的启示就是在课题未定情况下，很难将说课的教学流程这一核心得分点把握好。如果能将“四段式的历史课堂教学模式”与说课中的“教学流程”有机地结合起来，创制出一个便于操作而又适用于任何一课内容的说课材料，那就万事大吉了！

经过一段时间的忙碌与思考，我感觉教学 12 年来最有价值的一个命名《说课框架》材料成稿，拿给颇有教学经验的妻子看，她连说：“好！真好！确实好！有了它，市教学能手手到擒来。”我还是有点不自信，也不敢掉以轻心。虽然诸多专家研究证实，“一个人记忆的最佳遍数是 15 遍”，但我依然不能安心。我继续按照原来的作息时间进行着参赛的准备，只是每隔两小时增加了或读或背或揣摩一遍《说课框架》这一内容。又是一周的煎熬，6 册教材再度熟悉，《说课框架》已经烂熟于心。后来的参赛，1 小时备课时间很是充裕，我感觉非常轻松，感觉效果不错。再后来，我获得了济南市教学能手，而且是济南市历史学科唯一一名。

我相信一个道理：机遇常眷顾有准备的人！

是啊，很多老师终生碌碌无为，就是因为没有这样强烈的成功愿望，或者是因为有了这样的愿望但没有坚守下去的意志。因此，我们要用自己的行动来坚守自己的意志和方向。

四、 第一次亲近名师——实践中的灼见

古人说：“经师易求，人师难得。”

李惠军老师是上海市中学历史教学界的领军人物，上海市晋元高级中学历史特级教师，也是我有缘亲近的第一位“名师”。他不仅是我的“经师”，孜孜不倦地教我如何教好历史；而且还是我的“人师”，他的言传身教，让我学会怎样为人处世。我为此生遇到这样一位老师深感庆幸。

回想两年前的初次见面，我依旧心潮澎湃，激动万分。说实话，我最先是从《中学历史教学参考》“特别关注”栏目欣赏到李惠军老师的风采的，当时我就想如果能够亲眼见李老师一面，那该多好啊。令我意想不到的是，后来参加槐荫区第二期名师培训的时候，区教育局领导不仅帮我实现了与李老师见面的愿望，而且李老师还成为我的导师。2011 年 1 月 6 日傍晚，李老师刚刚从上海来到济南，我就迫不及待地与李老师通了电话，而且第二天早晨就与李老师见面了。那是我终生难忘的一天。从与校长、书记、副校长及学生的详细交流，到听、评我执教的历史复习课；从他的精选案例讲解，到研训思路的交流，再到带教方案的达成，无不体现出李老师对工作的一丝不苟及高度的敬业精神。

午餐时，一米见方的餐桌上只有我们师徒二人，我们从实践谈到理论，从教学谈到教育，从教育谈到人生，从学校谈到社会……

从此，我成了李老师真正的学生，我们也成了无话不谈的密友。

此后的两年多里，我不间断地采用打电话、发电子邮件等方式向李老师请教，尽管工作非常繁忙，但他总是有问必答。每次循循善诱的教诲，让我受益匪浅，终生难忘。

2011 年 11 月，李老师百忙之中再次来到槐荫中学，亲临我的课堂，听了我的“区名师人选”汇报课——《中国近代民族工业的发展》。听完课后，李老师对这节课进行了长达两个小时的评课和交流。李老师从“两个案例，一个核心”“解读材料，领悟历史”“教学流程，创意新颖”“诸多值得赞叹的地方”四个方面，激情四溢地进行了点评，高度赞扬了这节课设计的创新性、师生的互动性、能力的生成性。在点评本节课的同时，他又提出一节高质量的历史课必须体现创意决定品质、灵魂决定个性、知本决定价值等思想。此后，40 多位槐荫区历史教师就历史教学过程中的疑难问题与李老师展开了交流。聆听了李老师的评课，聆听了具有 30 多年教学实践经验的李老师对历史课、历史教育高屋建瓴的远见卓识，我深深地感觉到，要想上出更好的课，自身素质的提高固然重要，但名师的指点更加重要！

……

是的，我的恩师，我第一位亲近的名师——李惠军老师，作为一名学者，他对学术有无限的追求；作为一名长者，他常常在细微处体现出对晚辈的关爱；作为一名普通教师，他对学生循循善诱、无怨无悔。

对恩师，我只能用我笨拙的笔，写下一点文字，用这种最简单的方式，表达自己对一名普通教师的谢意，对一名德高望重的学界长者的敬意。

回首二十多年的从教之路，如果说我取得了一点成绩的话，我认为，除了靠笨鸟先飞和执着的追求外，也是因为自己非常幸运地有缘结识了引领或帮助我成长的“关键老师”，当我有问题需要破解时，是他们给我完美的答案，是他们在思想上给予我启迪和引领……

附：我的教育主张

利用多媒体辅助“四段式”历史课堂教学

经过 10 多年的历史教学，我发现传统的历史课堂教学，存在着六大弊端：一是教学对象的局限性；二是教学内容的片面性；三是教学过程的表面性；四是教学方法的单一性；五是教学手段的落后性；六是教学效果的虚伪性。如此一来，课堂教学就出现了“高投入而低收效”的不良局面。

为减轻学生负担，提高教学质量，结合历史学科的特点和学生的实际，自 2001 年开始，我主持开展了《利用多媒体辅助“四段式”历史课堂教学模式》的课题研究。

研究之初，我们把“四段式”历史课堂教学模式图定为：

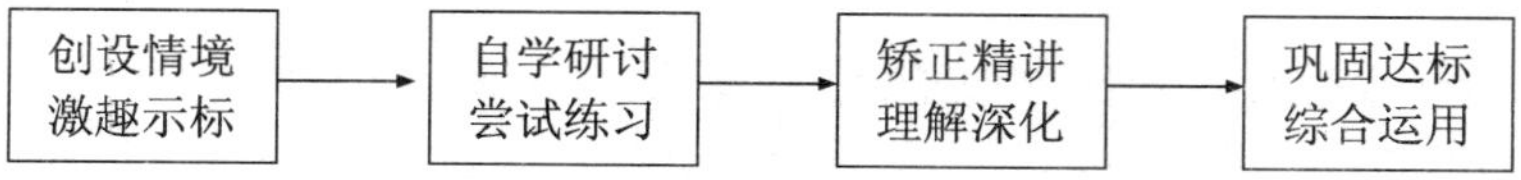

经过两年多的探索和研究，我在原来模式的基础上进行了调整和完善，进一步优化了课堂教学结构，取得了良好的教学效果，形成了具有我们自己特色的教学风格。优化后的“四段式”历史课堂教学模式图定为：

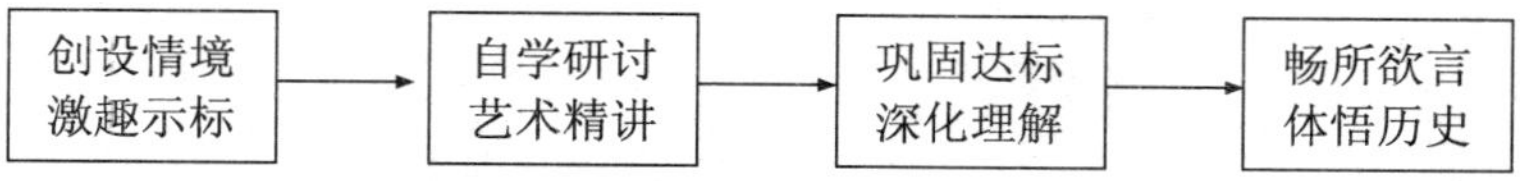

一、多媒体辅助“四段式”历史课堂教学模式的操作策略

1. 创设情境、激趣示标阶段（5 分钟）

值得注意的一点是，整堂课要把教学目标根据教学进程不断复现，时时用教学目标调控教学的方向和进程，使教学目标真正成为一堂课的出发点、路标和检测的标准。

2. 自学研讨、艺术精讲阶段（25分钟）

让学生明确了自己的学习目标，就能增强自主学习的意识，提高学习效率。教学好比高速公路上行使的“汽车”，教师是“指挥牌”，学生是“司机”。教师只起为“司机”指示方向的“路标”作用。学生经过自学、讨论、思考和尝试练习，大都能解决并能初步“识记”和“理解”教学内容。此后教师还要进行精心讲解，但这时的讲解是有目的的、有针对性的精讲。这个阶段，最突出的特点就是先学后教，学与教相结合。

3. 巩固达标、深化理解阶段（10分钟）

已经理解了的知识，必须通过训练加以强化，通过运用加以巩固和提高。教学目标的达成度是衡量一节课成败的标准。在这一阶段，教师应紧扣教学目标，把准确、科学、合理的检测试题制作成课件，把训练的内容重点放在应用学到的知识解决实际问题上，创造性地“做”，不搞死记硬背，在测试中出现的问题，教师要及时纠正，让学生当堂达标。

4. 畅所欲言、体悟历史阶段（5分钟）

这一环节的设置，旨在倡导发展性评价。通过这一环节，教师给学生在情感、态度、价值观及创新意识等方面再次提供展示的机会，促进学生创造性地发挥个性和潜能，同时，这一环节的设置，能够确保准时下课，能够确保学生下一节课学习的质量和效益。

二、多媒体辅助“四段式”历史教学模式的操作方法

1. 多媒体辅助历史人物教学的操作方法

在历史教学中，遇到的历史人物众多，然而课本对历史人物的介绍单薄、枯燥，这就给历史人物教学带来了一定的难度。运用多媒体对教学历史人物会取得良好的效果。

例如，对于屈原这个人物形象，课本中的插图表现了屈原忧国忧民的神态，但今天的学生难以领会到其境界。通过多媒体辅助，将图、乐、诗融为一体，既刻画了屈原的人物形象，又能让学生感受屈原的诗境，同时也能领会课本中所写“屈原的诗是中华民族的珍贵遗产”一句的内在含义。这样一来，在学生头脑中展现的活生生的屈原这一人物形象，又怎么会轻易地消失呢？

2. 多媒体辅助历史事件教学的操作方法

历史既不能复制，也不能重演。利用多媒体辅助教学，有助于帮助学生在头脑中再造历史表象，增强对历史事件的感性认识，激发学生学习的

兴趣。

例如，讲述“洋务运动”时，我先让学生阅读有关的教材，然后演播课件中洋务运动代表人物的头像，图片资料包括江南制造总局炮厂的机器房、汉阳铁厂的高炉、开平煤矿，投影片资料包括洋务派创办的主要工矿企业表等，以此增强学生对洋务运动的感性认识。在此基础上，演播录像资料《中华上下五千年》中有关洋务运动的内容，进一步加深学生对洋务运动这一历史事件的认识。最后，让学生讨论洋务运动在我国历史上的影响。

通过以上几个步骤的学习，学生对洋务运动这一历史事件出现的原因、目的、时间及其口号、代表人物、内容、作用等就有了一个完整清晰的认识，从而顺利地完成了学习任务，取得了良好的教学效果。

3. 多媒体辅助历史发展规律教学的操作方法

每一个历史事件和历史现象都有其发生、发展的历史过程，都是按一定的时间顺序运动、发展着；各个历史事件和历史现象之间都有千丝万缕的联系。所以教师在讲解时，就要引导学生找出这种内在联系，并上升到理论高度，用发展的观点和联系的观点分析各历史事件、历史现象之间的关系，把握历史发展的基本线索和规律。

4. 多媒体辅助历史地图教学的操作方法

历史地图是表现历史现象的空间位置和地理环境，再现历史发展中一定的空间变迁的现象的工具。任何历史现象必有其赖以存在的空间。学习历史，如果没有或缺乏空间概念，势必影响对历史现象、事件、人物的认识和理解，而极具直观性的历史地图则能弥补这方面的不足。历史地图的运用，特别是多媒体辅助历史教学，给学生学习历史地图带来了更为便利的条件，它可以帮助学生展开丰富的想象，再造过去的历史形象，帮助学生形成历史表象和历史概念，激发学生的学习兴趣。而运用历史地图进行教学也是历史教师具有高度教学艺术水平的体现。

5. 多媒体辅助历史数据图表教学的操作方法

对历史事物进行定量分析，需要历史数据图表，它是历史教学中不可缺少的基础知识。综观整个中学历史教科书，历史数据图表在教科书中所占的比重也不小。多媒体辅助历史教学要求教师在学习历史数据图时，要领会统计图的内涵，挖掘它的意义，采用多种方法（变换数据图的形式），引导学生探索、研究、讨论、学习。

6. 多媒体辅助教师使用板画、板图进行教学的操作方法

“再造”历史板画、板图是指教师为突出教学内容的特点，加强学生的感知印象，将提炼出来的知识要点，借助于数码、符号、颜色等信号，利用现代信息技术进行科学的编排组合，经过精心设计、重新归纳、优化组合而绘制出的全新、简明、延伸了的创造性板画、板图。上课时，教师配合教学内容，边讲边播放所制作的板画、板图，讲到哪里，放到哪里，许多历史事物随着讲课顺序一个个“登台亮相”。学生视听结合、思维集中，有兴趣而且易理解，记忆深刻，激发想象，学生的历史思维也随着教师的讲解而步步深入，增强了学生学习的积极性和主动性。例如，讲《官渡之战》时，我设计了如下板图：

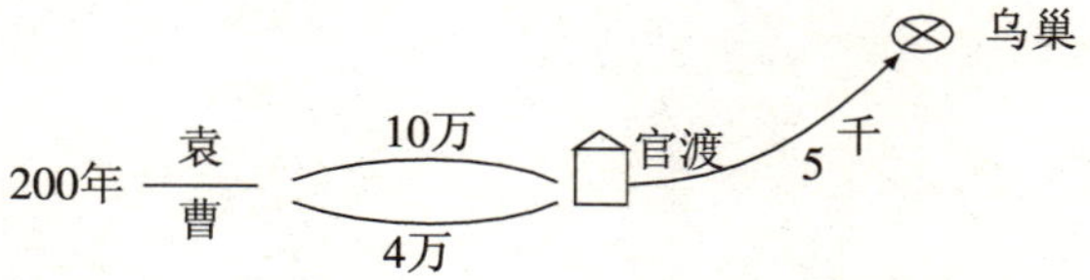

这一板图，呈现出官渡之战发生的年代、主要过程，展示了袁曹双方所处的方位，两军在官渡之战时的兵力对比，曹操偷袭乌巢和袁军败北等内容（乌巢在官渡的东北方向，板图中也显示出来了）。这一板图，既能给学生以丰富的感性认识，又能在理性认识上给学生以启示，虽然结构简单，内涵却是丰富的。

三、取得的成果与效果

“利用多媒体辅助‘四段式’历史课堂教学模式”的研究、完善和系统实施，彻底打破了“四为主”（教师为主、课堂为主、课本为主、训练为主）的教学模式，为历史教学带来了无限生机和活力。

路在脚下

云为刚

名师简介

云为刚，济南第二十中学历史教师。

最近我在读《敢问路在何方》一书，这本书可以看作是导演杨洁对其30年前拍摄《西游记》全过程的回忆。《西游记》一书中唐僧师徒降妖除怪的艰难与现实拍摄过程中杨导演遇到的困难相辉映，造就了这部脍炙人口的电视剧。常言道：读书就是读自己。由杨导演转战中国大江南北拍戏的不易，我想到了自己工作以来的“奋斗征程”，颇有感触。

一、“一头小毛驴”

1996年，我毕业于聊城师范学院（即现在的聊城大学）历史系，被分配在济南第三十中学任教，从此成为一名初中历史教师。

在济南第三十中学工作的六年时间里，我倾注了许多心血和汗水，承担了不同的任务和角色，与学校和学生积累了深厚的感情！

最初我被安排在教导处，从事初三历史学科的教学工作，并担任教导员。担任教导员期间，我不仅要协助主任查卫生、管纪律、处理学生纠纷，还要负责全校试卷的油印工作。这些工作，让我有更多的机会接触“后进生”，了解家长，从而使我了解到孩子们成绩不好的原因，知道了他们的喜好。这为我之后在济南第二十中学开展政教工作打下了坚实的基础。

我担任过政史地教研组组长。当时，学校里的历史教师只有两名，没有单独设立历史教研组，学校的历史教师与政治、地理学科的教师共同组成政史地教研组。组内成员共有六人，其中我最年轻，因个人事务较少，所以教研组活动的记录、计划、方案等基本由我来写。不是我一个人“领导”他们五个，而是他们五个人“指挥”我一个。虽然这样，我依然备感高兴，感觉自己受到了大家的重视。

我做过校运动队短跑教练。在大学里我就热爱运动，虽然教学方面没有体育教师专业，但我身体健康、勇于拼搏、乐观向上，学生们也喜欢跟我一起跑步。最终，在大家的共同努力下，我们学校运动队连续两年取得了全区非传统项目第一名的好成绩。我很高兴，因为我给学校争得了荣誉。

我做过绿化园艺师，当过粉刷匠、油漆工和装饰小工。我经常利用周末时间，帮学校修剪花草树木，帮学校刷涂料、刷油漆。另外，我还与其他几位同事一起布置并装饰了学校的德育室。

我还做过教工团支部书记和工会委员……

当时，我吃住都在学校，过着寂寞但快乐的单身生活，不知道外面世界的精彩。因为能吃苦、不怕累，加之我性格中有一股犟劲，同事们都戏称我是“一头坚强倔强、不服输的小毛驴”。

做过这许多事情之后，我才清楚地认识到：做每一件事情、干每一份工作都不容易！这也让我渐渐懂得了“舍得”的道理——不舍肯定不得，舍了也未必得，为得而舍不一定得，为舍而得也不一定得，只舍不求得有时才能得。

二、做梦都在上课，累并快乐着

2002 年暑假过后，我被调入济南第二十中学。当时，我工作的主阵地在课堂，其实，不论是在第三十中学，还是在第二十中学，我一直都专注于教学，甚至晚上做梦都在给学生上课。

刚上班的前几年我身体比较好，加上我没有午休的习惯，又是学校的教导员，所以中午我就做起了调教学生的诸项工作。

吃完午饭后，我通常会与几个同事带领平时爱调皮捣蛋的学生一起踢球，目的有两个：一是借此释放孩子们体内多余的能量，使他们不至于“无事生非”；二是加深师生了解，为解决与他们有关的棘手事件做好铺垫。为了让学生觉得有新鲜感，我们有大操场不用，而用小篮球场踢“五人制足球”，这样可以让学生竞争上岗，谁踢失误了就退场。我们还要求不上场的同学必须整齐地坐到场地边“待岗”，如果不听从指挥，就不让接班上场。这样下来，场上同学踢得认真、努力；场下同学坐得有序、整齐。每当想起此情此景，我都感觉到丝丝歉意，可每当与毕业后的孩子谈起这些时，他们却说那是初中三年记忆最深，也是最高兴的事！

中午踢球的时光是短暂的，踢完球后，就进入我疯狂的无偿补课的时间了，时间大约为一个小时。

因为我教全年级五个班的学生，当时又恰好赶上中考学科抽签，抽到了考历史，于是我就从早自习一直上到晚自习，最多的时候每周要上 48 节课。即使如此，孩子们因为喜欢上我的课，中午也愿意来补课。我利用可以容纳 150 人左右的大教室上课，教室的前后门都开着，前门进，后门出。同学们都可以听我讲课。我提了两个要求：一是出入教室不准发出声音，二是来到教室后不能不认真听。功夫不负有心人，我刚调入第二十中学的那一学期，得知我以前任教的济南第三十中学学生的历史成绩获得全区第一名，学生的平均分在全市也名列前茅，我有些不相信自己的耳朵。后来，我被市教研员周老师推荐到全市历史教学年会上作了题为“吹尽黄沙始到金”的发言，这增强了我的自信心，虽然那段时间我的工作很累，但是我觉得很快乐！

三、 把复杂的问题讲简单

站得越高，看得越远。在济南第三十中学时，我为能参加区级公开课而“上下求索”。而到了济南第二十中学以后，能参加市级优质课评比成为我的新追求。2002 年秋，我第一次代表槐荫区参加济南市优质课评比，学校历史组全体成员齐上阵，为我献计献策。这次讲课让我有三点深刻的感受。

其一，改变教学方法很困难。因为我常年教初三的课，所以在讲课时应试教育的痕迹很重，每讲一个问题，我都会让学生练习巩固，形式比较单一。“时刻关注学生的知识获得，注重学生学业成绩”的思想在我的头脑中根深蒂固，在参加这种带有“展示”意味的比赛时，一时更是很难改过来。

其二，课前准备很充分。听曾经参加过各类大赛、经验丰富的老师们讲，想要获得良好的教学效果，课前务必想办法知道自己在哪个班上课；

一定要提前见到学生，把难点问题展示出来，让学生准备一下，如果有可能的话，就给班内每名学生买个小礼物、小奖品。我按他们说的去做了，结果课上得很顺利，我获得了市优质课评比一等奖。我真心地感谢这些帮助过我的老师们！但是，后来发生的一件事，再次引发了我对讲课的反思。当时作为评委之一的山东师范大学第二附属中学的李坤庆老师评价我的课时说："这课有些'假'，学生答得太好了。"这句话让我印象深刻，到底优质课应该怎样上呢？课前准备的那些与教学本身没有关系的事情能否说就是讲课比赛中的"潜规则"呢？

后来我想，要上好一堂优质课，真正的功夫应该在课堂内。除了要具备上好其他课都具备的条件外，关键还要做到"两点""一简单"。"两点"是指教师对教材的分析处理、提炼挖掘要有"亮点"，授课要有"特点"；"一简单"即我们通常所说的"深入浅出"，就是要帮助学生把复杂的知识转化为容易理解的知识，这三个方面都不是凭借一日之功就能掌握的。"亮点"来自挖掘教材的深度，整合教材的巧妙，提炼教材的准确。"特点"则源于教师自身的特长与教学风格，如教师是否擅长唱歌、朗诵、组织评价学生等。"一简单"说之易，做则难。教学时间一长，我们往往会把自己掌握的知识全"塞"给学生，有时内容虽不多，但讲课的深度、高度又不够。将"复杂问题简单化"，首先要具备一种意识，教师讲课前应先告诫自己不要多讲，其次是对教师的一种磨炼，少讲不等于可以照本宣科，而是要求教师具备从复杂的知识材料中找到突出重点、突破难点的关节点，要求教师具备看破真相、点明实质的能力。

其三，将"特点"演化成"亮点"。因为我的普通话说得不标准，所以在进行优质课评比时比较吃亏，怎样弥补这一缺陷一直困扰着我。后来，我依据自己说话底气足且抑扬顿挫的特点，设计了一个用山东方言为书中文字配音的环节。当时我讲授的是《资产阶级民主革命的兴起》一课，其中有陈天华写的《猛回头》一书的文字片段。该段文字重在揭露帝国主义列强瓜分中国的野心，指出当时的清朝政府已成为"洋人的朝廷"，号召全国各阶层民众团结起来进行反清革命。这个环节我设计的导入语是："陈天华的这本书及其革命思想从长江流域开始向中国大地延展开来，很快就进入山东境内，在我们章丘扎根发芽。假设大家就是当时的爱国青年，在国难当头之际，在看到这样的宣传品之时，请你用家乡话读出它所表达的感情吧！"学生读完后，我又接了过来——"听了作为爱国青年的你们的宣传，老师也想成为你们中的一员，去践行这一代表着时代脉搏的最强音。”方言的使用，既加深了学生对资产阶级革命思想传播的理解，又让各位评委感觉很新鲜。虽然这样做仍然是对授课技巧的使用，但是，我却用自己的“特点”演化出了这节课的“亮点”。

四、 硬着头皮也要上

2008年1月19日是我难以忘怀的日子。这一天，槐荫区教育局邀请专家对进入“双名工程”的复评参赛选手进行考核，通过说课与答辩两个环节来确定“名教师”和“名班主任”最终人选。我恰恰是复评选手之一。

参赛的情景至今仍历历在目，甚至心有余悸。由于答辩环节的教育理论过多，我无从准备，所以把准备的重点放在了说课环节，但是历史教科书共有六本，到底抽哪一课，我一时也难以定夺。比赛前，我只能简单看一下说课的程序和答辩的注意事项。抽了课题后，我原想写一份完整的说课方案，但当时用了20分钟我只写了一个开头，只剩5分钟了，这5分钟我要到另一楼层的比赛室去等待。虽然大家面临的情况都一样，可我还是有些不知所措，我强迫自己镇静，走进了赛场……

推开门的一刹那，各位评委的目光立即聚集在我的身上。此时慌也不能解决问题，我只能强迫自己镇静，并彬彬有礼地报上自己的顺序号。比赛环节开始后，我“大胆”地注视着评委说话，谁抬头看我或一直注视着我，我就多看谁一眼，以示我对评委的尊敬。我坚信瑕不掩瑜的道理，硬着头皮顺畅地完成了说课和答辩的所有环节。

准备比赛的过程，记录下了我对成为“名师”的憧憬；参加比赛的过程，是对我十几年基本功的磨炼；比赛的结果，又承载着我成为“名教师”的期盼与追求。过程是艰难的，结果是可喜的，但在喜悦之余，我又在反思：自己是否真正具备了成为“名教师”的资质呢？

五、 方法总比困难多

成为“名师”人选之后，教育局加强了对我们的培养，鼓励我们多加锻炼，也给我们提供了许多展示自我的平台。2008年4月，区培训中心组织各级名师开展同课异构的“磨课”活动，即设置同一个课题，由三个人来讲。历史学科由我区市“名师”人选陈江老师、作为区“名师”人选的我、以及教师新秀董艺老师来讲，因为教育局党委成员都要来听课，所以所有人都很重视。讲课地点设在济南第十九中学，准备时间大约为一周，机遇与挑战共存，我告诉自己必须讲好。与“高手”过招，我的压力非常大，搜集备课材料我就用了四天的时间，到第五天已经是周五了，我还没有试讲，如果再不试讲，周六、周日学生就放假了。“丑媳妇不能怕见公婆”，于是我就硬着头皮邀请赵向霞、邓心一等老师听课。这一讲问题就凸显出来：课件放不出声音、知识容量太大、教学方法单一，教态僵硬、语言混乱。我在感觉无地自容的同时，痛下决心推翻重来！当时为这节课，我已经连续几个晚上熬到两点多了，但结果却“南辕北辙”，用的时间越多，离目标越远。之后，赵老师帮我理了思路，邓老师帮我抠细节，韩宏伟老师帮我改课件，全体历史教研组的“精英”齐上阵，再一次激发了我的斗志与自信。我在临讲课前的那个晚上，只睡了一个小时，将我要说的每一句话，又都写了下来。

课讲完了，效果非常好，这又让我体会到了“深入浅出”的妙处，这次讲课，既让我经历了艰难与曲折，又感受到了同伴互助的重要性。后来与董艺老师一同参加培训中心录制的谈有关“磨课”感受的活动时，我写下了三句话：“同课异构”优化了教研方式，发挥了青年教师集体备课的作用；“同课异构”能促进骨干教师深入研究教学，发挥教学的引领作用；“同课异构”能促进教师加强教学反思，促进教师成长。

六、送人玫瑰，手留余香

除了参加教学方面的讲课比赛，我还曾帮助学校的班主任组织班会课，参加班主任素质大赛。2010 年，教育局教育科组织全区第一届班主任素质大赛，我以“名班主任”刘媛老师“亲友团”的身份参加了决赛。我校有三名班主任进入决赛，作为政教处主任，我既要帮助大家筹划，又要亲自上阵，责无旁贷。素质大赛形式新颖，类似于“超女”选秀，要求班主任选手首先要有才艺展示，其次要有个人陈述，最后要有亲友团的助词。我们学校班主任团体才艺展示的节目是“三句半”，最后的半句由我来说。因为之前演过类似的角色，所以我没有花费过多时间，而对于亲友团助词，我则下了一番功夫，为了求新求变，我决定用山东快书的形式来展示。我将刘媛老师的个人陈述内容改编成了快书的内容，用了半宿的时间书写词句。第二天展演时，刘玫校长充任王英伟老师的亲友团成员，刘桂芹副书记充任韩玉鉴老师的亲友团成员，大家齐上阵，不管成绩如何，感动得参赛的班主任选手热泪盈眶，我想，这就是一种团队精神。送人玫瑰，手留余香!

这几次令我记忆深刻的活动中，遗憾的是没有留下任何影视资料。对于自身成长来说，研究和反思自己的课例，进步速度应该是最快也是最有效的，及时发现问题，解决问题，一定会有提高。因此，以后如果学校或组织单位不能帮忙录制的话，自己也可以想办法录制下来。这样既可以记录下自己成长的足迹，更能为自己反思留下素材，因为随着经验和教学理念的转变，个人对自身课的认识也是会发生改变的。

七、 借中考命题引导历史教学

作为槐荫区首届“名师”人选中的一员，忐忑之余，我经常陷入沉思：自己这位“名师”到底“名”在何处？既没有成型的自己的教学模式，又没有自己独立开展的科研课题，也没有较高的荣誉，我该依靠什么立足于“名师”队伍呢？思来想去，中考命题、研究中（学）考成为我教研工作的一个方向。我共参加了 2007 年、2008 年、2010 年、2011 年四次济南市历史学科的中考命题工作。这与市教研室的领导、市教研员段进生老师和区教研员赵向霞老师对我的信任是分不开的。参与的多了，也就养成了研究中（学）考的习惯。

在参加命题工作的几年中，我也养成了三个习惯。

一是多积累素材，做到善于观察、勤于记录。命题思路也是一种素材，中考命题思路的形成，往往来自突发的灵感。而这些灵感，有可能来自日常教学活动中对某个知识点的巧妙处理；也可能来自提问过程中学生巧妙的回答；还可能来源于平时看电视新闻，或是阅读书报杂志时得到的感悟；抑或是在广泛浏览、筛选试题时，从别人的思路中获得的启发；还可能是在聆听专家报告，或与同事探讨热点问题时得到的启示。把这些素材积累起来，往往就是良好的题源。有了这些深厚的积累，命题时就能厚积薄发，编制出能与教学实际相衔接、与社会热点相联系的试题，并有利于提高教学效果。

二是多与人交流，做到善于沟通，虚心学习。“三人行必有我师”，只要真诚地讨论教学问题，与任何人交流，都会学到有用的东西。“见贤思齐”，经常与比自己业务水平高的人交流，对提高自身的业务水平很有帮助。我们能在什么样的场合、与哪些人交流呢？通常我的做法有以下几种。

第一，通过参加市区教研活动，如市中考解读会，历史阅卷、历史年会、优质课评比等活动向市区教研员和历史“名师”学习。在我担任初三历史教师的十年间，结交了许多全市有名的历史教师。第二，通过电话、网络或者聚会的形式，与其他历史教师共同探讨中考导向与复习策略问题。近几年，我还通过向杂志社投稿、到外地学习、听报告等形式，结交了全国各地的许多历史教师，学习了许多有益的知识。第三，多研究，做到善于总结，勤于书写。历史教师要勤于研究教材，梳理学科知识，熟练把握学科体系，深刻理解历史概念，挖掘知识内涵，并进行适当延伸与拓展；要不断加强理论修养，熟知常用的基本观点和原理，并能熟练地运用这些观点、原理去分析和解决实际问题；要勤于研究《义务教育历史课程标准（2011 年版）》，依据《义务教育历史课程标准（2011 年版）》的要求，设计历史课堂，思考考试评价内容与方式——考什么，怎样考；还要勤于研究自己的中考试题，我将《义务教育历史课程标准（2011 年版）》与“中考考纲”，以及每年考过的试题进行了综合对照，以把握历史学科中考的命题特点和发展趋势。在分析试题的过程中，我经常思考这样几个问题：题目考查的是哪个知识点？命题的切入点是什么？命题的角度与我自己的想法有什么不同？怎样引导学生答出预设的知识点？学生认为的难点是什么？学生这样认为的理由是什么？导致学生出现错误的原因是什么？

无论是课堂教学还是研究中考试题，都需要我们做个有心人，只有开动脑筋多思考，总结反思多记录，积累经验多交流，才会获得进步与提升。

回首十七年的成长历程，我用电视剧《西游记》主题曲的歌词作为我的结语。

敢问路在何方？路在脚下——

附：我的教育故事

数载寒窗三日试，一方暖色九霄飞

——对济南市历史学科命题的研究

2009 年，山东省教育厅发布了《山东省普通中小学考试管理规定（试行）》。该规定对山东省中小学考试的指导思想、目标、考试科类、考试次数、实施规范、考试结果的运用等方面都做了明确的要求。

我有幸连续四年跟随市历史教研员段进生老师参加了中（学）考命题

工作，了解了市历史中（学）考命题的思路、基本步骤和命制创新试题的方法，体会到了中考命题对初中历史教学的导向作用。

一、命题的基本思路

学科中考命题首先要确定“考什么”以及“怎样考”。“考什么”就是要计划好考查哪些知识点；“怎样考”就是要对各知识点的题型、分值进行分配，确定好考查学生的哪些能力；这就需要我们制订详细的“命题双向细目表”。

制订“命题双向细目表”是命题工作的开始。通常来说，我们要先确定所考查的非选择题的思路和知识点，然后再按时间先后确定选择题要考查的知识点。一般在命题完毕后，还要按考查事件发生的先后顺序排列题目序号，有时还会对具有时间顺序的选项加以排列。

随着“命题双向细目表”制订的结束，一套试题的整体框架也就初步定型了。由此看出，“命题双向细目表”制订的好坏对于命题工作至关重要。但是，为什么要这样制订“命题双向细目表”呢？我们平时要做好哪些工作才能制订出符合初中评价标准的细目表呢？应注重五个“研究”，确定考查重点。

1. 研究新课标，确定主干知识

新课标不仅是推进历史课程改革的指导性文件，还是历史学科中考命题的依据。平时命题时，就应该养成研究新课标的习惯，按照新课标的要求确定课本的主干知识，并将该知识作为考查的重点来命制试题。无论何时，紧紧围绕新课标的内容和要求进行命题的做法都不能改变，中考试题考查的都是教材的基础知识和主干知识。

2. 研究“考试纲要”，确定命题重点

“考试纲要”也是历史学科中考命题的重要依据之一。“考试纲要”规定了考试的性质、命题指导思想、考试范围，以及对学科思维能力的要求。只有明确了这些，在命题时，对所编制的试题要考查哪些能力，要贯彻怎样的命题思想，才能够做到心中有数，才能有明确的方向。

3. 研究中考试题，了解出题规律

研究中考试题对于教师把握命题方向，提升自身专业能力，指导学生应考都有一定的帮助。我将段老师自担任教研员以来命制的所有历史试题进行了梳理与比较，再加上段老师对我的言传身教，让我对历史学科中考的命题特点和发展趋势有了初步的了解。

纵观我市历史学科八年来中考试题的变化，可以看出近几年历史学科的中考命题在命题的形式、风格和设问的习惯上形成了一定的特色。这说明我市的历史学科中考命题已经走上了具有特色的规范化道路，对初中教学的引导作用也得以显现。

第二，把握命题趋势。

近几年，我市中考试题的命制体现出以下几个趋势和特点：

1. 资源的地域化：中考命题充分利用各种课程资源，将地域历史——济南历史引入了中考试卷，拉近了学生与历史的距离。对于济南历史的考查，在2009年和2012年的中考试题在命制时都创设了新的情境。

2. 立意的能力化：尽管历史中考试题注重对基础知识的考查，但这种考查并不是对教材知识的简单再现，而是以知识为载体，突出对学生能力和思维品质的考查，即所谓“死知识、活考查，重理解、考应用”。纵观近这几年的济南市历史中考题，试题对学生能力的考查主要包括：知识的再认、再现；获取信息和处理材料；知识迁移；分析、归纳、比较、判断、评价历史事件；把握历史本质和发展规律等。

3. 创意的情境化：近几年，历史学科中考命题的题干大多采用了不同类型的新材料，创设了不同类型的新情境，注重考查学生理解和运用材料的能力。面对这种有别于直接设问的改变，教师应该教给学生“去伪存真”的方法，揭示试题的“庐山真面目”。如2007年历史中考试题选择题的第8题，就用考古发现创设了“秦代竹简”的新情境，意在考查秦朝文字。这就提示教师要教会学生提炼出“秦代”的字眼，再结合“秦朝统一使用小篆文字”的知识，解答此题。

4. 内容的现实化：以现实生活中的热点、焦点问题，或联系学生生活实际的问题为切入点是近几年历史学科中考命题的突出特点。这类题目的导入语（切入点）往往都暗含着题目的主旨和题眼，应该引起师生的高度重视，大家不要认为导入语就是简单的创设情境，它有时还是对全题线索的高度概括。教师在教学中还应培养学生找材料的“字眼”或找题目的“题眼”（即关键字词）的能力。

5. 线索的专题化：每一道非选择题无论是几段材料，还是中外对照的形式，题目一般都会围绕一个主题开展。在平时的教学中，我们应进一步加强对相关历史知识的归纳、分析和比较，培养学生的专题意识，训练学生提炼专题的能力。

6. 选择的自主化、开放化：近几年，历史中考试题中都会命制一道开放性试题，让学生有条件地自主选择回答。之所以是“有条件地自主选择”是因为阅卷存在困难，在现有条件下，不允许出现让学生完全自主选择的局面。但是，历史中考试题的形式一直在改变，因此，最大限度地体现了历史试卷的开放性。

7. 素材的图表化：历史图片与文字的组合，可以直观、生动、形象地再现重大的历史事件和历史情景，还可以加深学生对历史问题的理解，增强学生的感性认识。近几年历史学科的中考命题为了体现试卷展现形式的“图文并茂”，增加了图表的数量。使用图表，既可以丰富试题的呈现形式，做到内容美和形式美的统一，又可以培养学生发现和解决历史问题的能力，展现了历史学科的特色和魅力。但是，使用图片时更应体现有效性，这是我们在以后命题中应该注意的方面。

8. 知识的基础化：近些年来的大多数历史中考试题是采取“题目在书外，答案在书内”的模式，较注重对学生历史基础知识的考查，所有题目都能够直接或间接地在课本中找到答案，试题仍然是以教材为依托。如果没有扎实的基础知识，只是一味地强调能力，也就成了无本之木、无源之水。正因如此，不管试题形式如何变化，最终还是要回归课本，回归基础。

耐得寂寞，潜心钻研，静待花开的时候

何斌

名师简介

何斌，中学思想品德教师，济南古城中学副校长。

思想是行动的先导，一个优秀的教师，一定是一个有思想的教师；一个有思想、有追求的教师，一定善于用文字记录自己思考、实践的过程。用文字记录的过程实际上就是一个梳理思路、不断反思，最终形成个人教学思想的过程。有人说我成功是因为我很聪明，其实不然，只不过是因为我很用心，用七天的时间做别人一天就能做的事情而已；只不过是我把别人用于娱乐和休闲的时间更多地用在了思考和学习上而已。

20 年前，怀着无限的憧憬和豪情壮志，我成为一名中学思想品德教师，从一名乡村教师成长为“市劳模”“省教学能手”，回首近 20 年的成长之路，有着太多的思考和感悟。今天把它写下来，既为梳理思路、继续前行，也期望能对如我当年一样年轻的教师有所启迪和帮助。

一、做一名有追求的教师

人生有太多的想不到，也有太多的无法选择。当年大学毕业时，我没想到自己会留在济南，更没有想到我会留在市区最西面的一所农村中学，而且一干就是 20 年，但是，既来之，则安之。因为我相信，一分耕耘，终会有一分收获。既然我选择了做一名教师，那我就一定要做一名学生喜欢、同事尊重的

好教师。这就是这些年我扎根于农村的原始动力。

正是基于这种简单而又朴实的想法，即便在当年连水、电都无法保证的条件下，我仍能够以一颗坦然的心，耐住寂寞，潜心研究，静待花开。

事实上，我非常感谢那段单身住校的日子，因为它让我有了更多的时间研读教材，反思教学，从而顺利实现了角色转变，并有了相对厚实的成长积淀。

二、做一名善于思考的教师

思想是行动的先导，一名优秀的教师，一定是一名有思想的教师，我一直在努力做这样一名教师。为此，在教学时，我经常会想：学生已经知道了什么？哪些知识点他们还不了解？同样一节课，怎样上学生才会感兴趣？怎样才能培养他们分析、解决问题的能力？而且只要有可能，我一定会进行跟踪式反复试验。

这一点，我深受语文名师于漪“一篇课文，三次备课”的启发。于老师年轻时第一次备课时，往往不看任何资料，全凭个人见解，目的在于自我磨炼。第二次备课时会广泛涉猎，仔细对照，看哪些内容自己想到，别人也想到；哪些自己没想到，但别人想到了；还有哪些别人没想到的，但自己想到了的内容；在内容上取长补短，不断完善。第三次则边教边改，在设想与实践的比较中，再次修改教案。于老师在三次备课的过程中，既反思了经验与理念，又反思了设计与现实，很值得我们学习借鉴。

三、养成善于发现和积累的好习惯

生活即教育，教育从生活中来，最终也应该回到生活中去。作为同现实生活联系十分紧密的思想品德教育更是如此，只有植根于现实生活，我们的教学才会有活力和生命力。

这就要求思想品德教师要做生活中的有心人，时刻注意搜集生活中的教育资源。为此，我已经养成了一种习惯，即便是看新闻联播，我也常想，这段新闻能不能用于我的教学？如果能用，用在哪里？怎么用？

2011 年，我参加山东省第六届教学能手评选时，课堂教学中所选案例就全部来自平时的观察和积累。暑假时，我偶然间看到一篇讲述著名演员王刚小时候顽皮事迹的文章，突然眼前一亮，因为这是一份非常好的课程资源，能用于“师生关系”“做人要保持自尊”等很多内容的教学。于是我马上查找相关资料，并把找到的视频进行了剪辑和整理。在参加省教学能手评选时，我将它作为贯穿课堂教学始终的一个典型案例，收到了非常好的教学效果。

其实，生活中处处皆有课程资源，关键是你是否善于思考和发现。就在教学能手评选正式比赛的前一天，我在执教班级外的走廊上看到了该班学生的一组照片，就随手拍了下来，晚上我在宾馆中翻看时，一张学生吹黑管的照片引发了我深深的思考。因为当时我要执教的《做人要自尊》一课相对比较抽象，如果能让他当堂演奏一首，再采访一下他的感受，一定会让学生对“自尊”有更直接的感受！虽然教学设计已经做了多次修改，第二天一早就要比赛，虽然夜色已晚，但我还是费尽种种周折，联系上了这个学生。第二天课上，当一首《友谊地久天长》在偌大的报告厅中响起的时候，掌声雷动……

由此看来，生活中处处皆有教育，只不过需要我们运用教育智慧去发现。

四、未雨绸缪，做一个先飞的有心人

从普普通通的农村教师，到区“名师”“济南市先进工作者”“山东省教学能手”，我进步很快。有人说这是因为我很聪明。其实不然，只不过是我很用心，会用七天的时间做别人一天就能做的事情，把别人用于娱乐和休闲的时间更多地用在了思考和学习上。

就拿参评省教学能手这件事来说，在确定参加济南市初选之后，我就利用业余时间，把初中三个年级的所有教材都准备了一遍。被确定为济南市的推荐人选之后，暑假，我又结合所使用的教科版教材，把鲁人版教材全部准备了一遍，并写出了详尽的教学设计。因为，评上省教学能手不是我参评的最终目的。

9 月 24 日，作为提前报到的参赛选手，安顿下来之后，我马上设法借到了一辆自行车，终日穿行于当地的大街小巷，不为放松心情，只为发现并挖掘当地的课程资源。从潍柴动力到福田重工，从杨家埠年画到潍坊风筝，为了利用好当地的课程资源，我做了充分的准备。我的成功不是因为我很聪明，而是因为我很努力。

五、且行且思，把思考变成文字

用文字记录下自己思考、实践的过程，实际上就是一个梳理思路、不断反思，最终形成个人教学思想的过程。

我一直努力尝试用文字记录下自己思考和成长的过程，并前前后后发表了三十多篇论文、随笔。围绕如何增强课堂教学的趣味性，我写了《课堂教学中的趣味性从哪里来》；思考师生关系，我写下了《今天的学生是什么》；读上海十佳青年校长郑杰的文章《为自己而教》，引发了我对教师职业价值的思考，我写下了《我们为谁而教》；由自己课上的突发事件展开思考，我写下了《假如毛主席和蒋介石曾“同学少年”》；观摩市优质课评比，我写下了《由两则课例反思思想品德教学情境的设置》；参加教育局会议，听到李局长讲的一个故事，我写下了《“墙上之洞试验”带给教育的思考》；看《舌尖上的中国》，引发我对课堂教学的思考，我写下了《舌尖上的课堂教学》。

虽然写的很多文章与学科教学并没有直接关系，但正是这些深层次的思考，使我能够站在较高的高度去审视学科教学，这也就使得我的教学具备了较为深厚的理论根基。

六、勇者无畏，主动争取锻炼的机会

在竞争日益激烈的今天，要想快速成长，就应该有主动发展的意识，主动争取更多学习和锻炼的机会，善于借助他人的帮助走向成功。

几年前我曾经赴上海市参加名师培训，参训的人员主要是上海市的名师人选。其中，一位年轻女教师给我留下了非常深刻的印象。她来自一所生源较差的职业学校，在上海，对于职业学校的老师，有“进入职校，武功废掉”的调侃，但面对这种现实，这位老师所发出的并不是牢骚和抱怨，而是“在这种境遇下，我自己的发展该怎么办”的思考。正是在这种主动发展意识的驱动下，原本不在参训人员名单中的她，放下面子，“托关系、找门子”，在那个炎热的夏天，自费来旁听了全部培训。

其实，单靠培训很难造就一个优秀的老师，成才的关键还在于个人的主动发展意识。一名教师一旦有了这种意识和追求，无论在什么样的学校，都会成为优秀的教师。作为教师，我们首先应该敢于并善于做一个无畏的“学生”。

今天，每个人对幸福可能有着不同的理解和感悟。过去这些年，我之所以如此努力，就是为了能够坦然地面对我的学生和那些曾经无私帮助过我的人。能够成为一名同事敬佩、学生喜欢的好老师，就是我最大的幸福。为此，我愿继续努力，静待百花齐放、花香满园的时候。

语文课要有“语文味儿”

梁 丽

名师简介

梁丽，女，济南市阳光100小学语文教师。

执着于文学、阅读、写作，执着于语文学科，执着于语文课堂，执着于学生……语文教师要练就一副心无旁骛的心神，完善一身优雅丰盈的文学品位，让自己的人格飘逸语文的风采，用心灵去领悟文学艺术之美，用慧眼去发现语言文字之妙，能从语文教材中挖掘出语文元素，找准语言文字训练的重点，只有这样，我们的语文课堂才能溢满语文的浓香。

一、什么是“语文味儿”

到底怎样的课堂才是充满“语文味儿”的课堂呢？且看两位特级教师是怎样教语文的。

全国著名特级教师贾志敏老师通过教《卖鱼的人》告诉我们：语文教学就是要教语言文字，让学生学会使用祖国的语言文字，这才是“语文味儿”；薛法根老师的《爱之链》展示课告诉我们：让学生抓住文本的特点，品读语言文字之妙，训练学生的语文思维能力，才是“语文味儿”。

看了以上两位名师的教学设计，我们对“语文味儿”就有了一些感性的认识。下面要做的就是弄清几个概念：到底什么是“语文”？语文课程的性质如何？

《义务教育语文课程标准（2011年版）》对语文课程的性质是这样界定的：语文课程是一门学习语言文字运用的综合性、

实践性课程。这一提法就明确了语文课程“学什么”的问题。“学什么”——学习“语言文字运用”，即课程的目标和内容应聚焦于“语言文字运用”，这就要求学生通过语文学习既要掌握一定量的字和词，又要掌握语言文字运用的规律，从而能根据表达目的、对象和语境的特点获取信息，学会表达交流的技巧。

弄清楚了语文的课程性质和目标，“语文味儿”便不言自明了。

二、 怎样让语文课有滋有味

语文是一门学科，既然是学科，必定具有科学性。语文是科学的：语言文字本身就是科学的、有规律的；教语文更要遵循科学规律，既要教给学生语言文字运用的科学规律、科学的语文思维和语文学习方法，又要讲究运用科学的语文教学方法来教语文。

如何教学才能让语文课有滋有味呢？

措施一：教材解读——抓住语文味儿

解读教材是通过阅读从文学文本中获取和理解意义的过程。好的课程来自于匠心独具的教学设计，而好的教学设计又来源于正确而深入的教材解读。《义务教育语文课程标准（2011 年版）》中提出：“阅读教学是学生、教师、教材编者、文本之间对话的过程”。要上好阅读课，解读教材是基础，钻研解读教材是教学设计、课堂操作、教学效果的根基。对教材解读得正确、到位，教学方法和形式才能锦上添花；解读教材不到位，甚至出现偏差、误读，那么，语文教学必定如无航标之船，教学设计、课堂操作、教学效果几乎等于零，甚至会产生负效应，“南辕北辙”“一去千里”。我们该怎样进行教材解读呢？我想借用美学大师朱光潜先生的一句话：“慢慢走，欣赏啊！”

1. 放下功利心，慢慢走，细细品，品出文本的滋味

现如今，教师们备课都会研读教材，有经验的教师还特别擅长抓知识点、关键词、重点句，会用大量习题培养学生的“语文能力”。但是，在这个过程中，却很少有老师对教材整体内涵和意境进行解读。我曾经听过薛法根老师执教的《祖父的园子》，以及窦桂梅老师的名著导读课《丑小鸭》，深受启发。他们的课堂教学过程并不复杂，但整堂课洋溢着浓浓的文本味，他们对文本的解读不单单停留在文中的一词一句上，不单单停留在文中人物的一颦一笑上，而重在对文本整体意境的研读和把握。如薛法根老师执教的《祖父的园子》一课，教学的主要环节设计了两个问题：一是，读句子，想象画面——读进去，学会概括；二是，课文是怎么把这个内容生动形象地表达出来的，用了哪些句子——这是领悟表达。简简单单的设计，却抓住了文本的重点。难怪听了以后，有些老师竟然对文章的作者肖红及其原著《呼兰河传》产生了浓厚的兴趣，也许这就是解读教材、再现文本带来的收获吧！再如，在执教《丑小鸭》一课时，窦桂梅老师并不是逐字逐句地讲丑小鸭是怎样由一只丑小鸭成长为白天鹅的，而是对教材进行了大刀阔斧的剪裁，采用对比阅读的方式，让学生在课文与原译文中间来回穿梭，通过对比朗读，感悟丑小鸭“苦难中追求梦想，幸福中心怀谦卑”的深刻哲理，并领悟童话语言的魅力。这样大胆的做法我还是第一次看到，当然，这样做的前提是建立在细读教材、准确把握文本内涵和表达的基础之上的。否则，就会像盲人摸象一般，如果对文本的解读仅仅停留在表面，是无法从宏观上处理教材的。

大处着眼，小处落笔。我们应该放下功利心，踏踏实实地钻进教材，投入地读一遍，慢慢走，细细品，真正品出文本的滋味。只有这样，我们在课堂上才能游刃有余、举重若轻、充满自信。

2. **赏文品段，领悟其内涵和表达的真意**

著名教育家叶圣陶说得好：“一字未宜忽，语语悟其神。”著名特级教师沈大安也认为，作者一般不会在文本中重要的地方加着重号，所以我们对文本中的每一个字、每一个词、每一句话都不能轻易放过，要细细体会它们的作用，在这个基础上，再跳出具体的字句，整体把握文章的主旨。

语文课程的基本特点是工具性与人文性相统一。因此，品读文本时要从内涵和表达两方面来进行。现在的语文教学往往较注重对文本的人文内涵的理解，而忽视语言文字的教学。其实语文的工具性是语文学科所特有的，语文课就是教学生学习使用祖国语言的学科，文本是学生学习语言的范本，老师要利用好这个范本，让学生学会使用祖国的语言文字。内涵和语言二者同样重要，江洪春老师提出的“文意兼得”就是这个意思。

3. **关注编写体系，领会编者意图**

我们不能把一篇课文仅仅看作一篇孤立的文章，这篇课文为什么放在这一册而不是那一册，为什么放在这个单元而不是其他单元，为什么列出这三个课后题而不是其他的题目……这些都包含着教材编写者的编写意图。我们在解读教材时，要充分把握这些信息，思考编者之所以这样做的原因。解读编者意图主要包括以下几点：

（1）解读单元训练重点。人教版教材以人文为主题组织单元，而且每一个单元中都安排了语文训练的重点。这一训练重点大多体现在每组课文前面的"单元导语"中，还有课文中的"泡泡语"、语文园地中的"我的发现""交流平台"等里面，这是编者依据训练目标体系和课文特点设计的，用于提示教学的重点、关键和学习的方法。

（2）解读课后思考练习。课后思考练习题渗透了编者的训练意图，分析课后思考练习题，有利于明确教学的重点。

例如，人教版五年级下册《桥》在课后提出了这样的思考练习：

课文在表达上很有特色。如课文最后才交代老汉和小伙子的关系；文中有多处关于大雨的描写。你发现了什么？找出来，和同学交流这样写的好处。

这一道思考题侧重于表达方面的训练，目的是引导学生领悟课文在表达上的特点，并交流这样写的好处。在本题中，提出了设置悬念和环境描写这两个表达特点，从侧面说明了这两个表达特点是学习本文时教师需要重点引导学生领会的。

如果在解读教材时，能对课后思考练习做这样的细读、研读，在教学中就能做到心明眼亮，有的放矢。

措施二：阅读教学策略——体现语文味儿

1. 语文教学离不开训练

北京大学语文教育研究所所长温儒敏这样说："必须意识到，语文课要解决读写能力，实践性很强，必须有反复的训练和积累，训练的过程不可能都是快乐的，甚至也不可能都是个性化的。"

语言就是口头表达，即说；文字就是书面表达，即写。语文课就是要教给学生正确地运用祖国的语言文字进行口头表达和书面表达，并形成一种能力。因此，语文教学离不开练习，离不开训练，要训练学生自己去说、自己去写，让学生在无数次运用语言文字的实践过程中，习得说和写的方法和要领，并逐步培养他们语言表达的能力。尤其是在学生不会说、不会写的时候，教师的指导训练就显得尤为重要，这也是教学中最需要花费大量时间和精力去做的事情。

(1) 转变教学观念，把大量说话、写话的时间和机会还给学生。比如教学《燕子专列》一课，教师在引导学生体会到瑞士政府的了不起之后，可以结合课文的空白点，设计说、写的环节：瑞士居民积极响应政府的号召，全国上下做出了大量爱鸟、护鸟的举动，结合课文中的词句想象，居民们是怎样救助燕子的，并结合“纷纷”“四处”两个词语，加深体会，依照文中的语句，用自己的话说一说居民们还会怎样救助燕子。学生积极地用“冒着”“顶着”“踏着”等词语说句子、谈体会，表达出内心的感动。再如，执教《女娲补天》一课，学习女娲艰难地寻找五彩石一部分内容时，在抓住关键词语理解课文的基础上，教师可以紧扣“找啊找啊”，引导学生展开想象：女娲寻找五彩石时，都遇到了哪些困难呢？通过思考、想象，畅所欲言，学生的思维受到了启发，便急于把女娲找石的艰难表达出来，此时的练笔正是训练学生书面语言能力的良好契机。通过大量的语文实践，学生自然能把握运用语文的规律，良好的语感就会随之形成。

(2) 引导学生探求语言文字运用的艺术，帮助学生积累语言，习得表达能力。比如，一位教师教学《自然之道》一课时，巧妙地抓住“探出头来”的“探”字，采用换词比较的手法，引导学生通过“探”与“伸”的对比，体会出“探”字更能表现小侦察龟的机警和环境的危险，体会到作者用词的准确与传神。经过这样的品读，学生自然会在自己习作的时候，自觉地“炼字”，长此以往，学生准确表达、生动表达的能力就会得到提高。

我在教学《我不是最弱小的》第一自然段时，曾经用了一节课的时间。这一自然段的内容是这样的：

夏天的一个周末，五岁的萨沙和哥哥托利亚，跟父母一起到森林中去玩。森林里的景色是那么美，空气是那么清新。他们来到林中的一片空地。那里盛开着美丽的铃兰花。

这一自然段中的第一句话只用了简练的语言就将事情发生的时间、地点、人物和事件写得清清楚楚。二年级写话训练的重点是指导学生将一句话表达清楚、明白，这是重点，也是难点。难点在于学生往往不能把一句话说通顺，意思也常常表达得不清楚。因此，我就抓住这一句话对学生进行了写话训练。

课堂上，我紧扣语言文字，耐心地对学生进行语言文字的训练，使其习得表达，课课有收获，天天有提高。

2. **教给学生语文学习的方法**

《义务教育语文课程标准（2011 版）》指出，要努力提高学生的语文素养，让学生初步掌握学习语文的基本方法，具有一定的识字、写字能力、阅读能力、写作能力和口语交际能力。具体到阅读教学，要让学生在理解课文内容、体会思想感情、领会语言表达之外，还要凭借课文，在语文学习的过程中，训练学生的语文思维和阅读能力。

虽然现在的小学语文教学对分段、总结段意、概括主要内容和中心思想已经不做要求，但从学生的长远发展和学生习作的角度来看，这些语文能力都还是有必要的。

其实，分段也好，概括主要内容也好，都是一种学习能力，也是写好习作的前提。读一篇文章，读一本书，只笼统地了解其内容，不明白文章的层次、结构，就不能很好地理解其思想内涵。习作也一样，列提纲、讲究结构不也都是对这一学习能力的运用吗？所以分段不是不要训练，而是应该适当地指导，不是每节课都练，而是应该以比较典型的课文作为例子，当练则练。

《跨越海峡的生命桥》就是一篇很好的例子。课堂上，我先让学生读课文，找到文章描述的两个场景，即大陆的小钱等待适合的骨髓，以及台湾青年在手术台上捐献骨髓。然后，我让学生将课文分成三段，分别用一句话概括每一段的内容，经过讨论，我们共同完成了三段段意的总结：（1）大陆的小钱患了白血病，需要进行骨髓移植，才能挽救他的生命；（2）台湾青年在 7.3 级大地震的余震中，为小钱捐献了骨髓；（3）小钱得救了。然后我引导学生将三段段意首尾相连，并在段意中间加上合适的词语，用这种最简便的方法概括出文章的主要内容：大陆的小钱患了白血病，需要进行骨髓移植，才能挽救他的生命。这时，台湾青年在 7.3 级大地震的余震中，为小钱捐献了骨髓。于是，小钱得救了。

这样的教学，关注了阅读方法，落实了指导，学生概括课文主要内容的能力逐渐得到了提高，因此，很有实效性。

3. **语文课堂上要不时传出琅琅读书声**

贾志敏老师经常这样说：“阅读课上要少点‘繁琐的分析’‘无效的提问’，需要的恰恰是‘书声琅琅’‘议论纷纷’。”

朗读是语文阅读教学的重要方法，是提高学生语文素质的基本方法。《义务教育语文课程标准（2011 年版）》中对朗读提出了具体要求，并进行了方法指导。英国诗人密尔顿说：“在琅琅书声中，课文的优美意境、缜密思路、象征意义、传神描绘、观点主张、情调韵味都能得到充分、酣畅的体现。”因此，我们在阅读教学过程中，必须重视读的训练，讲读课文一定要以读为基础，要求学生多读、熟读。

“书读百遍，其义自见。”古人云：“虽有佳肴，弗食不知其旨也。虽有至道，弗学，不知其善也。”一篇好的文章，如果不经过反复诵读，就不能领会其深刻的含义。教师与其把课文逐句分析来分析去，不如留出时间让学生多读课文。

小学语文课本中所选的课文均是汉语言的典范，也是著名作家的经典之作。反复读文的过程也是积累优秀语言的过程，读书的过程，正是咀嚼、消化、吸收、储备语言营养的过程。读得愈熟，领会愈深；读到滚瓜烂熟，作者的语言就有可能转化为读者的语言，读者自己在写作时，就会得心应手，运用自如。当前，学生在写作文时表现出的词汇贫乏、语病百出的现象，正是由于读得太少、背得太少。要解决这个问题，除了加强对学生的基本技能训练之外，还得要求学生多读、多背。

朗读可以采取多种形式，如大声读、小声读、自由读、齐读、分角色读、师生合作读等，应让学生了解不同读法的作用，针对不同课文，选择合适的朗读方法，培养学生读的能力，激发其读的兴趣。除此之外，教师还可以训练学生理解并运用多种读的方法：默读更利于边读书边思考，以形成观点；浏览更利于在所读材料中捕捉所需的重要信息，应用的范围更广……

总之，教师要善于加强对学生读的指导，让学生在读中理解，读中积累，熟读成诵。

措施三：习作教学——提升语文味儿

语文学习是一种母语学习，母语学习的目标之一便是能用母语把自己的想法表达出来，说清楚、说明白。这里就蕴含着两方面的内容：一是有想法，二是能表达。

“想法”就是每个生命个体对事、对物所持有的观点、形成的思考。一千个人心中就有一千个哈姆雷特，人们对事、对物的思考各不相同，这与每个人的生活经历、思想水平有密切联系。每个学生的生活经历是我们无法控制的，但思想水平是我们老师可以帮助学生提升的，而提升学生思想水平最直接、最有效的方法就是阅读，大量阅读。读书让人内心丰富，让人变得思辨，读书让人睿智，读书就是人生。

读书有两个要素：一是量，二是质。关于“量”，《义务教育语文课程标准（2011年版）》中要求，小学六年下来，学生的读书量总和为145万字，按每本书5万字计，近30本书。其实将这30本书分摊到六学年共十二个学期中，就算不得什么了，在实际教学中，这145万字应该只是一个保底数字。我们要做的是，尽量让学生持续更长时间地拥有读书的兴趣和热情。读书贵在坚持，天天读，月月读。我们要采取多种手段让学生品尝到读书的快乐，爱上阅读。关于“质”，读什么书，这是关键问题。衡量一本书是不是好书，既要看其思想是否向上、丰富，又要看其是否具备文学性，也就是语言文字是否规范、优美，有美学价值。如果学生能天天读到这样的精品，那他的作文还用教吗？

再说“能表达”。读书解决了“心里有”的问题，可这个心里的想法还要能说出来，这就是“表达”。表达包括两个方面：一是口头表达，即交际；二是书面表达，即作文。两种表达共有的基本要求是：清楚、明白。学生的表达主要存在如下几个问题：（1）说话、作文前言不搭后语，语无伦次；（2）中心意思不明确；（3）啰嗦，反复，该具体说的不说，不该展开说的说了一大堆。怎么提高学生的语言表达能力呢？一是像前面说的，让学生多接触优秀的语言材料，二是要求教师对学生进行表达的相关训练。贾志敏老师认为，作文是种“练习”，是训练。既然是训练，就要讲究方法。贾老师总结出的那一系列方法很实在、很好用，像抄写句子，听写句子、段落、文章，默写文章，改写文章，都可以一试。

关于习作教学的方法，每个老师都有经验之谈，我只举一例说说自己在利用网络进行习作教学方面的尝试——创办习作专栏。

这学期我接了一个基础稍差的班，当满怀信心地教了两个星期后，我发现学生的学习积极性普遍不高：上课发言需要“摊派”；作文敷衍了事；偶尔发现几篇“佳作”，也是“借鉴”来的。

怎么解决这个问题呢？在与学生聊天时，我发现他们普遍对网络有很浓的兴趣。我想，如果能恰当地利用网络对学生产生的吸引力，也许能探索出作文训练的另一个渠道呢！于是，我在一个教育论坛上为学生开辟了一个作文专栏，叫作“成长快乐”，试图以此激发学生表达的欲望和习作的积极性，没想到，这个办法还挺奏效。我前一天刚动员，第二天，学生的作文便如雪片般飞来，有的学生一次就交了三篇作文。他们的热情之高让我惊讶，而我每天回家后的第一项工作就是将这一天收到的作文上传到网上专栏里去。第二天早上到学校，在学生的簇拥和“盘问”下，我就给他们描述网友们对他们作文的评价。大多数学生家里没有条件上网，他们根本上不了网，当然也不知道自己的专栏是什么样的，至于网友评论他们的文章，他们更是无法想象其中的奥妙。他们只能靠听——听我的描述，所以对于学生来讲，每天的那个时刻都是最美好的。有时他们听着听着会突然大笑起来，有时他们还会在纸上记录下网友对作文的建议……总之，接下来的每一天，我都会收到许多这种着了魔似的“投稿”。

现在，每周我都拿出一节语文课带领学生到网上“神游”。最初孩子们只会上传自己的作文，渐渐地，他们学会了在网上点评他人的作文。刚开始，他们只能笼统地评论“很好”“不错”……经过一段时间的引导，孩子们逐渐学会了点评，从词句到段落，从谋篇布局到修辞表达，他们既能找出文章的优点，又能指出不足，有的还能提出修改意见，专栏里顿时充满了激励的话语和中肯的建议，气氛活跃而温馨。有了网友和同学们的热心关注，孩子们写作文的热情更加高涨了。

有些老师问我：“你是怎样让学生爱上写作文的?”这其实很简单——给你点阳光，你就灿烂了。难道不是吗?每个学生都期待成功，渴望被关注，即使是平时性格内敛的学生也有这样的需求，关键是教师给不给他获得成功的机会。教师的职责就是要尽一切努力为学生搭建自我表现的平台，让他们的潜能得到淋漓尽致的发挥。网络中蕴藏着大量的教育资源，也能为学生提供更多的学习机会，如果能正确地利用网络，就能拥有更加丰富的教育资源，学生的发展空间也会变得更加广阔。在现代信息技术手段日益发达的今天，我们也应该不断更新教育方法，探索崭新的教育渠道，让教育更加贴近学生的趣味，更加有效。

附：我的教育故事

艰辛、幸福地走过春天

——参加2008年省评优课的难忘经历

静下心来，回顾三个月来为参加省评优课而准备的过程，用一个词来形容，那就是“不堪回首”。

一、回顾准备过程

从2月份开始，我就着手准备市里的评优课选拔。市里的评优课选拔不像省评优课那么“治人”，只需精心准备一节课，在指定时间和地点进行展示即可。即便是这样，我也足足准备了一个月之久，其间，教案修改了十余次，先后试讲了九次，槐荫区的大小学校试讲不下七所，有些学校的学生都认识我了。

3月底，我终于走上了市评优课选拔的课堂，40分钟后，结束了我这一个月“非人的生活”。一下课，我便像小鸟一样飞回了家。不出三天，通知下来了，正如我迫切期待和万分担心的那样，我这个幸运儿，拿到了参加省评优课比赛的入场券。

接下来的整整一个月，我就是在不停地备课和试讲中度过的。前面一个月，集中精力备一篇课文，可这一个月要备好两册课文，到正式参赛前一天，再从这两册课文中任意抽取一篇，准备一天两夜后开讲。为了让我全力以赴地准备，学校领导把本属于我的工作任务都分给了其他老师。尽管在什么都不用分心、不用操心的情况下，我却还是一宿一宿地无法睡觉。往往备课到晚上11点，我就坚持不住了，脑子转不动，一点效率都没有，拼命喝咖啡也不管用，于是我就强迫自己睡上一会儿，凌晨一两点再从床上爬起来，接着备课，直到天亮，然后匆匆洗漱，上班，试讲，改教案……遇到第二天要连续试讲两节课的时候，我晚上就一个小时也别想睡了。一个月下来，这两册的教案我均修改了不少于四次，试讲最多的篇目也已达三次，讲到最后，我竟一点感觉都没有了，人站在讲台上都不知道自己在干什么。

身处其中的时候，我的感官全部麻木了，根本感觉不到苦，只是回过头来看走过的路时才意识到，原来自己曾经这么顽强，原来自己也有“超人”的潜质。曾经有人这样说：“世上没有吃不了的苦，没有走不出的路。”我庆幸，在这条艰辛的路上，有这么多热心的领路人伴我踏上征程，有这么多智慧的明灯照我前行；在这条幸福的路上，我并不孤单，教研员们对小学语文的热情和执着激励着我，让我有勇气拥抱每一轮朝阳，有心情闲看庭前花开。我想，我正是在这一次次磨砺中悄然成长起来的！

二、参赛经历

评优课历时六天。第一天下午要抽签确定讲课顺序，再于讲课前两天抽取讲课课题，经过一天两夜的准备后上台展示。第二天下午，胡老师带我去抽课题，这是最紧张的时刻了。我们都知道，抽到自己准备较充分的一课，就先赢了一半，如果抽到的课题不好，那就只能听天由命了。我抽到的课题并不好——朱自清的《匆匆》——最难讲的一篇散文。所有关心我的人，听说我抽到了这一课，都先是“唉——”了一声，然后说：“怎么抽了这一课啊?”大家都为我捏了一把汗。

我们这个备课组，谁也无心说废话了，大家立即开始备课，当天晚上就奋战了个通宵。所有人对这一课都没什么好办法，夜里11点时，江老师也来参与备课，此时的他刚刚备完另外一课，已经睡眼惺忪了，再加上他当时身体不好，大家都觉得他的脑子已经快要转不动了，但是，他仍然热情高涨，思维飞速运转着……直到凌晨一两点钟，我们关于这一课的教学思路才算有了眉目。此时，咖啡和浓茶的刺激作用开始消退，大家都已经支撑不住，纷纷睡去了。我也开始整理教案，结合刚才大家的想法进行教学设计，设计详细的教学过程。大约三个小时后，教学设计出来了，我把大家从床上叫起来，开始说教案，他们一边听一边提出具体的修改建议。刘校长最有水平，她竟然在睡梦中想出一个妙招来，真是让人佩服啊!

第二天上午，教案暂定下来了。下午会务组把我们这9个同一天上课的老师带到当地的一所实验小学。轮到我了，分配给我的班级是五年三班。我的心又凉了，我讲的这一课是六年级下册的一篇课文，再加上本来就是散文，是学生最难读懂的文体之一，而广饶的教学体制是五四制，他们的小学最高年级就是五年级，这意味着我要给五年级的学生讲六年级才能读懂的课文。这也就是说，昨晚的教案设计明显高于学生的学习能力了。因此要彻底改变教学思路！又是一个不眠之夜!

第四天早上6点左右，新的教案设计出来了，我匆匆洗漱换衣，又把教案温习了一遍，八点半，校长给我冲了一杯浓浓的咖啡，我喝了之后就上场了。

紧张、疲惫、困倦一齐涌来，我往讲台上一站，大脑就一片空白了。没办法，既然已经站在这儿了，就只能进不能退，于是我索性豁出去了，想起了第一句，后面的设计也就都跟着冒了出来。40分钟的时间，我的大脑一直保持高度的集中和清醒状态。在学生自由读课文的时候，我甚至想到了这三个月以来，我们备课组所有人围着这个任务不眠不休的备战，舍家撇业奉献，还有领导的关心，同事在为我代课，好友全力帮助，全家人的理解和支持，我自己呢，也拼尽了全力……所有的付出都是为了这最后40分钟。我现在终于走到这最后一步了，无论如何不能放弃，无论如何也要把我们的特色都体现出来，无论如何都要展示出我们槐荫区教师的风采。想到这些，我就如同上紧了的发条，开始表现得游刃有余了，这堂课也获得了在场听课老师的广泛赞誉。

我最终没有辜负大家的期望，终于给了所有为我付出的人一份满意的答卷，我终于可以安安稳稳地睡上一觉了，这一觉我盼了三个月啊！

在对话中前行，在前行中提升

尚东和

名师简介

尚东和，济南市经七路第一小学副校长。

霍华德·加德纳认为，每一个孩子都是一个潜在的天才儿童。每一个孩子都有自己的学习风格，教师要面向全体学生，尊重学生的学习风格，了解学生的长处，挖掘学生的潜能，关注每个学生的发展。教师要充分了解和认识每个学生的智能类型，尽可能挖掘每个学生的潜能，尽可能多地给予不同的指导，使每个学生都能生动活泼、全面地发展。教师教学要立足于促进学生的发展，要尊重学生学习的个性，承认学生间的差异，尊重学生富有个性的学习成果，从而使课堂真正成为展现学生生机的场所。

2005年，我校将“学会对话，走向成功”作为办学理念，并成功地申请了省级规划课题，该课题于2010年顺利结题。此课题仅仅是从宏观上对对话教育的体系进行了有益的探索，但是，对在课堂上如何进行对话的研究却还停留在初级阶段。近几年来，我带领学校语文教研组的同事们对如何实施对话课堂进行了不断的探索。通过近三年对话课堂的教学实践，我们在原有教学惯性下的教育认识观念、态度习惯上的冲突和取舍的道路上艰难前行，在不断反思总结的过程中，对话课堂的实施原则及策略逐渐清晰起来。

一、对话教学的原则

1. 质疑性原则

“学贵有疑，小疑则小进，大疑则大进。”古人就如是说，足见质疑在学习中的重要性。对话课堂要求教师千方百计地激发学生的问题意识，注重营造宽松氛围，鼓励学生质疑。

2. 差异性原则

霍华德·加德纳认为，每一个孩子都是一个潜在的天才儿童。随着新课程的实施，教师们发现，每一个孩子都有自己的学习风格，所以教师应注意尊重学生的学习风格，认识学生的长处，发挥学生的智能。教学过程中，教师眼里要有活生生的个性鲜明的人，要立足于促进学生的发展，要尊重学生学习活动的个性，承认学生间的种种差异，尊重学生富有个性的学习成果，从而使课堂真正成为展现学生生气的场所。

3. 生成性原则

“对话作为一种新的认识形式，其根本属性在于它是生产性、创造性、建设性的，而不是复制性、机械重复性的活动。”对话课堂不是简单的一问一答的课堂，而是师生在解决问题的过程中，不断进行知识的生成、建构的课堂。“生成”是学习者在掌握新知识、建构知识体系过程中自然形成的。对话课堂要为学生知识的“生成”创造良好的空间、氛围和契机。

4. 互动性原则

对话课堂要改善教学人际关系，开发学生的人际交往潜能，建设师生之间的相互交往、相互影响、和谐互动的人际环境。这种互动包括师生互动、生生互动和人本互动。

5. 生活性原则

对话课堂要求教师从学生生活实际出发，提出基于学生生活实际的话题，激发学生的学习积极性，让学生采用合作探究的学习方式，解决生活中的各种问题，使学生更加乐于接受教育，使师生关系更加自然。

二、对话教学的策略（主要以语文课为例）

1. 学会提出问题，生成对话主题

我们的教学要使学生能有效地提出问题，形成解决问题的意识、习惯、能力，也就是要让学生能够“在没有问题的地方发现问题，在没有答案的地方寻找答案”；要让学生在反复实践中体会“发现的喜悦”和“创造的喜悦”，从而真正树立起对话的主体意识。

（1）要培养学生敢于“问”的意识

教师要注重增强学生问问题的兴趣，消除学生懒得问、不屑问的思想，激发学生问问题的欲望，锻炼学生问问题的能力。

（2）要给学生创设“问”的情境

有些教师常说学生不爱问问题，其实出现这种情况，很有可能不是学生没有问题问，而是教师没有给学生问问题的机会。

（3）要教给学生“问”的方法

学生学会问问题是从模仿开始的，所以教师要做好问问题的示范，学会站在学生的角度去问问题。教师在教学中，要经常在易产生疑问的地方停顿，开而弗达，诱导学生提出问题，使学生在思考、探究中提出问题并展开探寻，进而获得答案。

（4）要妥善处理学生提出的“问题”

如果教师对学生在学习中提出的各种问题处理得不好，就可能损伤学生的积极性，所以教师要对学生提出的问题进行妥善处理。为了妥善处理学生提出的问题，教师应引导学生通过阅读、查阅资料，或者通过讨论、辩论、实验、探究等方法来解决问题，这其中也包括和他人的合作。需要注意的是，对于学生提出的在一般人看来是幼稚甚至荒诞的问题，教师也要给予必要的解释和说明，切忌嘲笑、挖苦，避免让学生感到难堪，以防挫伤其积极性。

刚刚开始实施新课改时，我们在科学课堂上经常会看到这样的场景：教师就某一事物或现象问学生“对于某某你有什么问题”，学生会提出很多的问题；接下来，教师往往会选择符合本堂课内容的问题进行深入发掘，展开课堂教学，而对学生提出的其他问题，却多是敷衍了事。学生一开始提出的问题确实有一些是自己想知道的，有一些的确是课堂解决不了的。但正是因为这样，才导致大部分学生提问的积极性减弱了，有些聪明的学生在提问题的时候甚至慢慢学会了揣摩教师的心理，然后再“有针对性”地提出问题。而教师还在为自己课上学生提问积极而沾沾自喜，以为自己锻炼了学生的提问能力，做到了使学生“善于发现问题、提出问题”。

其实，在课堂上，教师应该对学生提出的涉及本课内容的问题进行妥善处理，从而调动学生发现问题、提出问题的积极性。

2. **民主平等，创设对话氛围**

（1）与学生对话要摈弃“师道尊严”，做学生的知心朋友

教师在学生面前不要总是一副一本正经、表情严肃的样子，那只会让师生之间的心理距离越来越远，使学生敬而远之。其实，教师应做学生的知心朋友。教师踏进课堂应该面带着朋友般真诚的笑容，为学生的表现喝彩，让学生感受到来自朋友的一份真诚的关怀和欣赏。在教学的同时教师还应时刻关注学生的情感需求；不要设定许许多多的禁令和规矩，因为这样会使学生缺乏心理安全感，甚至精神紧张、疲惫不堪，应当容许学生有短暂的“思想懈怠”，就算学生偶尔做做小动作也没必要大张旗鼓地予以抨击，课堂组织应松紧有度。教师不妨偶尔展示一下自己的“童心”，学学儿童的口吻，以幽默和风趣的语言吸引学生快乐地学习。

（2）与学生对话应该摒弃“学术权威”的形象，帮助学生实现“自我超越”

课堂理应是学生展现自己才华的舞台，教师是组织者、引导者和欣赏者。我们应当容许教师在学生面前暴露自己的不足之处，降低学生对教师的“期望值”；不要只想着让学生得出问题的“标准答案”，而要学会肯定学生在课堂上的“标新立异”或“异想天开”，坦承“己不能及”；要让学生畅所欲言，却不能让学生“知无不言”；要为学生提供探索的机会，激发学生挑战真理的兴趣与勇气，引导他们学会独立思考、创造性思考，让他们体验学习成功的乐趣。

（4）与学生对话应该善于洞悉学生的思维，并对学生思维进行合理解码

成人认识事物的方法不一定适合儿童，对于特定的学习内容，成人认为简单，而儿童限于其思维发展的阶段性和思维特点未必觉得简单；成人的情感体验强烈，而儿童因所处时代不同、生活经历不同未必能产生同样的感受。

例如，在教学《狼和小羊》这则寓言故事时，一位教师这样提问：“当狼扑向小羊时，结果会怎么样呢?”在成年人看来，小羊被狼吃掉的结果是显而易见的。但是学生的回答却大不一样。

学生 1：“当狼扑向小羊的时候，小羊一躲，狼掉进了河里。”

学生 2：“当狼扑向小羊的时候，被石头绊倒了，掉进了河里。”

学生 3：“当狼扑向小羊的时候，猎人赶到了，把狼打死了。”……

从学生的回答中，我们可以看出学生对小羊充满爱心。学生的回答之

所以会偏离文本意图，与教师教学设计中对学生思维特点关注不够有关。课堂教学中，我们应该侧重考虑学生的思维特点，针对重点、关键的内容，抓住时机“找碴儿”，引导学生思考“狼这样做”的原因，使学生在思维矛盾中展开探讨，这样就不会出现和文本意图差异较大的答案了。

（5）与学生对话应该减少“是非”评价，多一些接纳和倾听、鼓励和赞赏

接纳和倾听能使学生不会因答错而自我责备，也不会把自己的思考建立在对老师心思的揣测之上。鼓励与赞赏能使学生肯定自身的价值，从而建立学习的信心，并敢于思考。

例如，一位教师教学《我为你骄傲》（人教版课程标准教材二年级下册）时，针对其中的一个比喻句，问：“为什么把我们比作兔子？”学生纷纷举手，学生1回答：“因为兔子跑得快。”教师点了点头。学生2回答：“因为兔子活泼可爱。”教师笑着点了点头。教师又问：“还有什么原因吗？”学生冥思苦想，一个学生恍然大悟，高高地举起手来，说：“我知道，我知道。”教师用手示意其不要说出来。又有一个学生把手高高地举了起来，教师还是示意她不要说出来。一会儿，学生陆续举起了手，教师指着一位刚刚举手的小女孩说：“你来说。”学生3回答：“把我们比作兔子，还因为兔子胆小。”教师向这位学生竖起了大拇指。

以欣赏的眼神、宽容的姿态接纳学生的意见，要求教师面对学生正确的答案时不急于表扬，面对学生错误的答案时也不急于否定，而是引导他们详细地了解各种答案的来源，使他们明白哪怕是错误的答案，对每个人认识的提高也是有帮助的，从而使学生彻底卸下心理包袱，积极参与学习过程。教师还可以鼓励学生评价自己、评价他人、评价老师，让学生在评价中学会平等对话，彼此信赖，体验“互信”“互励”“互赏”。

3. 注重学法指导，提高学生对话能力

（1）引导学生学会倾听

倾听是人获取知识的主要途径之一。学生在学校，除阅读外，主要是通过听讲、听记来学习各种知识的，因此，听话能力是学好各门学科知识的基本功。调查表明，学习成绩优异的学生大都在听课时能快速而准确地抓住知识要点，对关键语句有敏锐的洞察能力，有边听边思考、边摘记要点的听记能力，以及善于将教师讲授的众多材料进行比较并将各种知识重组为系统知识的能力。而那些学习成绩比较差的学生，大多在听讲时注意

力指向性较差，没有边听边记要点的习惯。倾听能力是保证课堂对话有效开展的最基本能力，教师应从以下几个方面着手。

①提高教学魅力，激发学生的倾听兴趣。谁都有过这样的体会：千篇一律、枯燥乏味的说教使人如坐针毡，无异于受罪；生动活泼、睿智诙谐的语言却能令人如坐春风，让人觉得是一种享受。教学艺术很大程度上是“说”的艺术，教师在教学活动中，无论是传授科学文化知识、培养学生技能，还是启迪学生智慧、陶冶学生情操，都离不开口语。教师说得生动，学生方能听得入神、有所收获。一个孤陋寡闻、学识浅薄、在课堂上讷讷不成言的教师，他的学生自然很难做到专心听课。因而，提高教学魅力，就必须加强对教师各项能力的培养，只有重视“说”的艺术，才能唤起学生听的兴趣。

②能灵活运用教学媒体辅助教学。学生是生龙活虎的个体，他们会对一味的讲解产生厌倦。如果教学方式过于单一，再优美的语言都会变得苍白无力，激发不了学生的兴趣。因此，教师应灵活运用教学媒体辅助教学。

③增加课堂活力，培养学生的倾听习惯。在新课标的要求下，单一僵化的课堂模式已无立足之地，有活力的课堂才有魅力。教师应采取灵活多样的教学形式，转换教学模式，使学生全神贯注地听、兴趣盎然地听、灵活自主地听。在教学中，教师不妨将猜谜语、听儿歌、改换词语、听读比较、听故事评述、成语接龙等活动请进课堂，这些集趣味性、知识性、挑战性于一体的活动，不失为训练学生听力的良好方式。

（2）指导学生学会说话

①让学生养成良好的聆听习惯。听是说的前提，培养学生听的能力就是训练学生耐心专注地倾听说话人说话，以使他们养成良好的倾听习惯。训练时，首先要使学生注意力集中，其次要训练他们学会调整和分配注意力。

②训练学生的听记能力。记忆一般包括瞬时记忆、短时记忆和长时记忆三种。教师要尽可能地给学生提供多种形式的听话内容，内容既可以是课文、报纸、新闻广播、生活见闻等，也可以是报告、专题、讨论、辩论等。训练时可以要求学生先听读句子、语段，听说新闻片段，记录原文，再逐步过渡到听读整篇文章，听说整个事件。在听读整篇文章时，可要求学生注意记录纲目、要点乃至全文，速度可以由慢到快。

③训练学生的听说能力。听说能力训练是一种把听和说的练习进行结

合，听后作复述、评述，或说出听话感想的训练方法。训练时可以采取两种方法：一是让学生把听到的内容用自己的语言复述出来，二是采用问答形式。

④训练学生的听辨能力。目的在于让学生对听话材料或听到的话语进行思考、辨析，训练学生判断说话人说得是否正确、有条理、清楚。在课堂上，教师还应重视讨论训练，即在理解课文的过程中，提出某种容易出现分歧意见的议题，引起辩论，并要求学生在短时间内发表个人意见。

⑤创设说话的情境。教师应让学生参与课堂讨论，引起学生口语交际的欲望，激发他们口语交际的热情。创设说话情境可通过各种形式展开，如讲故事、口头报告、演讲、演课本剧、谈话、访问等。

⑥组织社会实践活动。学生的口语交际能力要想真正得到培养，必须依赖于社会实践，因为形成口语交际能力后，学生还是要走向社会锻炼自己的能力。因此，对学生口语交际能力的培养要与社会实践结合起来进行。小学生最常参与的社会实践活动主要有四种：一是在学校与师生的交往，二是在家中与家人的交流，三是同亲友的交际，四是同其他人员的交际。我们可以布置这样的小任务：让学生选择一位自己最信任的人，把自己的学习、生活和思想状况告诉他，让他提出意见和建议。

⑦训练学生说话的方法。学生饶有兴趣地说，往往能使讲述内容言之有物，但要做到言之有序，还必须对学生进行方法训练。教师要以贴近生活的话题或情境展开口语交际活动，重视在日常生活中能力的培养，而不只是传授口语交际知识。

⑧训练学生的朗读能力。朗读是把用眼看的书面语言，转换成用耳听的有声语言；说话是把心里想的语言，转换成用口说的语言。朗读对口语交际能力的形成起着重要的作用。

⑨训练口头作文的能力。口头作文是学生说话能力培养的重要途径之一。口头作文时，教师先命题和提供材料，然后要求学生短时间内构思，用口头语言连贯完整地表述出来。口头作文在训练口才的同时，对学生的构思能力、语言组织能力、词语编码能力、用语言表情达意的能力等，都是很好的锻炼。

（3）指导学生学会阅读，与文本对话

教师应遵循学生心理发展和认知发展的规律，精心设计课堂的每一个环节，采取多种方法，创造各种情境，充分调动学生主体参与的积极性，使他们能够在学习中尽情地发挥自己的才能，充分地表达自己的思想，勇敢地阐述自己的观点，真诚地表达自己的情感。只有让阅读成为学生的个性化行为，才会有利于学生的全面发展。

①引导学生自己走进教材。在教学中，教师要努力改变以教者思考代替学生思考的现状，真正做到教给学生的是“渔”，而非“鱼”。

例如，《美丽的小兴安岭》一文向我们介绍了小兴安岭春夏秋冬的美景。一位教师在教学中充分利用教材的特点，采用先“扶”后“放”的方式，循序渐进，逐步引导学生自己走向教材。

教师先以游客租导游的游戏方式让学生兴趣盎然地入境。在教学春天这个季节的相关内容时，教师客串游客，而让学生在初步了解教材的基础上充当导游。教师以游客的身份向导游发问：“小兴安岭春天哪里最美”“河里怎么会有原木”，通过这些问题，引导学生去读课文，“搀扶”着学生“走进课文”。

在学习接下来的几段课文时，教师全面放手让学生主动积极地与文本进行对话。教师先让全班学生自由选择导游和游客的身份，再分小组学习。游客组要精心设计问题，思考在某个季节来到一个地方，你会向导游提什么问题。导游组则讨论游客可能会提些什么问题，以及如何回答。教室分为两大阵营，同学们都在紧锣密鼓地准备着。他们完全沉浸在自身扮演的角色中，超越了课堂的局限，超越了课本的限制。在这样的自主学习氛围中，学生的学习兴趣高涨，真正实现了让学生自己走进教材、跟教材对话的教学目标。

②引导学生向教材以外延伸。教材仅仅是学生学习语言的载体，在教学中，我们要充分利用课本资源，对学生进行语言训练。同时，我们还要兼顾学生的生活实际、情感体验等，找准切入点，引导学生向教材以外延伸，做到让学生的生活和课本完美结合，真正体现教育的人文性。

例如，一位教师执教《威尼斯的小艇》一课时，学习完课文，教师这样引导：“通过学习，我们仿佛来到了美丽的水上城市威尼斯，乘坐着小艇，欣赏着无尽的异域风光。其实在我们中国也有这样一座水上城市——苏州。”随后教师用课件展示了苏州风光片，让学生回家查找资料后写一段风光片的解说词。

这样的教学设计，把课堂内的学习内容有效地引向课外，不仅培养了学生的写作能力、查找资料的能力，更重要的是让学生的生活和课本完美地结合起来，让学生感受到祖国的美丽，激发起学生对祖国的热爱。

③引导学生多元化地走进教材。我们习惯了答案的唯一性，往往会把一个个富有个性的、幼稚但不乏创造性的答案扼杀在萌芽状态，于是，我们的课堂上只能听到一种声音，只能看到一种答案，这样的课堂是不利于学生和书本进行对话的。我们应该鼓励学生创新，鼓励学生寻求不同的答案，让学生以多元化的形式走进教材，真正实现学生的内心独特的体验和课本的连接。

例如，《蒲公英》一课是一篇寓言故事，为了让学生自己领悟寓意，而不是被动地接受老师的硬性灌输，一位教师设计了表演和写话的教学环节，以期让学生自己深入课本，使学生对寓意的感悟带上明显的个人情感色彩。

在全文学习结束后，学生有了知识的积淀，在此基础上，教师让全班学生都参与课本剧的表演，着重表演小种子们的对话。一个学生扮演要落在沙漠里的小种子，说出要去沙漠的理由；另外一个学生扮演落在泥土里的小种子，对要落在沙漠里的小种子进行劝阻。一个一定要去，一个拼命劝阻，随着矛盾、冲突的加剧，学生对课文的理解加深了。表演既使学生有如身临其境，又深化了课文的寓意。在教学的最后环节，教师设计了写话练习：

题目一：落在沙漠里的种子临死之前会说些什么？

题目二：落在湖泊里的种子临死之前会说些什么？

题目三：落在泥土里的种子茁壮成长，他们会说些什么？

教师让学生任选一题进行写话练习，深化寓意。以下是从学生写话练习中摘出的几个句子：

"唉！我真不该不听大家的劝阻，我真后悔，可惜世界上没有后悔药。"

"谁来救救我，我快淹死了。唉，我当初为什么不听太阳公公的话呢?"

"多亏太阳公公的提醒，我长得多好啊！看来听老人的话有道理。"

学生用稚嫩的笔写出了他们的思索和对课文的理解。此时课文的寓意已经以各种不同的形式深深地融入他们稚嫩的心灵。

教师在教学过程中，必须重视培养学生主动参与的意识和能力，精心设计教学的每一个环节，努力创设最佳的情境，尊重每一个学生，引导学生主动参与教学的全过程，在为全体学生提供充足的参与机会和参与时间的基础上，引导学生进行深入的研究和探讨。

(4) 指导学生写作，与自我对话

①动口说—动脑思—动手写。在课堂教学设计时，教师要根据学生无话可说、无话可写的实际情况，改变过去设计不当或脱离学生生活的教学状况，找准切入点与对话点，鼓励学生放开手脚大胆设想、大胆说、大胆写作，从而解决写作素材从何而来、写什么、怎样写、为谁而写等问题。

②挖掘写作源泉。如果能努力把社会、自然、家庭、文本、影视、图书馆、网络图书阅读以及学生自己的心灵感悟等作为学习、生活和写作的丰富资源宝库，教师在课堂授法指导，学生在课后进行创新写作实践，那么“没素材”的问题便能渐渐得到解决。

③写什么、为谁写、怎样写。要指导学生在课堂写作文，课后写日记和随笔，写自己的所见所闻、自己的见解、自己的思考、自己的感悟……为“我”而写，为他人——同学、老师、家人、朋友等读者而写。

附：我的教育故事

成长为最好的自己

懵懵懂懂

追溯我对书法的学习还得从小学说起，那时一到寒假，农村结婚的特别多，几乎隔几天就有一家办喜事的，张灯结彩，热闹非凡。我们村的一位先生专门书写婚联，每当他老人家挥毫泼墨的时候，都会引来大家的观赏。大家对先生的书法啧啧称赞，有的称赞先生的书法如笔走龙蛇，龙飞凤舞；有的称赞先生的书法铁画银钩，丰筋多力。也许是大家的夸奖声，也许是红底黑字的色彩，它们吸引着我去看先生书写。先生挥毫，我就为先生抻纸，有时先生休息的时候，我就用毛笔在红纸上、废纸上练习。有时先生高兴了就会握住我的手教我写一两笔。一来二去，先生感觉我比较喜欢学习书法，就教我写简单的字，乡亲们看到我那认真的劲儿，总是夸奖我：“有点意思，写得不错……”年少的我，在乡亲们的称赞声中感受到了笔和纸的魅力，感受到了红与黑的神奇。

师恩难忘

1983 年 9 月，我走进了济南师范学校的大门。我的第一个班主任是林书宏，他教我们“文选与写作”一课。林老师的粉笔字挥洒自如，笔力雄健，大气磅礴。也许是因为从小耳濡目染，我对林老师的书法佩服得五体投地，我看着林老师的板书常常忘记老师讲了什么，有时干脆就拿笔记本临摹老师的粉笔字。

我记不清是几月份了，一天林老师把我们班的几个同学叫到一起，说要成立书法兴趣小组，说当教师必须要有一手好字。林老师让我们每周三下午利用课余时间来集中练字，由他来指导。林老师给我们拿来了各种字帖，叫我们自己选择喜欢的进行临摹。那时的我才知道，中国书法博大精深，历史源远流长，书法家多如繁星。每到活动时间，林老师准时到场，从笔画、笔势，到偏旁、结构，再到章法，细细讲解，并要求我们每天的练字数量不少于 500 字。林老师还经常组织我们参加各种比赛，为节省开支，林老师还教我们学习装裱方法，自己对作品进行装裱。在林老师的悉心指导下，我们的书法技艺精进。在学校三年，我们临池不辍，颜柳欧赵、真草隶篆各有涉猎，而且成绩喜人，我们参加了各级书法比赛并获得了优异成绩。直到今天，林老师指导我们练书法的情景还历历在目。

阴错阳差

在求学过程中，我数理化三门学科的成绩还算是比较理想的。中师毕业后，我到济南市机场小学报到，是李主任接待的。记得当时要领两个月的工资，李主任叫我写了一张收条。我问李主任我教什么学科，李主任问：“你想教什么。”我说：“我喜欢数学。”李主任说：“学校缺数学老师，可能会让你教数学。”一听可以教数学，想到自己能如愿以偿，我马上对李主任说，我一定会好好教的。

可是等到开学教师报到后，李主任宣布安排时我才知道我被安排教语文。当时，我根本不相信自己的耳朵，明明说好安排我教数学，怎么成了教语文。愤愤不平的我后来找到李主任，李主任解释说，有两位新教师都想教数学，我们看到你写的收条上的字很漂亮，研究后就安排你教语文了。

翰墨飘香

也许是受林老师的影响，年轻的我在教好语文课的同时，自发地组织学生进行硬笔书法的练习，并利用课余时间进行辅导。没有想到的是，学生的可塑性非常强。这样坚持了一年的时间，学生书写水平的进步就叫人欣喜不已，我组织学生参加各级比赛屡获佳绩。1998 年，李其英校长调到机场小学任职，她对我说，一花独放不是春，自己班的学生写字好还不够，要让全校学生的字都写好，之后，她让我负责全校学生的书法练习。我利用课余时间，编写书法字帖，定期组织教师进行培训，创设以书法为特色的校园文化，定期举办学校师生书法比赛。这样坚持了七年，到了2005年，我校面向全区举办了学校课程展示活动，学校300多人的书法展示，让与会的各校领导、教师赞赏不已。展示活动结束后，兄弟学校的领导、教师纷纷到我们学校学习参观，并邀请我给予指导。机场小学现已成为市规范书写示范单位、全国规范书写示范单位。

“本真语文”悟“语文本真”

张馨

名师简介

张馨，女，济南市经七路第一小学语文教师。

教研工作是艰苦的，对于教师而言，每次公开课都是一次磨砺，必须将理念内化为行动，将方法贯穿于过程，将艺术融汇于课堂。方法只有出自自己的思考，教学时才会游刃有余。教研工作虽苦，但也乐趣无穷，“乐”在冥思苦想、各抒己见、思维互相碰撞的过程之中。经历一次艰苦的研究，就是经历一次全新的蜕变，一个人经历得多了，在教学中，也就渐渐成长起来了。

何谓“本真语文”？我认为，本真语文应是“真实自然的、扎实有效的、有滋有味的语文课”，即追求“简简单单教语文，完完全全为学生，扎扎实实求发展”的教学理想，达到真、纯、实、活的教学境界。语文教学要回归本真，必须在“朴实、扎实、实事求是”上下功夫，只有这样，才能实实在在地为学生谋求真正的发展。

一、本真语文——语文训练之扎实

语文训练就是要借助文本的语言，着重培养学生感受语言、理解语言、积累语言、运用语言的能力，同时让学生受到情感的熏陶、思想的启迪，以丰富精神世界，在学习语文的同时学习做人，这就是语文教学的“根”之所在。

1. **“品词析句”是语文训练的根基**

正如叶圣陶先生所说：“一字未宜忽，语语悟其神。”教师应引导学生在阅读中感悟，让学生体会文本中一个个生动的词语、一句句优美的句子，在学生与文本之间架起理解的桥梁。品词析句在阅读中尤为重要，它是语文训练的根基。

例如，教学《掌声》时对两个“一摇一晃”的理解：

（1）在全班同学的注视下，她终于一摇一晃地走上了讲台。

（2）英子向大家深深地鞠了一躬，然后，在掌声里一摇一晃地走下了讲台。

文中两次出现“一摇一晃”，字虽同，但表达的意义和效果却截然不同。教师抓住这一词语，通过让学生读句子找相同词，结合语境找不同点的方法，引导学生品味两个词语在不同语言环境中表达的不同意义，从而让学生体会“英子”在掌声前后的心理变化，进而再通过有感情地朗读句子，读出两个词语表达的不同情感。这样一步一步地教学，学生得到的是扎扎实实的训练，也理解了两个句子的含义一层比一层深。更进一步来讲，从理解意思、体悟内涵、体会情感发展到领会语言表达的作用、妙处，也正是语文学习的关键。同时这样的教学还渗透了学习方法，如果再遇到类似的词语，学生就会自觉地去关注、品读、深究，从而提高理解、想象、思维的能力。此处的语言文字训练能使学生文意兼得，展现了扎扎实实的语言文字训练过程。

学语文要咬文嚼字，潜心研读，去体味文本遣词造句的精深微妙，去玩味文本的言外之意，去品味文本所蕴含的丰富的思想内涵。

2. **“自能读书”是语文训练的佳境**

叶圣陶曾说：“学生须自能读书，须自能作文，故特设语文课以训练之。最终目的为：自能读书，不待老师讲。”这句话为我们展现了语文阅读教学之佳境。如教学《爬山虎的脚》第3自然段，理解“爬山虎的脚生长的位置、形状、颜色”时，为培养学生自读、自悟、自得的阅读能力，我摒弃了“一问到底”的传统教学模式，而是采用了“读文画图—图文对照—全班评议”的教学方法。我先在黑板上画出一根茎、两三片嫩叶，请学生根据课文内容在黑板上画出爬山虎的脚。当时有位同学没有完全画准确，一石激起千层浪，同学们根据课文内容纷纷对该同学画脚的形状发表自己不同的见解。就在这激烈的讨论中，在这思维的碰撞中，大家终于对爬山虎的脚达成共识。

这样的课堂设计，为学生在阅读实践中自读、自思、自画、自述提供了充足的时间。课堂上，教师引导学生深入文本的字里行间，将动眼、动脑、动口、动手等活动交织在一起，使学生获得真实的感受和体验，教学过程层层推进，顺其自然，水到渠成。而这一切并不是教师一味的讲解、分析所能代替的。

3．“学以致用”是语文训练的目的

《义务教育语文课程标准（2011年版）》明确指出：“语文课程是一门学习语言文字与运用的综合性、实践性课程。”近年来，老师们正由“重视教”向“关注学”转变。但我认为，教师的“教”不能仅仅是为学生的“学”服务，更应为学生的“用”奠定基础，“教—学—用”应该是一个完整的教育过程。《荀子·儒效》言：“不闻不若闻之，闻之不若见之，见之不若知之，知之不若行之，学至于行而止矣。”可见，学以致用才是语文教学的最终目的。

学生在课内已经背诵和积累了很多古诗文和名篇佳作，其中，更多的是脍炙人口的名言佳句，加上很多学校都在开展经典诵读活动，经典句子和语篇学生已耳熟能详。让学生有了积累并不是语文训练的最终目的，教师应该有意识地将有意义的、符合某一情景的名言佳句同具体的语境结合起来训练，让学生感受学以致用的快乐。例如：①小明迷上了电子游戏，作业经常完不成，妈妈告诫他“少壮不努力，老大徒伤悲”；②医学家们经过反复实验，终于破解了一道医学难题，真是“山重水复疑无路，柳暗花明又一村”；③小丁学习成绩虽然不理想，却是个电脑高手，他自豪地说：“天生我材必有用！”这种训练调动并激活了学生的积累，能让他们真切地感受到“学习与积累”的重要性，享受学以致用的乐趣。此外，教师还可以引导学生在生活中运用经典名句，从而提高学生的语言表达能力。

再者，阅读为写作打下了基础，写作是阅读的目的，又是语言应用的具体形式，语文训练就应该突出写作这一重点，以实现由理解到运用的知识迁移目标。例如，教学儿童诗《我想》时，教师引导学生运用多种形式反复朗读，让学生感受语言的特点，体会小诗的意境，明白不同的感悟会带来不同的表达方式。同时，教师可趁此机会引导学生进行仿写练习，让学生“我手写我心”写出自己最真实的想法，表达自己美好的愿望。

二、本真语文——对话过程之丰盈

在阅读教学中，教师要创设一种平等对话的氛围，引导学生面对文本、亲近文本，与文本及蕴含其中的情理接触、碰撞，使学生不断产生个性化的阅读感悟，从而使彼此间的对话由“真实”走向“丰盈”。

1. 关注个性阅读，与文本对话由“模式”走向“多元”

《义务教育语文课程标准（2011年版）》明确提出：“阅读是学生的个性化行为……要珍视学生独特的感受、体验和理解……但不应以教师的分析来代替学生的阅读实践，不应以模式化的解读来代替学生的体验和思考……”“模式化的解读”正是多年来语文教学的“病源”“顽疾”所在。还有很多老师依然在“为考而教”，在教学中力图走“捷径”，紧盯教参中的“标准理解”不放，学生成了阅读的“容器”，一“灌”到底，没有商量！

法国作家阿纳托尔·法朗士在《乐图之花》中曾经说过这样一段话：“书是什么？主要的只是一连串小的印成的记号而已，它是要读者自己添补形成色彩和情感，才使那些记号相应地活跃起来。一本书是否呆板乏味，或是生机盎然，情感是否热如火、冷如冰，还要靠读者自己的体验。”我认为可以尝试“1＋n”的阅读理解方式，既可以保持文本原有的风格、特点和价值取向，同时又可以给学生提供丰富多元的阅读空间，激发学生的阅读兴趣。所谓“1”，是指要尊重教科书编者的意图。《义务教育语文课程标准（2011年版）》指出：“阅读教学是学生、教师、教科书编者、文本之间对话的过程。”该标准之所以增加了“教科书编者”这一维度，意在强调领会编者的意图，也就是编者和文本所传达的理念。因此，我们在研读文本的同时，也要研究教材，揣摩教科书编者的意图，寻找和挖掘文本所蕴含的语文核心价值，正确把握文本的价值取向，防止阅读理解过度、过偏。所谓“n”，是指学生的个性化、多元化理解，这也是“学生是语文学习的主体”理念的具体体现。学生理解的层次、角度是不同的，我们应该多鼓励学生表达自己不同的见解，给他们创设自由交流，敢说、敢辩的氛围。这样一来，学生就可以在交流和观点的碰撞中，反思自己及他人见解的合理性和正确性，从而完善自己的思考，最终实现对课文全面、深入的理解和掌握。因此，只有尊重学生的个性化阅读，肯定学生独特的理解、感受和体验，才能调动学生的阅读积极性，形成“百花齐放”的生动局面。“1＋n”的有机结合，既尊重了编者的意图，正确把握了文本的价值取向，同时又不囿于编者的理解，为学生提供了个性化思考的空间，让学生的个性解读得以彰显，维护了学生的创造性思维及思维的积极性，因而，语文课堂教学才会日趋丰满。

2. 充分利用“留白”，与文本对话由“真实”走向“厚实”

课堂只有在教师、学生、文本之间的互动对话中才会变得丰满。在教学中，教师应充分利用课文中内涵丰富的“留白”之处，引导学生思考、感悟，充分发掘文本的文外之意。对文本进行补白，与文本对话，深刻感悟文本的寓意。

例如，《掌声》第3自然段中，“两次掌声”的深刻含义在文中并没有直接体现出来，一位教师在教学时就巧妙地利用了这一“留白”，引导学生想象，并直接与文本中的“英子”进行对话。如“那掌声热烈而持久”，这“掌声”仿佛在对英子说：“英子，相信自己，你能行……”在教学时，教师也参与到对话中来：“英子，你能勇敢地走上来，真了不起！你看，大家都在鼓励你、支持你呢，大胆地讲吧！”在“掌声”，学生仿佛看到，英子的泪水流了下来，觉得英子此时在想：谢谢大家的鼓励，你们的掌声给了我勇气，给了我力量，我一定好好讲。学生通过人物的外在表现来揣摩人物心理，充分利用留白之处，激发了思维，把“两次掌声”的意义转换成了语言。丰富的想象、感人的对白使每位学生都真正走入了人物的内心世界，与文本真真切切地对话，获得了“人人都需要爱”的生命感悟。

又如理解《她是我的朋友》第5自然段中“一阵沉默之后，一只小手颤抖地举起来。忽然又放下去，然后又举起来”这一句时，教师可以抓住阮恒献血时“举”“放”“举”三个动作的描写让学生想象阮恒在举手、放手又举手时分别想了什么，让学生通过动作进行想象，进而感受阮恒的心理变化，从而走进人物的内心世界。

充分利用“留白”，可以让学生通过想象促进对课文内涵与情感的理解、体会，激发学生的创造性思维，促进学生语言能力的提升，同时为学生和文本之间搭建对话的桥梁。这样的对话做到了变单一为多维，由浅入深，由真实走向厚实。

3. 换位体验，与文本对话由“表层次”走向“深层次”

在课堂上，要让学生走进阅读过程，就要引导学生“潜心体会文本”，通过与文本的“零距离”接触，产生“原汁原味”的感受。

教学《画杨桃》一课时，在理解“我把杨桃画成了五角星的样子，同学们的态度是怎样的”一部分时，考虑到我国北方学生对杨桃比较陌生、对杨桃的外形感到好奇这一实际情况，我设计了情景再现这一教学环节，让学生走进文本，把自己融入文本之中，亲身体验，从不同角度观察杨桃的样子，从而体验文本，感受文本角色的内心情感。此时，“旁观者”变为“当事者”，“阅读课文”变为“体验生活”。身置此境，情感交融了，内心贴近了，学生的所想、所言与文本产生共鸣，对“同学们前后态度的变化”的理解自然水到渠成。

成功的心灵对话离不开精心打造的场景。只有经历亲身实践，与文本亲密接触，学生才能真正地走进文本，获得自己独特的体验，从而感悟文本，获得启迪。

三、本真语文——课堂教学之真实

我所谈的“真”，是指真、纯、实、活。这种“真”是语文课堂教学实效的“本源”，是语文课堂教学的本色所在。失去了真实，语文课堂则如无本之木，无源之水。那么，如何构建“真实”的语文课堂？

1. 学习内容要真

语文课的学习内容不会自己直接呈现出来，学习内容的选取过程就是教师发挥创造性二次开发教材的过程。很多教师不清楚语文该教什么，简单地以为一篇篇课文就是语文的教学内容，教语文就是讲课文，因此，“串讲串问、逐段分析、面面俱到、浅尝辄止、效率低下”仍是语文教学的“顽疾”。目前对语文教学和语文课程来说，“教什么”是最值得研究的问题。我认为，学习的内容要选取“真内容”，内容的选取应该从“教师考虑自己的教”向“研究学生的学”转变，从而以学论教。

一是关注课前预习，了解起点，以学定教。教师要重视学生课前预习的布置，要让学生充分利用课后题进行预习，鼓励学生质疑问难。教师应对学生提出的问题进行梳理，将学生普遍关注的问题作为学习内容，同时对个别学生提出的能体现语文核心价值的内容给予关注。在学生提出问题的基础上，教师还要结合薛法根老师提出的“三不教”原则，即“学生已经读懂的，不教；学生自己能读得懂的，不教；你教了，学生也未必能懂的，不教”，选取学习内容，以免出现学生会的内容变着法子问、变着花样教，不会的问题却不关注、不解决，学生该学的没学会，该落实的没落实这一现象。语文课堂教学要解决学生需要解决的问题，研究学生认为需要深入研究的问题，只有学生的主体作用在课堂得到充分发挥，学生才会真正学有所得。

二是关注课上预习，确定学习内容，以学定教。在参加山东省远程研修课程资源开发活动时，我们课程开发组研究的课例是《高尔基和他的儿子》（苏教版）一课，学生在听课时普遍认为高尔基给儿子的信蕴含着深刻的道理，值得研究。但是这封信的内容有三段，教师在讲解中不可能面面俱到，究竟选取哪个段作为重点研究内容还需要因学而定。我们从“研究学生的学”入手，采用了学生课上预习自学的策略，学生通过自读、自悟、小组交流，指出“美好的东西”“‘给’永远比‘拿’愉快”这两个最值得研究的内容。之后，教师引导学生小组合作，通过联系上下文、联系生活实际，使学生理解了这两个含义深刻的词句。正因为选取的学习内容出自学生的需要，是学习的“真内容”，所以学生参与度很高，有效促进了学生阅读能力的提升。

2. **自主合作要真**

新课程改革提出“积极倡导自主、合作、探究的学习方式”已经有十几年了，自主学习和合作学习作为其中的两种形式，确实给课堂带来了一些变化，但是也出现了一些名为“自主”实为“主宰”的课堂教学。自主合作学习时我们要关注以下几点：

一是坚持“先学再教”。给学生充分的自主学习的时间，学生解决不了问题教师再进行引导，从而培养学生的自主学习能力。

二是关注合作的年龄。低年级学生的合作能力还没有完全形成，还不能将合作学习作为主要学习方式，以免耗时多效率低。

三是关注合作人数。实践证明，合作人数要因实际情况而定。如果人数过多，时间有限，就不能保证全员参与；观点太多，协调、梳理、提炼就会有一定的难度。一般情况下，四人合作研究问题效率最高，最多不超过六人，否则会增加组织的难度。

四是建立小组合作制度。在小组合作学习时，教师应让学生明确分工，鼓励每个成员积极参与，形成和谐向上的合作风气。

五是要在独立思考的基础上合作。自主、合作学习是以学生作为学习的主体，在小组合作之前，学生必须个人进行独立的分析、探索。针对主要的研究问题，学生可通过交流、探究、合作、实践等方法来实现学习目标。

3. **课堂语言要真**

自然的就是最真实的。课堂上，教师自然的语言可以拨动学生的心弦，激发学生的思维。课堂教学语言要丰富，要有变化，但更要真实。那么，我们该怎样把握课堂语言呢？

在教学中，我注重四类语言的运用。一是交代性语言，即向学生提出学习要求，明确学习任务。这类语言要掷地有声、声声入耳，让学生听清楚、听明白；二是交流性语言，这类语言要自然、平和。在与学生的交流中，教师应揣摩学生的心思，知道他们在想什么，实现心灵上的自然沟通，使教学成为其乐融融的师生情感交流的过程；三是描述性语言，既可以描述一个画面，一个情境，也可以讲述一个故事。这类语言要有起伏，节奏要有变化，从而激发学生想象，让学生置身于情境之中；四是渲染性语言，在课堂教学中，恰当使用生动、形象、情感力度强的渲染话语，能积极有效地调动课堂气氛，激发学生的学习兴趣。

4. **教学方法要真**

无论采取何种教学方法，都要运用适时，要恰到好处，在教学过程中化深奥为浅显，化抽象为具体，化平淡为神奇，起到辅助、引导、激励、引领的作用，从而取得实实在在的效果。

例如，教学《跨越海峡的生命桥》，导入新课时一位教师寥寥数笔便在黑板上勾勒出一幅祖国的版图，引导学生寻找并认识故事发生的地点“迷人的宝岛台湾”和“美丽的杭州城”，从而激发学生学习的热情。在理解、体会李博士送骨髓的奔波劳累时，为了更好地让学生理解“奔波”一词，这位教师首先出示李博士送骨髓的时间表，然后请学生算一算，李博士运送骨髓用了多少个小时（差 5 分即达 12 个小时）？辗转了哪几个地方（台湾花莲—台北—香港—上海—杭州）？教师边听边在祖国版图上标画出李博士运送骨髓所经过的线路，历经 12 个小时的“时间表”和辗转五个地方的“Z”形路线的简单呈现，使学生深刻体会到文中“奔波”一词的内在含义，真切感受到台湾人民和大陆人民割舍不断的骨肉亲情。

从上面的例子可以看出，方法不能为设计而设计，教师在课始就勾勒“祖国的版图”不仅能让学生了解故事发生的两个地点，更便于用“Z”形路线展现了李博士辗转的几个地方，为学生理解“奔波”一词的内涵及课文内容埋下了伏笔，可谓一举多得。

5. **体验情感要真**

语文课堂应是生命状态的真实体现。语文课内涵深厚，情感丰富，呈现的是有个性、有激情、有训练、有生成的鲜活生命状态。为了让真实的生命状态得以充分体现，让学生获得真实的感悟，教师应准确把握教材，精心设计教学方法，让学生与作者心心相通，在感受作者真实的生命状态时，让学生的生命状态得以释放，生命价值得以提升。

例如，女作家杏林子的《生命　生命》一文饱蘸着作者生命的汁液，是作者心灵深处唱出的一曲珍爱生命的美妙乐章。教学《生命　生命》"静听心跳"一部分时，为了让学生真实地体会作者杏林子对生命负责的态度，学生在谈感受的过程中，一位教师采用了创设情境、合作朗读的方式。"咚、咚、咚"，听着那强有力的心跳，杏林子对自己说……听着一声声沉稳而有规律的跳动，杏林子对自己说……学生在情境中、在合作朗读中，感悟到了生命的意义。然后，教师紧扣学生画出的句子，出示"我可以……，也可以……"进行语言训练，加深学生对生命意义的理解，从而让学生体悟杏林子的人生态度——对生命负责。就这样，学生在不断与文本、作者的思想碰撞、情感交流、智慧共享、心灵互动中产生共鸣，绽放出生命的灵性。

6. **感情朗读要真**

《义务教育小学语文课程标准（2011 年版）》指出，评价"有感情地朗读"，要以对内容的理解与把握为基础，防止矫情做作。因此，就要提倡自然朗读。这一要求是《义务教育小学语文课程标准（2011 年版）》新增加的内容。回顾过去的语文课堂，语文教师一直都很重视学生的有感情朗读。但是，"抑扬顿挫"的夸大运用，过分夸张的表情，让一个个小脸儿憋得通红。小脑袋带动身子前后晃动，虽然很"用情"，但给人一种"憋"和"累"的感觉。这些外在表现虽似乎表明学生已全身心地投入情境之中，但事实上是学生过多地关注了外在形式，而脱离了文本内容的真切表达。

四、本真语文——学习资源之鲜活

崔峦教授说过："语文教学应以教科书为主，用好教科书，同时又不能视教科书为主宰，应适当地拓展和引领。"也就是说，教材仍是课程资源的主要载体，但是，教师应该从语文知识的微观教学中解脱出来，把教学的触角伸向更为广阔的空间，因为"广阔的空间"是丰富的、鲜活的。

1. **引进有效资料，促进多元解读**

学生阅读的内容不应囿于教科书。教师可以在课前引导学生查阅相关资料，可以在课堂中穿插精彩片段或资料供学生阅读，帮助学生理解内容、加深体验、升华情感。

如《掌声》一课，教学第5自然段时，我创设了“来信”“读信”“交流”的情境，让学生进一步体会“两次掌声”的重要意义。在引导学生深入文本的同时，我又让学生走出文本，超越文本，并以画外音的形式补充《掌声》原作中写作者看信后的一段感受：“从那时起，我才真正懂得应该学会给别人鼓掌，特别是对身处困境的同学。其实，人人都需要掌声，因为掌声是关爱、是呵护，更是尊重和理解，是对一个生命的鼓励和肯定啊!”由此引导学生再次投入地走进文本，倾听文本的声音，走进作者的内心，从而感悟“掌声”深刻的内涵。通过适时、适机引入有关教育资源，学生的情感得到了升华，懂得了要去爱别人，去珍惜别人的爱，从而使这堂课达到了文道结合、和谐统一的境界。

2. 推荐篇章读物，提高阅读能力

教材提供的阅读材料是有限的，特别是到中高年级后，单靠教材内容是很难完成《义务教育小学语文课程标准（2011年版）》要求的小学阶段总量为145万字的阅读量的。实际上，教材只是起到一个例子的作用，目的在于让学生运用学到的方法扩大阅读量，学会“理解”和“运用”。教学时，教师可适当选取一篇课外小短文，让学生的阅读能力得到运用和发展。如教学《杨氏之子》后可以让学生阅读《世说新语》中的小故事，引导学生活用方法，让学生继续感受文言文特色；学完《白鹅》，可建议学生阅读《白鹅》的其他片段，或丰子恺的其他散文，让学生进一步体会作者的语言风格。此外，教师还可以介绍与课程内容有关的书籍阅读，如学完《自然之道》，学生可以阅读《大自然的启示》系列丛书；学完《蜜蜂》，教师可推荐《昆虫记》一书让学生阅读。

3. 引导实践探究，拓展学习视野

教师要有意识地把课内学习延伸到课外，从平面走向立体，从文本走向体验，增加学生学语文、用语文的实践机会，从而使学生能自主、合作、探究地学习语文，从根本上转变语文学习的方式。如《趵突泉》一课在拓展练习中设计了让学生课后去了解趵突泉的过去和现在，设想趵突泉的未来。教师可以让学生在课后通过访问互联网、查资料、看影像等方式把自己了解到的和感受到的写下来，下节课进行交流。此方法是以语文的视角关注延展的内容，拓宽了学习语文的渠道，让学生在更为广阔的空间学语文、用语文，其出发点和落脚点都是“致力于学生语文素养的形成和发展”。

本真语文要以课文为“点”，适时适度拓展相关的学习资源，把语文课拓展到课外，拓展到生活中去，在鲜活而丰富的学习资源中感悟语言、习得方法。

“豪华落尽见真淳，铅华洗却见本真。”语文就是语文，要让学生真真切切、扎扎实实地理解和运用祖国的语言文字，多一点实效，少一点浮华，让学生在本真的语文课堂中感悟语文的本真，得到实实在在的发展。

附：我的教育故事

思想在这里起飞

1997年10月，在安徽马鞍山市举行的全国第二届青年教师阅读教学观摩评比活动中，我执教的《爬山虎的脚》一课荣获一等奖，是全国30个省市参赛课中唯一一节没有争议的优质课，并得到了与会专家、教师代表的一致好评。在会上，全国小学语文教学研究会理事长崔峦先生评价说：“张老师的课，集中反映了全国小学语文教学改革的精神，看到了我提出的‘大刀阔斧地改革语文教学’的希望。”山东省教研室的李家栋老师说：“张老师执教的《爬山虎的脚》无论是教学理念还是教学方法，都经得起时间的考验，经得起人们的推敲与品评，堪称‘教学经典’。”

还记得20世纪90年代末，教育界流行着一句口头禅：“教师为主导，学生为主体，训练为主线”。当时，与此相关的研究和评论文章比比皆是，而现实中的课堂上却普遍存在“学生被动受教，教师牵着学生转”的现象。尽管有的课堂气氛比较活跃，但往往流于形式，语言文字训练并没有真正得到落实。

崔峦先生曾在全国首届青年教师阅读教学观摩活动总结发言中，结合教学现状郑重提出了今后阅读教学的研究重点和方向：一是进一步摆正教与学的关系，真正做到教为学服务；二是下大力气研究怎样加强语言文字训练，努力把语言文字训练落到实处；三是大刀阔斧地改革课堂教学结构和方法，开辟具有学科特点，朴实、扎实、高效的阅读教学的新路子。正因为我所在的教研团队第一时间把握了全国语文教学的研究方向，又率先“大刀阔斧”地进行了教学改革，从而在大赛中脱颖而出。济南市小学语文教研员江洪春老师回顾了十几年的教改之路，颇有感慨地说：“张老师执教的《爬山虎的脚》经历了全新的第八次课程改革，如今又对照《义务教育小学语文课程标准（2011 年版）》内容，其理念和方法却依然没有‘褪色’，这都源于它打破了传统的教学模式，不重复过去，不重复别人，在人们无疑处有疑，在别人止步处起步，勇敢地走出了一条自己的路”。

教育专家们之所以将此课称为“经典”，我想原因在于“大刀阔斧地改革语文教学”，坚持“以生为本”的教育理念，从而实现了语文课堂教学的新突破。

突破之一——阅读教学从“平推式”走了出来。

以前的语文教学中普遍存在着一种现象：一篇课文讲三课时、四课时，段段必讲、词词必问、字字必究。针对这种现象，1997 年 8 月，在内蒙古自治区呼和浩特市召开的全国第二届参赛教师培训会上，杨再隋教授提出，要优化课堂教学结构，要以省时高效为标准，避免繁琐的串讲串问。在这一点上，我们做了有益的尝试，也取得了一定的成绩。

《爬山虎的脚》一课共有 5 个自然段，可分为三层。其中第三层“爬山虎脚的特点”是教学的重点，它体现了本组的训练项目，而教学的难点是“爬山虎是怎样一脚一脚往上爬的”。教学时，我改变了以往那种面面俱到、平均用力的做法，略讲第一、二层，把主要精力用在了重点段落和难点部分的教学上，让学生在重点段落的学习中得到训练、提升。这样，我只用一节课的时间就讲读完了整篇课文，做到了突出重点、突破难点，力求点上着力、点上突破，注意到了重点与非重点不脱节、重点与整体内容相联系，加快了教学的节奏，加大了教学的密度，提高了教学效率；为第二课时的“拓展练习”留下了充足的时间，以便于让学生大量阅读、及时练笔，使学生在有限的课堂时间内获得最大化的发展。这样全新的课堂教学结构在当时的济南市小学语文界是一项大胆的突破，使阅读教学终于从“平推式”教学中走了出来。

突破之二——经历有层次有发展的训练过程。

扎扎实实的语言文字训练过程就是要让学生经历由不知到知、由朦胧到清晰、由学会到会学的发展过程。通过训练，学生从中获得知识、习得方法、发展能力、体验情感。如为了让学生真正理解“爬山虎的脚是什么样的”，我在教学第 3 自然段时分三步进行：第一，让学生认真读课文，找出描写爬山虎脚的样子的句子；第二，先在黑板上画出爬山虎的一根茎和两片嫩叶，然后请学生读课文，根据课文中的有关句子画出爬山虎的脚；

第三，请一个学生在黑板上画出爬山虎的脚，其他学生对照课文中的有关句子，讨论他画得和课文中写的内容是否一样。这样，我在引导学生理解“爬山虎的脚生长的位置、形状、颜色”的同时，也让学生进一步体会了“只有认真读书，才能读懂每句话的意思”的阅读方法。在这里，我借助“简笔画”引导学生深入地理解语言文字，使学生将理解语言文字与认识事物巧妙地结合起来。在理解的过程中，我有意识地渗透学习方法，使学生将理解语言文字与领悟学习方法恰当地结合起来，学生不但真正理解了课文的内容，而且习得了方法，提升了能力。整个教学过程体现了让学生由不懂到懂、由模糊到清晰的训练过程。

突破之三——享受“刻骨铭心、地地道道”的语文课。

我执教《爬山虎的脚》一课所采用的教学方法是根据教材的特点和学生学习实际进行设计的，它着眼于发挥学生学习的积极性和主动性，着眼于培养学生的语文能力，这成为当时小学语文课堂教学方法的创新之举。

亮点搜索一：“选颜色”

师：谁能根据这一部分内容，在黑板上画出爬山虎的脚？

（生上台）

师：我这儿有红、黄、绿三支粉笔，请选择一种颜色来画。你选择哪种？

生：我选择红色。

师：给同学们说说，你为什么选择红色？

生：我是根据课文中的“细丝跟新叶子一样，也是嫩红的”这句话判断出来的，细丝应该是红色的。

师：看来这位同学认真读书了，而且这句话他读懂了，那么开始画吧。

“选颜色”这一细节的教学实际上是在考查学生对语言文字的关注程度，培养学生良好的阅读习惯。课堂上经常会出现选错颜色的现象，教师把学生容易出现偏差的这个“点”作为有利的训练点，在学生学习时进行强化训练。在有趣的“选”与“说”中，教师巧妙地检验了学生对语言文字的理解，学生从中领悟到了“要认真读书才能读懂每一句话的意思”，从而将学生读书能力和阅读习惯的培养落到了实处。

亮点搜索二：“读文画图”

如教学第3自然段，理解“爬山虎的脚生长的位置、形状、颜色”时，我摒弃了“三问三答”的传统教学模式，让学生在“读文画图——图文对照——全班评议”的过程中理解文本，获得知识。

这种教学方法，将动眼、动脑、动口、动手等活动交织在一起，调动了学生学习的积极性，体现了学生的主体性。教师虽然讲解少、提问少，但学生的学习活动是在教师的调控之下进行的，发挥了教师的主导作用。此外，教师将学生感兴趣的简笔画引入课堂，新颖、生动的教学手段并不是为了追求新奇，而是为语文训练服务。把抽象文字的阅读与具体形象的板画结合起来，学生不但得到了扎实的语言文字训练，而且还提高了阅读能力和认识事物的能力，同时也为常识性课文的教学开辟了新的道路。

亮点搜索三：于“无疑处”发问

教学第4自然段，理解“爬山虎是怎样爬的”这一部分时，我先让学生抓重点词，然后调整词序，让学生了解爬山虎是怎样爬的。当时，我引导学生质疑，然而却无人有疑，学生似乎都读懂了。此时我于“无疑处”发问：“平时我们不是都习惯说一步一步往上爬吗？作者为什么不用‘一步一步’而用‘一脚一脚’呢？”这一“问”将学生的思考引向深入。在学生提出异议时，我辅以板画和手势使学生领悟到：爬山虎并不像动物那样用脚交替着往上爬，而是长一只脚就巴住墙；再往上爬，就要再长一只脚，再巴住墙；爬山虎要想往高处爬，就要不断地长出新脚。这样，学生不但理解了“一脚一脚”的意思，而且能进一步体会到作者用词的准确和观察的细致。

于“无疑处”发问追求的是内在的丰富，适时地点拨与引导，学生才会有深度的思考与体验。没有这种体验，我们就不能说，学生已经历过程，并已感悟到思想与方法。这种尝试无疑又是教学方法的一种新突破。

我经常在思考：十几年了，我执教的《爬山虎的脚》一课为什么会被广大教师铭记在心？这样的语文课可以留下些什么？它在学生的内心深处会产生怎样的影响？当然了，仁者见仁，智者见智。我想，我执教的《爬山虎的脚》一课之所以受到重视，不仅仅是因为它在方法上的精雕细琢，还因为它的刀锋上折射出了语文教学中的“本真”。

我执教的《爬山虎的脚》一课，的确具备这些思想，也传递着这些思想。

且行且思，静待花开

郑生志

名师简介

郑生志，数学教师，山东省济南市新世界小学教导处主任。

有一首歌是这样写的："我知道我一直有双隐形的翅膀，带我飞，飞过绝望……"如歌词写得一样，我也拥有一双隐形的翅膀，它就是背后默默关心我、帮助我的领导们，是与我并肩战斗、默默支持我的各位同仁，与我一同成长、快乐学习的可爱学生。这一双隐形的翅膀，让我在教学改革中学会了勇敢和坚强，让我在课堂讲台上有了自信和灵感。

风霜催熟梦想，绚烂源于寂寞；执着春风化雨，怒放生如夏花。多年来，在省、市、区教研室同仁的帮助下，在吴正宪、朱乐平等众多名师的激励下，我逐渐从一名青年骨干教师，成长为一名善于思考的研究型教师。一路走来，我既有手足无措时的茫然与彷徨，又有茅塞顿开时的喜悦与兴奋。这些幸福的印记，记录了我和学生们的点点滴滴，也见证了我们一路走来的辛勤和努力。

一、初生牛犊不怕虎，勇敢起步

实践证明，只有在自己的领域锐意改革，才有可能产生质的飞跃。1999年，我走出济南师范学校的校门，踏上了三尺讲坛，正式开始了我的教学生活。工作之初，正值新课标理念的春风吹遍大江南北之时，随之产生的新课标理念与传统教学理念的争辩也很激烈。争辩中，很多老师习惯把自己的教学方式比喻为“小推车”，虽然效率不高，但简单易行，推起来就走，并且乐此不疲，不愿意尝试新的模式和方法。在新课标理念下建立起来的新模式和新方法，在他们眼中就像一辆豪华庞大的“汽车”，虽然开起来速度惊人，但难以驾驭，不易上手，操作不好还容易酿成大祸，所以很多老师对此就只持观望态度，从而使新课标理念出现了只叫好不叫座的现象。作为一名刚工作的青年教师，我没有经验、没有阅历，在区教研室和学校领导的正确引领下，我深深感受到了“小推车”在漫长教育旅途中的局限性，对“汽车”驾驭的向往坚定了我锐意改革、开拓进取的追求！

起步，是开始的第一课。就如同汽车起步一样，如果找不准离合器上合适的点，就很容易熄火；改革起步，如果找不到与自身教学合适的切入点，也会无功而返。就在此时，一则故事启发了我：

有一次，陶行知先生在武汉大学演讲。走上讲台后，他不慌不忙地从箱子中拿出一只大公鸡，台下的观众全愣住了，不知道陶先生要干什么。陶先生从容不迫地掏出一把米放在桌上，然后按住公鸡的头，强迫它吃米，可是大公鸡只叫不吃。怎么才能让这只鸡吃呢？他掰开大公鸡的嘴，把米硬往鸡嘴里灌，大公鸡拼力挣扎，还是不肯吃。接着，陶先生轻轻地松开手，把大公鸡放到桌子上，自己后退了几步，这时，大公鸡自己就吃起米来。这时陶先生开始演讲：“我认为，先生强迫学生去学习，把知识硬灌给他，他是不情愿学的，即使学，也是食而不化，如果让他自由地学习，充分发挥他的主观能动性，那效果将一定会好得多！”

这一个故事，让我茅塞顿开，我们能不能像陶先生那样去改进课堂教学，转变教师“教”和学生“学”的方式，把教学教育重心转移到学生的发展上来，让课堂教学充满生命与活力，使学生成为学习和发展的真正主人，让学生在一种良好的氛围中自由地去发展、去学习呢？

任何思考都会经历一个由量的积累到质的突破的过程。要想改变学生主观学习的意愿，必须要走近他们，倾听他们的声音。通过开展问卷调查、与学生谈话等系列工作，我惊奇地发现，那些能让学生自主探索、合作交流的课堂很受青睐，而老师帮着把知识揉碎了、含化了的课堂教学方式却备受唾弃。只有让学生亲身经历知识“烹饪”的过程，才会从根本上激发他们的求知欲望。老师应真正成为幕后的审视者，当学生游离于“烹饪”

过程之外时，老师要进行正确的引领：当学生不知是先加“水”还是先切“肉”时，老师要引导学生进行有价值的讨论，并及时给予帮助。我们会惊奇地发现，当学生参与到整个知识的“烹饪”过程中时，学生的眼睛都是笑着的，这样的课堂怎会不吸引学生呢？这样的课堂又怎会激发不出学生的潜能呢？

从那时起，在省、市、区教研室的帮助与指引下，我开启了“自主学习、自主管理”的教学探索之旅，并逐渐形成了“双自主”教学策略。

二、山重水复风光美，大胆提速

所谓的“双自主”就是充分调动学生的主观能动性，让学生在“自由”的空间内自主管理、自主学习。爱因斯坦说过：“如果把学生的热情激发起来，那么学校所规定的功课，就会被当作一种礼物来领受。”在这种教学模式下，学生真正成为学习的主人，而教师成为整个过程的幕后支撑者，在整个的学习和管理中起到了重要的监督和导向作用。我们始终相信，每一个学科都可以找到一种孩子们喜欢的学习方式，每一个课堂都可以创造出精彩，激发出生命活力。当每一个孩子在课堂里都能够自由呼吸，每一个课堂都能让孩子们获得成功的时候，教育也就自然成功了。

（一）自主管理——让学生在民主、自律的氛围中茁壮成长

教育的最高境界是自我教育。教，是为了达到不教，要让学生学会自己管理自己，自己教育自己，让学生走向自我，培养学生的民主意识、道德意识和主人翁精神，使学生在自我管理、自我教育、自我约束的过程中，潜移默化地提高自身的素质水平，并逐步形成良好的学习习惯。“改到深处是制度”，目标的达成是靠有效的运行机制来保证的。我认为我们需要一种机制，把觉悟变成一种责任，于是我在班里着重建立了以下管理机制：

学习小组的组建——民主选择、合理搭配；

小组的分工及管理——人尽其才、各尽其能；

小组运行机制——合作竞争、自律自理；

配套措施：

其一，三项注意——让批评成为“乐事”。

针对学生经常出现的一些“不良症状”，我和他们共同进行了“会诊”。通过整理分类，我们共同制订了三个层次的治疗方案，我们高兴地称之为“三项注意”：

当学生出现了“粗心遗漏作业”“书写不认真”等“较轻症状”时，我们将启动“第一项注意”中的治疗方案，请“症状患者”在候课的时间给全班同学唱一首歌。

当学生出现了“不及时改错”“不及时交作业”等“较重症状”时，我们将启动“第二项注意”中的治疗方案，请“症状患者”在当天为全班做一件好事。

当学生出现了“不写作业”“抄袭作业”等“重症状”时，我们将启动“第三项注意”中的治疗方案，为“重症患者”发放“数学门诊单”，同家长一起“会诊”，分析原因，研制“处方”。

“三项注意”实施以后，的确起到了自我监督、自我约束、自我教育的作用，很多让我头疼的琐碎工作由学生自己解决了，而且在实施的过程中，学生犯错误的现象越来越少，这说明学生在自我约束和教育中找到了乐趣，找到了更易接受的方式。

其二，四项奖励——激励从奖励开始。

第一项奖励：学生们解决了额外的难题时，将得到“思考星”的奖励。

第二项奖励：学生们高质量完成了作业任务时，将得到“最佳作业”的称号。

第三项奖励：学优生帮助学困生有很明显进步时，双方将得到“最佳作业”和“思考星”的双重奖励。

第四项奖励：如果学生能长期保持好的学习状态和水平，将为学生加封个性荣誉称号。

（二）自主学习——让学生在自主、高效的课堂中迸发智慧

外围的管理制度逐步建立之后，我就开始对课堂学习形式做较大的“手术”：

课前自学——提出令自己困惑的问题。

学生主讲——让学生成为课堂的真正主人。

老师适当介入、点拨——老师做课堂的审视者、支撑者。

练习矫正——让灵动的课堂回归扎实。

我们在平时的课堂中经常有这样的困惑：在课堂练习阶段，学优生早早地就做完了练习，而学困生又特能沉得住气，慢条斯理地做题，大量的宝贵时间就在这样的状态下流失了。在临近下课的时候，草草的汇报让很多学困生失去了继续探知的机会，而学优生也常觉得无所事事。怎样才能让我们的学生在有限的课堂时间内提高学习效率呢？怎样让学优生和学困生都能体验到练习带来的刺激和快乐呢？怎样在40分钟内让学生的知识更扎实呢？

我的办法就是在班级内设置“矫正性练习”模式，即每个小组最先做完练习的同学起立，将练习交给老师批改，如果该同学做得不对，剩下的组员可继续起立。谁最先通过老师的批阅，谁就成为本小组在这一练习题上的“负责人”，享受批阅其他组员的习题的权利，同时也要履行收集本组“错题”以及分析错误原因的义务。在随后的反馈阶段，老师可以把舞台交给这些出错的同学，全班所有的“错误根源”将会由“当事人”一一道来。做对的同学和负责的同学都需要记好自己“全对”和“负责”的次数，最后累计“全对”最多或“负责”最多的同学都享受一次最佳作业的奖励。这样一来，学优生“窝工”，以及学困生“松散”的问题就能基本解决，在保证效率的同时，保证了面向全体，把“错题”消灭在了萌芽状态。学优生在小组内可以体验负责人的自豪感，而学困生可以在学优生的指导、启发下发现自己的错误，并在大黑板上分析出来，同样也体会到了自己的价值，这样的自主负责反馈制，既提高了效率，又让每一个学生感到了自己的价值。

在练习阶段，当各个小组把所有错误答案反馈上来的时候，下一个环节由当事人在反馈黑板前具体分析自己的错误，进行补救，如果分析得让人信服，或者他的确认识到了错误的根源，就会给小组带来奖励。这样，在错误答案反馈上来之后，小组的重心将向那些学习出现困难的学困生身上倾斜，各个小组的精英们会想尽一切办法去帮助学困生理解、发现自己的错误，并让他们自己分析出来，这时候，学生通过自主上课所锻炼的能力将展现出来。同时，学困生也严阵以待，认真倾听，也更重视这样的舞台，他们要用自己的分析为自己的小组赢得奖励，这种价值的实现同样让他们兴奋。

三、柳暗花明景愈深，互助同行

随着实验的深入，一些隐性的问题也逐渐地暴露出来。学困生极有可能随着问题的深入而逐渐掉队，淡出学习团体，失去参与的热情。很多时候，教学中会出现课讲不完，课程计划完不成，进度远远慢于正常进度的情况。更让人头疼的是，我经常不知道该在什么时候以什么方式进行点拨和引导，常常沦为一个看客。这些问题的涌现，让我不得不减速慢行，一系列的思考和研讨也随即展开。后来，经过大量的思考和探索，我们整个团队制订了以下策略：

（一）完善小组评价机制——保证不让一个同学掉队，保证整体运行

学困生的形成多数都是因为课上注意力不集中造成的。学生课上注意力不集中，很大一个原因就是长期不被重视，或者说长期没有展示的舞台。虽然有时我们心血来潮能多关注他们几次，但是他们需要的是长期的持续性的关注，这就要求我们在制订整个评价机制和操作规则时对学困生进行倾斜。怎样搭建一个合适的平台让学困生进行有效的汇报和探索呢？在整个的自主学习实验过程中，学困生参与的探索、汇报都享受双倍的奖励。初期，只要学困生根据出错的情况说清在哪个环节出错了就可以得到奖励，经过一段时间的训练后，可以让学困生尝试说明正确的答案应该是什么，如果学困生能进行对比表达了，再让学困生尝试分析错误的原因。这样一来，学困生有了明确的任务，感受到了自身的价值，学习的主动性就会大大地提升。当然，在课堂中进行“攻擂比赛”，也是让学困生感受价值的一种方法，可以在平时的课堂教学中穿插进行。

（二）变讲为问——加速课堂知识的生成和推进

实验初期，我们采用让学生分小组个人讲解的方式推进课程，这样就把教师的“满堂灌”变为了学生的“满堂灌”。这样做的问题就是一人讲解不清，势必会引来更多个人的讲解，从而造成不断的重复，大量的时间就在这样的讲解中流失了。后来，我们在班内倡导这样的信念：听明白不算明白，讲明白才算明白，最高水平是把对方问明白。在这样的信念的指引下，学优生积极去设置问题，学困生和中等生根据问题进行思考和汇报，这样一来就实现了以问题推进学生的整体思考的目的。由于每个层次的学生都有不同层次的任务和要求，整体的效率也就不断提高了。

（三）用题目推进思维——让学生在反思中自悟自得

当学生偏离方向对某些问题纠缠不清、没有深入问题或者凭自己的力量无法解决问题时，老师可以介入、点拨。但我们发现，有时老师介入之后反而变成了阻碍推进者，因此，我们应在课堂上少说废话，如果感觉哪个知识点遗漏了，可以马上提供一个题目，如果这个题目解决了就表示已经弥补了这个知识点。

四、把酒话桑享淡然，简约至上

为了让“双自主”教学更加易于操作，我们积极地“转化”，向着更加简约的方式前进。简约，是数学的灵魂，而有机整合是实现简约的重要途径。为此，我们进行了几项大胆的整合。

（一）心愿卡——多种评价方式的整合

在整个自主学习的过程中，我们本着“外部激发—内心需求”的原则，尝试了多种评价方式。从每堂课的“正”字积分，到每天综合学分的积累，再到每周、每月自主小组的奖励，充分调动了学生的学习积极性。学生的兴趣高涨之后，如何让学生的兴趣保持得更持久又成了我们必须面对的难题。对于平时的喜报、奖状等奖励性评价，学生早已产生审美疲劳了。为此，我们召开了多次教研活动，最终设置了一种新型的评价奖励形式——给学生发放心愿卡。这一评价制度是以满足学生心愿为主旨，以家长买单为载体的一项评价制度。通过之前的评价方式，我们甄选出成绩突出的学习小组，为他们发放心愿卡，让家长满足学生的一个小小的心愿，心愿达成后家长要反馈心愿完成的情况，保证心愿达成的质量。这样一来，学生的学习热情更加高涨，家长也乐意为孩子买单。这一评价制度促成了家长、学生、老师三位一体学习合力的形成，为学生持久、高涨的学习兴趣提供了有效的评价保障。

（二）多格本——练习本和课堂本的整合

对课堂本，我们倡导全批全改，而练习本一般却无人问津，但细细分析起来，练习本的作用也不可小觑。练习本记录了学生最真实的学习状态，对其“置之不理”容易让我们错过对学生的最佳“诊断”时间。能否将练习本和课堂本进行有机整合呢？为此，我们进行了多格本的整合实验，并取得了不错的效果。

我们把练习本和课堂本合并为了一本多格本，也就是说在课堂上学生做的任何一道习题，都要经过监督和批阅。而监督和批阅通过“矫正性练习”中的“小老师”来完成。如果在下课之前，学生没能把错误的习题改正，那么整个小组将被视为没有完成课堂作业。这样一来，学生们对待练习本的态度会更加认真起来，对平时课堂上出现的错误也会及时有效地进行改正，这样就达到了一举多得的效果。

（三）双色分析——思维过程与结果的整合

几乎所有的数学老师都遇到过这样的情况：学生在进行判断题改错时，直接改成相反的符号就交上来了，用时甚至不超过1秒。凡是不要求呈现思维过程的题目，如填空题、选择题全都存在着类似的情况。老师无法看到学生真正思维纠错的过程，常常被学生复制粘贴来的答案所蒙蔽，而下次再出现这些题目时学生还是照样出错。之所以出现这样的现象，一是因为我们的基本知识讲解得不清楚，二是因为我们的矫正制度不完善。后来，我们便想出了一个“双色分析”的办法：错题原样保留，判断题所需要的思维过程学生要完整地写出来，用红笔在旁边进行标注和分析，这样就保证了每个出错的同学都知道错误的根源在哪里。“双色分析”的实施，杜绝了“一秒钟改错”现象，同学们在双色的对比中留下了思维推进的过程，他们的纠错意识和分析能力通过这样的方式都得到了持续的培养和提高。

（四）第三块黑板——空间与时间的整合

针对怎么提高习题批改的效率这个问题，我们借鉴山东杜郎口中学的经验，在教室的侧墙上摆放了继前后黑板之外的“第三块黑板”。我们先将班里当天所有的错题全部展示在上面，然后让学生之间进行捆绑式的辅导，弄清楚错误在哪里，谁讲解谁就负责批改。这样就把教师与学生的一点对多点的批改方式变成了学生之间多点对多点的批改方式了。有了畅通的沟通渠道，学困生开始把一些令自己困惑的问题也呈现在“第三块黑板”上。当黑板上出现了这些同学的求助时，其他的同学就会根据自己的情况进行帮助，可以在问题旁边直接解答，也可以找到求助人进行面对面的讲解。在每个学生的心中，错题不再是耻辱，而是一种让自己更加进步的财富。

看到学困生开始积极求助，学优生也不甘示弱，他们也开始把一些好的解题思路展示在黑板上，这样做，一方面实现了优秀资源的共享，另一方面也让学优生们实现了自我价值。“第三块黑板”的设立，让问题的交流可以随时随地进行，它可以在极短的时间内呈现学生所有的错例和困惑，同时在极短的时间内实现学生问题的自主解决，真正做到了“用空间换时间”。当然，在整个的实施过程中，我和学生一同制订了“三项注意”“四项奖励”等评价制度，用来激发各个层面的学生，尤其是学困生的参与热情。

即使在平时的试卷反馈课中，我们也充分利用起了“第三块黑板”，这样一来，最令我们头疼的试卷反馈课成了学生们最喜欢上的课。

在日常的单元检测过程中，我让学生在做题时把自己认为需要讲的题目及时圈画上五星，老师根据全班学生的圈画情况归纳出本张试卷需要讲解的重、难点题目。在检测即将结束时，我把这些重、难点题目分配“承包”给各个小组。检测结束之后，各个小组就可以根据自己“承包”的题目在“第三块黑板”上进行自主汇报。整个汇报注重解题的思路和过程，淡化计算过程和结果。试卷批阅完毕时，各个小组的试题分析也已准备完毕。上课反馈试卷修改情况的时候，他们结合自己精心准备的内容直接开讲，老师只需进行适当的点拨即可。同时，教师根据各个小组参与的程度和讲题的设计质量进行打分，积分直接展示在黑板积分栏里。这样一来，班级内就形成了赛题、赛讲的氛围，既提高了试卷反馈的效率，又锻炼了各个团队的协作、表达能力。

“第三块黑板”的出现让学生们的热情空前高涨，使他们能够自主进行作业的布置和批阅，并收集其中的问题进行团队式的汇报和讲解。

附：我的教育故事

数，那些幸福成长的印记……

我国著名数学家华罗庚先生曾经说过：“宇宙之大，粒子之微，火箭之速，化工之巧，地球之变，生物之谜，日用之繁，无处不用数学。”数学每时每刻都渗透在现实生活的每一个角落中，更在我生命的每一段历程中留下了一串串幸福的印记。

记得在小学数学课上，我经常因为攻克了一道难题而高兴得手舞足蹈，也经常因为做不出难题而愁眉不展甚至伤心落泪。中学，寒冷的冬夜，孤灯之下，我畅游于数学的海洋，乐此不疲。没有暖气、没有炉子，坐久了连鼻子尖上都会结冰凌，于是，我就隔一段时间做一遍广播体操，身体热了就连忙回到案前继续快乐的思考之旅。数学，成为我生命中追求的梦想，因为数学，我的人生充满了快乐的思考和不懈的追求。

进入师范院校后，我开始进行小学数学教学方法的研究，可成绩却非常糟糕。我把这糟糕的成绩贴在床头上，让它经常监督自己。在随后的日子里，在图书馆和众多的实习基地都能见到我经常奔波的身影。在图书馆中，博览众家之长以提升自身的理论基础，在实习基地开展调查研究以丰富自己的操作实践。

工作后，沐浴在新课程改革春风里的我热情高涨、干劲十足。当时，从家到学校有二十多里路，骑车大约需要一个小时。为了不浪费上下班路上的时间，我在上班的路上开始对一天的工作进行详细的规划，下班的路上反思、总结一天的工作，并为第二天的工作做初步的计划。晚上回到家，我开始认真地备课、批改作业，这样的安排让我的工作更加有规律也更具体，一切开始步入正轨。为了不让自己陷入“闭门造车”的困境，我开始积极地向周围的教师们学习，他们的每一堂课，从教态到板书，从语言到设计，我都一一记录在案，模仿学习。教态不好，我就对着自己家的镜子反复练习；用词不准确，我就用录音机录下来一字一句地反复听。但是辛勤的付出并没有换来累累硕果，学生们显然没有把我这样一位事必躬亲的小老师放在眼里，课堂上任凭我喊破了喉咙，教室里却“涛声依旧”。而没有方向的忙碌让我的身体疲惫到了极点，有一次我竟然在骑着自行车时睡着了，摔倒在路边的沟里。这一切让我陷入了沮丧之中，难道这就是我未来一生的工作吗？一次偶然的机会，我结识了影响我一生的人——前济南市教研室的数学教研员马刚老师，他的出现让我走出了困境，找到了方向。一次，区里请市教研室的马刚老师进行新课程下有关小学数学教学的培训讲座。在讲座的提问环节，我第一个冲上了讲台，向他倾诉了自己在教学中的苦闷和困惑。马老师并没有急着回答我的问题，而是转身面对全体数学老师说：“在其他区一到提问环节基本上就鸦雀无声，最多是传上来几张写着问题的纸条，可是到了槐荫区，刚说完“提问”这两个字，就有小伙子冲上来，让我有一种意外的惊喜，这说明我们区的小学数学大有希望。”

马老师的一番话深深刻在我的心里，也正是因为这样一次意外的接触，我走近了马老师，走进了专家团队，从此小学数学“双自主”的教学策略开始在我的心中蔓延生长，它指引着我在小学数学这条道路上披荆斩棘、开拓前进。

让数学学习更容易一些

王广喜

名师简介

王广喜，济南市济微中学数学一级教师。

数学学习不仅仅是局限于教材上提供的内容，它广泛地存在于生活中、存在于学生的身边，这种理念是日常教学不可或缺的一部分。在数学教学中充分挖掘能够体现数学之美的素材，在丰富学生的思想和学习方法的同时，也使得数学学科在学生心目中变得有趣，认识到数学知识能解决实际生活中的不少问题，提升学生的空间想象能力，让我们的学生感受到数学并不是那么枯燥无趣。

有的学生觉得数学是一门枯燥繁琐的学科，学习难度很大，这从班级数学学困生人数上可见一斑。这些学生能写就800字的语文作文，但对取得一个合格的数学分数却不抱希望。还有学生持这样一种想法：学数学有什么用？街上卖菜的都用电子秤而不用数学算账。是什么让这些学生对数学望而生畏？又是什么让这些学生对数学失去兴趣？数学教育怎么了？

毋庸置疑，产生这些现象有数学学科自身的内在原因，但更重要的是数学教育本身存在着问题。

多年来，我一直在尝试改变这种现象。我能做到的，就是把数学知识尽可能地形象化，利用数学思维手段，使用哲学辩证思想将数学学习变得更容易些，让学生理解能够更深刻些。

一、 发挥多媒体技术之所长

有研究表明，多媒体技术服务课堂教学对学生成绩的提升作用微乎其微，其归因分析竟然是因为考场上不能使用媒体技术辅助。我对这样的研究结论持怀疑态度，一直以来我在课堂上坚持使用“几何画板”“Z+Z 超级画板”“Inrm3D 画板”辅助教学，并取得了很好的效果。

事实上，利用计算机软件辅助数学课堂教学，只要把握好“度”，将其优越性尽可能地发挥出来，对迅速提升学生的空间观念大有裨益，特别是在立体几何教学中作用更是明显。比如在三视图、切截几何体、展开与折叠、平行投影、中心投影等内容的教学中使用“Inrm3D 画板”，能够大幅度地提高课堂效率；在统计与概率模块的教学中使用“Z+Z 超级画板”做数学模拟实验，能够处理一大批现实中难以解决的问题，而且还能在课堂上尽情展示数学之美，给学生留下深刻的印象。

当然，任何事物都具有两面性，在课堂教学中，我们要杜绝计算机技术充斥数学课堂，避免让师生沦为计算机技术的“奴隶”，改“满堂灌”为“电灌”。对数学教学来讲，不管是现在还是将来，计算机技术的定位永远是“辅助角色”，计算机技术绝不能替代学生的思维。将计算机技术用在当用之处、用在当用之时，一定会给数学课堂提供“正能量”。

二、 整合创编课题学习素材

在数学教学中，教师应充分挖掘能够体现数学之美的素材，设置恰当的内容，为提升学生的空间想象能力、发展空间观念做积极的尝试，让我们的学生感受到数学并不是那么枯燥无趣。

课题学习不只是教材上提供的那些内容（比如“制作一个无盖长方体纸盒”“制作视力表”“制作遮阳篷”等），它还广泛存在于生活中，比如，学习了教材中测量建筑物或树的高度、相似三角形、函数等知识后，教师就可以提出这样的问题：怎样测量一棵树的高度？试针对各种不同的实际情况，设计不同的测量方法。教师可以组织学生进行实地考察，记录所遇到的实际情形，让学生设计测量的具体方案，然后组成四人小组讨论交流，把本小组的各种设想进行汇总和整理后，再选择几种典型的测量方法在全班进行介绍。这样一来，学生的学习积极性会很高，能提出许多老师想不到的问题，如树不高可以用竹竿直接测量，树高可利用勾股定理计算，天气好则可利用影子长与树高的关系计算，但如果部分影子被房屋挡住了怎么办？没太阳光，而树的顶部或底部又不能直接到达怎么办……学生会运用勾股定理、全等三角形、相似三角形的比例关系及三角函数的知识进行计算……在三年学习期间不同时段所学的相关知识，由此又一次为学生主动解决问题的需要而得到整合，同时也作为工具得到筛选和优化。我们总希望学生能多思考，学会读数学、写数学、谈数学，善于将零散的经验、题型要点进行系统的总结，课题学习就是实现这种目标的一个很好的载体。

教师要善于在教学中及时发掘那些能够开展课题学习研究的素材，并进行恰当的设计，这样的数学活动可以丰富学生的思想方法，使数学学科在学生心目中变得有趣，也可以让学生认识到数学知识能解决实际生活中的许多问题。

为此，我在教学完一个单元之后经常将现学的内容与以往学习的内容融合在一起，将知识前后联系整合成一个个小型的课题学习材料，供学生研究学习，并收到了非常理想的效果。

例如：小立方块在太阳光下的影子探索研究。

1. 课题产生背景

在教授完“视图与投影”第二节“太阳光与影子”之后，在教材习题的基础上提出本课题，原题如下：

在太阳光下摆弄立方块，观察立方块的影子，你看到的影子分别是几边形？与同伴进行交流。

思考此题，一定要抓住契机，借助课题学习的形式进行深入探究并进行适度的拓展，应用此前学到的知识解决问题：比如平行投影可以改变些什么，哪些属性在投影后没有被改变等，并在此基础上向学生渗透“射影几何”的原理，增进学生对数学的理解，提高学生学习数学的兴趣。

2. 课题研究目标分析

（1）通过实际操作加深学生对平行投影的认识，进一步明确平行投影是三维立体图形向二维平面图形转化的有效手段；观察平行投影下小立方块的影子可以是几边形。

（2）探索出平行投影可以改变线段的长度、夹角的大小，没有被改变的是线与线的平行或相交的位置关系。

（3）通过积极参与探索活动，增强与他人合作的意识，培养对数学的兴趣。

3. 本课题学习内容分析

前面谈到这一课题的提出是建立在学生已经进行了“太阳光与影子”的学习基础上的，学生对平行投影的知识有必要经历一个恰当的综合应用过程，以达到知识之间真正的融会贯通。让学生带着问题投入问题的实际探索，将一个小立方块置于太阳光下观察其影子呈现出来的多边形的边数和形状，从而边操作、边思考，最终使问题得以圆满解决。

4. 学习该内容时学生应达到的认知水平、探究、解决问题能力的情况分析

在此之前学生已经在七年级第一章“展开与折叠”“切截一个几何体”以及八年级上册第一章“蚂蚁怎样走最近”、九年级上册“视图与投影”中接触了将三维图形向二维图形转化的过程，可以说九年级学生的知识储备已经有了一定的基础，另外在探究问题的策略方面也已经积累了一些经验，比如在“蚂蚁怎样走最近”（这是笔者自己开发的一个课题学习活动）的课题学习中表现出来的非同寻常的探究意识足以满足本节课的探究性学习需要。

5. 教学策略分析

（1）结合本课题的探究目标，课题学习采取课前由学生小组动手操作积累第一手资料，课上师生共同完成探究性任务的方式进行。

（2）学习方式经实践可以定位为学生带着问题实际操作，小组之间的合作交流为其主要方式。

（3）在相关资源的设计方面，可以事先利用计算机 3D 软件做出可以模拟实际情境的课件，重现学生操作的各种情形。

（4）课题学习的评价应侧重于形成性评价和自我评价，评价的主要内容包括：一是利用观察报告的形式考查学生能否主动地观察、收集课题学习所需要的素材——小立方块在太阳光下的影子是几边形等；二是通过小组成员之间的互评方式考查学生参与活动的积极程度，包括是否积极思考、探索解决问题的方法、是否乐于与小组其他成员进行合作，并交流各自的想法、是否有解决问题的自信心；三是在课堂的实际研讨交流中，教师认真观察学生在活动中所表现出来的思考水平，是否能够通过独立思考获得解决问题的思路；能否找到有效解决问题的方法、是否理解他人的思路并在与同伴的交流中获益、是否有反思自己思考过程的意识等。

6. **教学过程的设计**

（1）提前布置，积累素材

①课前材料准备：每位学生课前准备一个木质（或纸质）的小立方块，用塑料棒制作的小立方体模型、毛线绳子（可以用来在塑料棒上打结标示线段中点）等。

②每位学生填写好一张实验报告。

（2）课堂教学

①听取各小组汇报，汇总学生实验情况，达成共识，并生成结论：

小立方块在太阳光下的影子呈现出来的多边形可以是四边形（可以是平行四边形、正方形，如图1左)、六边形（还可以是正六边形，如图1右)；

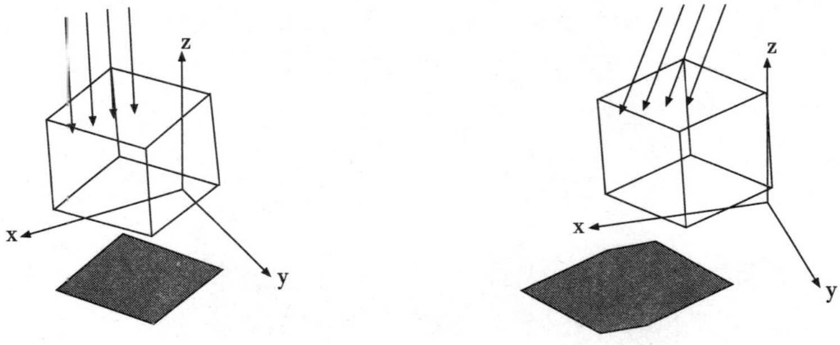

影子是四边形　　　　影子是六边形

图1

原本平行的线段在其影子中还依然保持平行关系，但垂直关系被改变了；

线段的长度发生了改变；

线与线的夹角改变了；

在某一边上取其中点，对应点还是所在线段的中点。

②利用计算机软件验证结论。

使用Inrm3D软件制作课件来验证结论的最后一点如下（如图2)：

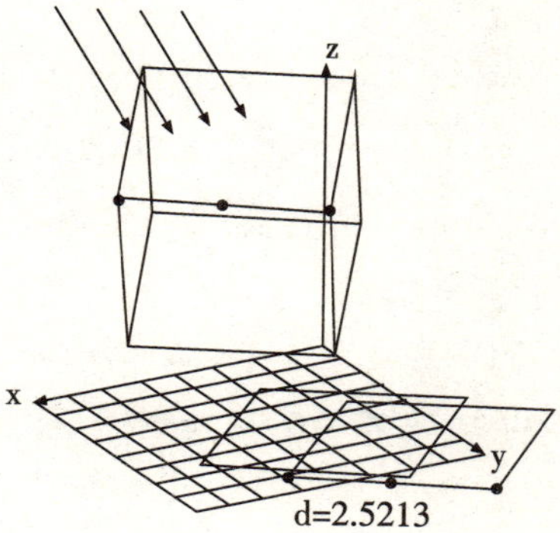

图 2　中点属性没有改变

③应用结论，解决新的问题。

尝试用所得结论解决问题：

例 1：一个矩形的木板放在阳光下，其影子不可能是下列图形中的(　　)。

A. 线段　　　　B. 平行四边形

C. 矩形　　　　D. 梯形

分析：应用结论 2 可知，矩形的两组对边分别平行，其影子即四边形的两组对边依然保持平行关系，而梯形仅有一组对边平行，另一组对边不平行，故应选 D。

例 2：阅读下面的材料

阅读材料：正方形中的"蝴蝶定理"（如图 3）

如图，在正方形 $A'B'C'D'$ 中，作 $PQ\parallel B'C'$，取 PQ 之中点 G，在 $B'C'$ 上任取两点 D，B，连 BG 交 $A'D'$ 于 A，连 DG 交 $A'D'$ 于 C，连 AD 交 PQ 于 M，连 BC 交 PQ 于 N。

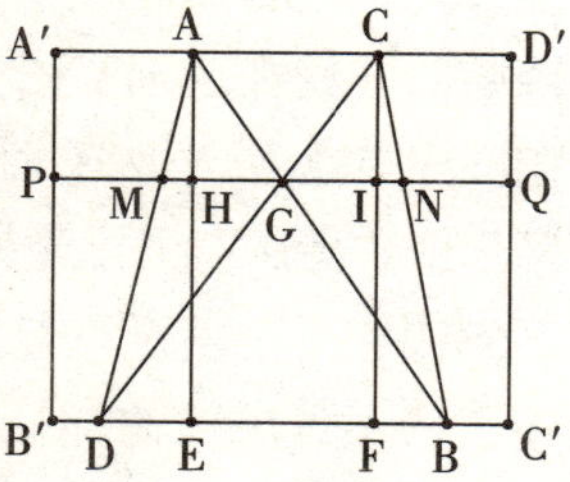

图 3

求证：$MG=GN$

证明：分别过点 A、C 作 $B'C'$ 的垂线，垂足分别为 E、F。分别交 PQ 于点 H、I。易证：$AH=CI$，$AE=CF$。

由$\triangle AMG\backsim\triangle ADB$ 得：$\dfrac{AH}{AE}=\dfrac{MG}{DB}$①；

由$\triangle CGN\backsim\triangle CDB$ 得：$\dfrac{CI}{CF}=\dfrac{GN}{DB}$②；

由①②可证：$MG=GN$。

这个问题的关键是 $A'D' /\!/ B'C' /\!/ PQ$ 这组平行线，如果我们将这个正方形“一般化”可以变成正五边形、正六边形、正七边形……没想随着边数的无限增多，我们有理由设想正方形将变成一个圆，这样我们就有了圆中的“蝴蝶定理”（如图4），在圆 O 中，点 M 为弦 AB 的中点，过点 M 做两条弦 CD、EF，联结 EC、DF 分别交 AB 于点 H、I，则 $MH=MI$。

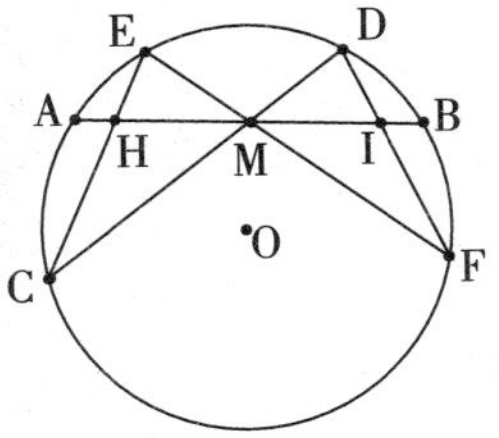

图4

问题：通过阅读以上资料，你能否利用今天实践操作的结论说明椭圆中的“蝴蝶定理”也是成立的？将圆“压扁”变成椭圆，其余条件不变，你能证明 $MH=MI$ 吗？

在学生独立思考后，我组织了深入的交流，有的学生对圆的“蝴蝶定理”的正确性提出了质疑，此时可以利用几何画板工具现场制作课件进行验证，打消学生的疑虑，至于证明的思路（此题为经典题，证明方法有很多），因为不是本课题研究的内容，所以可以安排学生课后自己搜寻资料来阅读。教师应发挥主导作用，及时将研究的方向引向本课要解决的问题。

在学生交流过程中，我进行了必要的点拨与引导：想象一下，若将椭圆中的“蝴蝶定理”图（如图5）放置在太阳光下会如何？若还没有思路的话，你能通过适当调整使其通过投影将影子变成一个圆中的“蝴蝶定理”吗？因为由以上结论可知，点M在圆中的“蝴蝶定理”图中为线段HI的中点，到了椭圆中，点M当然还会是线段HI的中点，这不就轻松地“借用”太阳光为我们解决了一个非常难的数学问题吗？

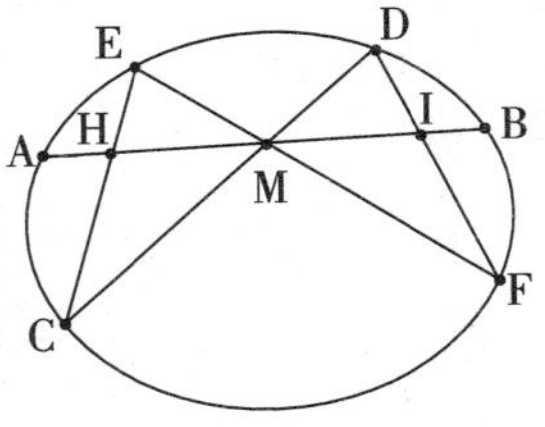

图5

解决完本题后学生流露出的那种表情实在让人难忘，那种兴奋、那种久违了的不可思议的神情绝对值得数学教师骄傲，而这种对学生心灵的震撼不是一节普通数学课所能做到的！这不正是所谓的“数学之美”吗？

④留下继续探索的问题。

今天我们研究了小立方块在太阳光下（平行投影）的影子生成的若干结论，那么你能通过实际操作进一步来探索小立方块在灯光下（比如手电筒光）的影子可能是几边形吗？你又可以生成哪些结论呢？用这些结论又可以解决哪些问题呢？课下请同学们分小组来研究一下。

7. **课题研究反思**

本课题的学习内容有一部分是放置在课外通过小组合作的方式实践操作完成的，这就给课堂上的探究活动留下了充足的时间。该课题的学习难度是可想而知的，若不亲自做实验，结论的生成几乎是不可能的。由于教师事先制作好了实验报告单，所以学生就有了实验的目标，这实际上也体现了教师的指导作用，对结论的应用本不是本节课的重点，所以在设计上也没有过多列举实例，教学的关键是思维方法的传授。

附：我的教育故事

做一个用心的数学老师

自 1994 年至今，我在济微中学工作已有 19 个年头了，在这期间得到了众多优秀教师的指导与帮助。现在回忆起来，有两位老师对我影响最深，一位是小学部吴美光老师，她在临近退休的两年中，每天走进我的课堂进行指导，那两年我进步很快，也逐渐成为一名受学生欢迎的数学教师。吴老师在专业层面站得很高，她对“最近发展区”理论的理解和把握都很到位，让我少走了不少弯路，从吴老师身上我学到了如何快速地了解学生、准确定位学情。另一位是 2000 年我到初中部之后的同事刘家华老师，他的教学设计能力很强，他是研究数学思想方法的，强调对学生数学思维的训练，课堂上他对数学思想方法的渗透达到了较高的水平，他对我的成长影响最大。

记得我参加济南市第二届教师素质大赛时，抽到的题目是“平行线的判定”，在教学设计过程中我总感觉对教材理解不是很透，越是这种“简单”的课越是考验教师的功底。当时在长清区宾馆中，我和教研员孟伯谨、刘家华老师三人就本节课进行讨论，我谈了谈我的初步设计，我们都觉得这种设计缺乏亮点，但又都没有更好的想法。既然如此，我们决定就顺着教材的路子走，把课堂上要说的每一句话都推敲一遍，确保严谨准确。当准备工作快结束时，刘老师突然说：“本节课最重要的一点在于：利用角与角的数量关系向线与线的位置关系转换，‘以角定线’才是本节课的灵魂所在！”好一个“以角定线”，我的思路一下就打开了，在重新构思教学思路后，最终获得佳绩。这件事对我触动很大，后来我又阅读了不少高质量论文，特别是章建跃的评课文章和郑毓信教授的著作，我对领悟教材编写意图有了更深的体会与认识：一个优秀的数学教师首先要深刻地理解教材，领悟编写者的意图，在此基础上才能生成较高质量的设计，没有一个好的设计，一切都无从谈起。

在成长道路上，除了需要别人的帮扶之外，我认为还有最重要的一点就是勤奋。我从2005年开始参加教育部“Z+Z智能教育平台运用于国家数学课程改革实验研究”的课题研究，最初的研究工作让我很痛苦，研究总是深入不进去，摸不着门道儿，但我靠自己的意志坚持了下来，有时忙到凌晨两点多钟，我还在一边读书一边操作计算机。功夫不负有心人，在槐荫区课件比赛中我的研究成果“探索规律之‘利用数据规律猜测’”获奖了，这次小小的成功经历激励着我从事课题研究，特别是多媒体技术服务数学课堂方面更加努力。课题研究给我带来了不少的荣誉，也让我有机会和中科院张景中院士成为好友。很难想象，如果没有当初的勤奋与坚持现在的我会是什么样子。

大家都知道“学习金字塔”理论，“导师带徒”活动也让我取得了更大的进步。在槐荫区教研室孟伯谨老师安排下，第二十六中学的景元强拜我为师，我要求小景老师每周交给我一篇教学设计、一篇读书笔记、三张练字纸。我则利用博客给予点评，事实上，这也给了我一些压力。我需要结合小景老师的教学设计和课后反思谈出我的理解，更多的时候，我还需要给出我的设计供他参考，而在指导他的同时，自己的水平也在慢慢提升。我和小景老师一起阅读了《作为教育任务的数学》《数学教学理论是一门科学》《数学教与学研究手册》《数学教育：从理论到实践》《数学教育：动态与省思》《数学的发现》等著作，这些著作是数学教师的必读书目，它对理解数学、哲学有很大的帮助。如今我在支教的学校又带了两个徒弟，我们一起阅读《中国数学双基教学》《作为教育任务的数学思想与方法》等，在书的海洋中汲取着营养，我和我的学生一起成长、一起进步着。

回顾成长轨迹，除良师辅佐、个人奋斗外，还需要一些机会，但机会只会垂青有准备的人。只要有参加省、市、区优质课观摩、聆听专家报告的机会我都会好好抓住，因为这些都是难得的学习机会，说不准别人的一句话就能触发自己的灵感。还记得在校内听过一节“平行四边形判定”的课，课后我写了篇较长的反思文章，并进行了我自己的教学设计，没想到在参加一次限时说课比赛中恰好要讲解这节课，结果可想而知，所以说，平日的积累和及时地总结反思对教师的成长来说是极为重要的。

最后我还要说，内心的沉静也是成长不可或缺的因素。

让课堂充满活力，让教育饱含真情

刘雅娟

名师简介

刘雅娟，济南第二十中学数学教师。

“教得有效、学得愉快、考得满意”是我们一直努力追求的教学效果。为使教师教得轻松，学生学得愉快、考得满意，必须在课堂教学的高效性上做足文章。知识是学会的，不是教会的；能力是练会的，不是讲会的。课堂改革必须立足于学生的体验，让学生能全程感受知识的建构过程。

从2002年起，我就沉醉于课堂教学的有效性研究中，在不断的学习与实践中逐渐形成了一套适合学生学习与提高的教学模式——全程小组合作教学模式。该模式能体现全员参与、全程主动、全面提升的特点，这种教学模式的教学特色主要体现在“有效组织学生学习”方面，通过分组、分层次、学生讲解等方式，能最大限度地调动学生学习的积极性，在课堂上，可以最大限度地挖掘出不同层次的学生的学习潜力。课堂教学改革给我的教育教学工作注入了生机与活力，并带来了巨大的成效。

一、让快乐、高效成为数学课堂教学的主旋律

我认为课堂是生产快乐的地方，是激情燃烧的殿堂。学生的每次开怀大笑都是我陶醉的时刻，一张张绽放的笑脸都是课堂上最亮丽的风景。为使学生对学习充满兴趣，我尝试将每节

课都设计成一次游戏、一场比赛，甚至一台综艺晚会。我认为数学课堂教学的最高境界是教师与学生在一起愉快地谈论数学。

从 2007 年 9 月起，我年年带初三年级，在毕业班时间紧、任务重的形势下，我展开了一系列思考：要想大面积提高教学质量，绝不能仅停留在精英教育的层面，而应该大力提升合格率。多年的初三教学经历，让我感触最深的是：什么时候学生感到数学好玩儿了，上课时眼睛亮了，有精神了，脸上绽放笑容了，那么数学学习提高的时刻就到来了。

每次接新班，我最先做的一件事就是想方设法激发学生对数学的兴趣，让学生觉得数学好玩儿。兴趣从哪里来？只有教的东西学生懂了他们才有兴趣。怎么教会他们呢？最重要的是确定恰当的学习起点，听不懂就是在浪费时间，解决办法是降低难度，适时表扬、鼓励。为培养学生的学习兴趣，我采用了以下几种方法：培养信心，帮助学生逐步成功；进行考试策略的指导，考好了就有兴趣，让学生感到付出就有收获。另外，亲其师才能信其道，我较好地掌握了与学生沟通、交流的艺术，我对自己的要求是：我说的每一句话都要说到学生心里去。在与学生沟通方面我进行了以下工作：建立成长档案，让学生进行心与心的碰撞，尽可能多地与学生交流，我一直都在努力实践“让课堂没有死角，让每个生命都有存在的价值”。

我的教学研究是从学生的需求开始的，这个年龄阶段的学生喜欢竞争，喜欢游戏，也更需要成功后的愉悦。课堂上，我将学生进行异质分组，把要学习的内容设计成一个个问题，让小组之间展开竞争，同学们分工明确，思维活跃：有巩固概念的，有解决拓展的，有提出注意事项的，还有负责问题升华的，大家都在积极寻找解题的办法。问题解决后，学生比较期待的就是评价。我的评价也比较特别，我特别尊重和倾向学困生（如 A 层的孩子回答一个问题得 10 分，D 层的孩子回答问题就能得 40 分），这样，学生在不断解决问题的过程中获得了成功的喜悦，也找到了自信。学生的作业是弹性的，也是因人而异的，学生可以根据自己的学习水平选择作业，而作业的批改也成了师生互相沟通的平台：学生根据在作业本上写自己的收获和困惑，老师可以根据从中获得的信息来设计、调整自己的教学。教与学在这里延伸，教师和学生共同成长。

二、“刘雅娟全程小组合作教学模式”的实践与理论

教育心理学的原理告诉我们，正确的教育方法是诱导学生自由地发挥

出潜在的能力。苏联著名教育家苏霍姆林斯基有一句名言：“要无限地相信孩子的潜能。”而日本教授佐藤学在《静悄悄的革命》一书中也谈到：要实施以学为中心的教学，应当以在教室里构筑一种新型关系为出发点，组织和指导有任务的学习，有小组活动的学习，有学生将自己的东西用作品表现出来与同伴共享、互相欣赏的学习。结合自己多年的教学实践，我对自己的课堂教学进行了改革，逐渐形成了一套适合学生学习与提高的教学模式——全程小组合作教学模式。

所谓全程小组合作，是指各小组成员在课上、课下两个阶段，多角度、多方位地全过程合作学习，具体为全程两段式小组合作。

（一）“刘雅娟全程小组合作教学模式”的主要实施节点

在不断的教学实践中，我逐渐探索出要想最大限度地实现全程小组合作，需要在以下十七个方面着力（这些方面穿插交替、立体使用、多管齐下，才能迸发出教育整合的巨大力量，提高教学效益）。

1. 小组划分。按学生学习等级划分小组，各小组人数一般为4～6人，原则上要保证组间同质（便于展开竞赛）、组内异质。

2. 组长培训。主要采用开短会的方式，把各组组长集中起来。

3. 成长档案。建立学生成长档案。学生要围绕兴趣爱好、目标愿望等进行书面的自我介绍，学生的成长足迹主要是通过每次阶段性测试的结果得以体现。

4. 角色分工。课堂展示前，各小组成员要商量并确定每人担当的角色，展示出本组的最优阵容。

5. 教师讲解。新授课等课型，教师必须有课堂讲解的时间，时间一般控制在10分钟以内。

6. 课堂展示。此环节是每节课的主干环节，耗时约占整节课时长的一半，是能直接影响该课目标达成率的关键环节。

7. 穿插提问。课堂展示时，各小组轮流进行。一方面，“观众”可以通过抢答的方式提问“演员”，可随时插话，当然也要注意倾听，否则保证不了提问质量；另一方面，“演员”也可即兴设问考“观众”，这种双向的穿插提问可依据参与人的层次计分，这大大提高了学生的参与积极性，形成了课堂互动的“倾听文化”，激活了每个学生的思维。

8. 抢答展示。在新授课、练习课、复习课、试卷讲评课等一系列课型中，有时会出现学生不能或不适合独立展示的情况，这时可采用这样的办法：教师在讲解过程中即时设问，每位学生都可以抢答，答对者可按层次加分，若同一问题被两人或两人以上同学抢到，则要按照民主通过的原则进行谦让，下课前，各组对抢答情况通过报分环节予以公布。

9. 同层检测。在课堂测试中，让同一层次的学生比赛。

10. 课堂陈词。为了锻炼学生的总结归纳能力，我在每节课上都会设计学生总结环节。

11. 激励进步。这方面工作可以说是无处不在。

12. 讲评反思。每天课后，学生会填写作业本的复习环节中的反思专栏，目的是对当天课上收获的重点内容、精彩花絮进行回味进而实现再加工。

13. 集体评分。学困生、中等生与优等生之间存在知识、能力、自信心等各方面的差异，不同层次的学生做同一件事所付出的努力是截然不同的，为此，我们应承认差异，更要尊重差异，要鼓励暂时落后的孩子不断进步。本着这一原则，我先设计了一个各层次对应分数的预案，后经全班同学民主通过，最后确定为：A层20分；B层30分；C层40分；D层50分。为了使分数统计简洁化，各组自己累计得分，指定B层学生负责分数累计、记录工作，并于下课前点评报分，对于报出的分数任何组都可随时质疑。通过分数评价，可大大提高初中学生的学习兴趣，获得良好的学习效果。

14. 当堂达标。一般采用“闭眼，举手势”的方式进行“动态”测试。比如测选择题时按这样的程序进行：①学生经过审题、解答后记住答案；②教师喊“预备”，全体学生闭眼（目的是让学生独立作出判断）进入等候状态；③教师在几秒后喊“开始”，学生同时举手势（分别用1、2、3、4个手指代表A、B、C、D四个选项）表示选择结果；④当教师念及自己的选项时学生则第一时间迅速放下手，师生约定放下手时必须要有一定的声音，以便学生更直观地感受到题目解答的结果，以增加趣味性。同样的方式也可用于填空题及解答题的作答。用这种方式当堂达标，集测试、批阅、订正、反馈于一身，学生感到好玩儿，教师也能更加快捷、有针对性地获得总结纠偏的一手资料。

15. 收获性作业。让收获成为学生课后作业的“最强音”，让作业成为课堂快乐学习的延伸。学生的课后复习主要是通过做“收获本”作业实现的，这样可以让课内的收获延续到课外，我尝试了一种“反常规”的作业布置与书写方式：①写什么？写今天自己在听讲、展示、课下交流等活动中收获最大的、最值得总结归纳的精华内容。题目自选，数量自定，因人而异，可充分体现自己的个性；②怎么写？针对某一问题，可围绕分析、解答、知识点、易错点、关键点、规律提炼、总结提升、拓展延伸等方面进行整理书写。为使这些作业在以后的学习中更好地为自己服务，教师建议学生采用双色或多色笔书写需要标注、旁批、点评的重要语句。

成效如何？应该说效果还是很显著的。一些学生这样形容自己的感受："每天写这种收获性作业就像在海边拾到了美丽的贝壳，回到家要精心地一颗颗串联起来，可观赏亦可积累收藏，感觉特过瘾。"还有学生说："看到自己写的东西有种赏心悦目、爱不释手的感觉，写了还想再写。"

从设计这种作业的意图来讲有如下功效：避免抄袭，减少无效劳动；培养创新能力；提高解题的书写规范；锻炼归纳与总结的能力；作为师生书面交流的阵地，教师可以经常通过一些激励性评语与学生交流，等等。许多学生的作业做得特别精彩，让我体会到了教学相长的乐趣。就我而言，以前不太喜欢看作业，而现在期待着每日必做的功课——看作业。为使作业带来的功效更加显著，我陆续开展了作业星级小组评选等活动，大大调动了学生的学习热情。我们的作业也逐渐发展为一种"作业文化"，成为教学诸多环节中最亮的一笔。

16. 课下合作。小组成员间的课下合作是"全程小组合作"的最大特点。因为有许多问题学生是不需要通过问老师就能解决的，因此，采用"兵教兵"策略最为恰当。为使这种"兵教兵"策略更有针对性，教师建议小组内四名成员互相结对子，实行组内帮扶。其中，A层与C层一对，B层与D层一对，这样责任比较明确，学生离开老师照样可以学得热火朝天，班里时常会呈现出许多小老师在紧张工作的景象。学生课下的小组合作通过各种方式（如面对面交流、电话等）进行，由于呈网状、立体式结构向外发散、延伸，我已经无法触摸到它的边缘了，因此学生课下的小组合作到底具有多大的功效是无法估量的。

17. 每日两题。在小组合作过程中，组长的付出与贡献是很大的，为弥补他们及一些优等生在学习与展示中只研究基本题目，拔高不足的缺陷，我开展了让优等生每日做两道综合题的活动：教师结合当日教学内容筛选与今日"热点"有关的两道中考题，让参与的同学写出解题思路及解答过程，作为作业由老师精心批改，使他们既了解中考信息，又得到锻炼的机会。为调动大家参与学习的积极性，想参加的学生需递交申请，由教师审批，即要通过教师与学生的双向选择确定，这一举措使参加活动的学生越来越多。

（二）“全程小组合作教学模式”下的学习程序

所有类型的课，基本采用“课前预习——课上展示——课后复习”的学习程序。每节课下课前1～2分钟，教师带领大家预习下节课的主要内容，布置任务（下节课展示的所有题目），进行“预热”，为学生课后的自我“加热”进行铺垫。“激热”课堂的第一件事是预习交流，由学生总结该节课涵盖的主要知识点，之后，对教师精选的典型题目进行展示，每组的展示都力求通过各种角色的讲解将该题分析透彻，达到举一反三、触类旁通的效果。

（三）由主要节点组合形成的六种常用的体系

CZQ体系：课堂陈词＋课堂展示＋抢答展示；

CJZ体系：课堂陈词＋教师讲解＋课堂展示；

TJQ体系：同层检测＋教师讲解＋抢答展示；

ZQT体系：课堂展示＋抢答展示＋同层检测；

JQC体系：教师讲解＋抢答展示＋课堂陈词；

JZD体系：教师讲解＋课堂展示＋当堂达标。

三、 学生的真实成长与转变

（一）学习观：从“要我学”到“我要学”

组与组之间的竞争，激发了大家的集体荣誉感，为了班级，为了小组，更为了自己，大家都全身地心投入学习。A、B层的学生也不再只顾自己，而是尽力地帮助组内的学困生，学困生感受到了压力，同时也感受到了同伴的友情，因此学习积极性被调动了起来，从“要我学”，变成了“我要学”。每天早晨，在我踏进教室的瞬间，都能感受到他们学习的热情、对知识的渴望及要取得进步的决心。课间，再也听不见打闹的声音，看不见嬉戏的身影，孩子们都跑到各科教师的办公室问问题、解疑难去了。收获性作业很有创造性，它激发了大家的自觉性，因此收获、感想颇多。学生们不断地从被动学习走向主动学习，处处散发着“我要学”的学习气息。

（二）学生成绩：从“学困生”到“尖子生”

由于这种教学模式从多角度激起了学生对数学学习的兴趣，因此使得课堂教学能够高效进行，所教学生的数学成绩都有了大幅度的提高。个别学生的数学成绩在一年的时间里实现了从12分到97分的跨越，优等生和学困生都取得了很大进步，许多学生实现了从“学困生”到“尖子生”的转变。

（三）学生能力：由“畏首畏尾”到“实现自我”

从前这些孩子绝不会主动举手回答问题，课上经常“卧倒一片”，如今的他们，最精神的时候就是上课，齐刷刷的手势、笔直的身姿、炯炯有神的眼睛，生怕错过任何重要的知识。合作与竞争，使他们放下了从前的不屑和畏惧，大家都积极踊跃地抢着回答问题，语言组织能力、表达能力都有了质的飞跃。

学生不仅在课堂上快乐着，而且做家庭作业也是那么快乐，他们精心整理着当天的学习收获，忘记了时间，有时甚至需要老师和家长控制学习时间，方能罢手。

四、进行教育科研获得的成绩与荣誉

多年教学所获成绩和荣誉如下：1992年9月，获青岛市优秀青年教师称号；2003年7月，执教市级示范课一节；2003年8月，执教省级公开课一节；2004年4月，获济南市数学优质课评比一等奖；2005年9月，获“槐荫区优秀教师”称号；2006年9月，获“济南市优秀教师”称号；2009年6月，《全程小组合作教学模式》获山东省中小学教育科研优秀成果一等奖；2009年9月，获“槐荫区教学能手”称号；2009年9月，论文“‘全程小组合作’高效课堂教学模式探索——让学生乐学数学会学数学学会数学”在《济南教育》2009年第10期发表；2009年12月，获槐荫区教育科研论文评选一等奖；2009年12月，课例“直角三角形的边角关系”获得《齐鲁名师讲堂——国家课程资源建设项目》初中数学组优质课程资源一等奖；获济南市2009年度教育科研工作先进个人称号；2010年6月，由我主持、承担的山东省教育科学“十一五”规划课题《〈全程小组合作〉高效课堂教学模式探索》获得批准并予以立项；2010年11月，参加山东省课堂教学创新大赛并获得一等奖；2012年6月，省级课题结题并进入推广阶段。

路漫漫其修远兮，吾将上下而求索。我会继续探索，努力实现让课堂因活力而精彩，让教育因真情而富有成效。

附：我的教育故事

教学改革：风景这边独好

一、教学改革意识之萌发：杜郎口与洋思模式的启发

我的教学探索在高密师范学校就开始了，由于培养目标是面向未来的教师，我在上课时就穿插着让学生登台讲课，这样一来既锻炼了学生的教学技能，也让他们学到了知识。说起教学改革，与我的工作经历有关。刚参加工作时我就被分到一所教学基础比较薄弱的学校，接触的大多是学困生，我很理解他们，知道他们原本并不差，我也希望他们能挺起腰板、扬眉吐气。此外是我对自己的定位，我自认为是一个好老师，工作第二年就参加了青岛市优质课比赛，并且脱颖而出，我不希望在我的教学生涯中默默地做一些没有价值的工作，天天进行无效劳动，所以我下决心要改变我的课堂，让我的价值得到体现。

从 2002 年新课改之日起，我就沉醉于课堂教学的研究之中，我曾经去过很多学校观摩教学。有一次在厦门一中听一位数学特级教师讲课，课前我问旁边一个小男孩："你喜欢数学老师的课吗?"孩子回答说"喜欢"，问他原因时，孩子就说了两个字"好玩"，这两个字对我触动很大。还记得当这位数学老师走进课堂时，让人感觉有一股清新的气息扑面而来，学生们的眼睛立马就亮了，她的上课方式影响了我，回来之后我就在自己的课堂进行实验。还有一次，在历下区听一节数学课，当时给我印象最深的是教师设计了分角色展示的环节，有记录员、讲解员等角色分工，回来后我就想展示过程中角色要有一个着力点。有一次在外出学习时，拿到了一本关于洋思中学的书，当天晚上就如饥似渴地读起来，并开始研究。而对我影响最大的是杜郎口中学，在杜郎口中学体验了 5 天的时间，有次课间，我看到学生都在忙一件事，就是在大演草本上画格，然后往里充实知识点、易错点等内容，我当时想这多费事啊，学生课间都不休息了，当时就想回去要变通一下，给孩子减负，画表是人为的，其实不画也可以。在杜郎口中学我还上过一节课，发现他们的课堂很不好驾驭，因为他们的课堂已经是开放的状态了，有一次学生当堂问我怎么用数学解决遗传的问题，我就回

答不了，这也让我意识到自己需要在这些方面好好地探索一下：怎样把孩子的思维打开，让课堂真正变成生产快乐的地方？有一次在上海聆听了崔允漷教授说的 12 个字：教得有效、学得愉快、考得满意。初听我觉得这 12 个字非常矛盾，经过仔细琢磨后，我觉得前 4 个字“教得有效”是落脚点，只有“教得有效”才能“觉得愉快”，才能“考得满意”。经过几年的实践，现在我觉得在我的课堂上已经基本实现了这些理念。

我在自己的一篇关于“杜郎口模式”的文章中曾提到：“不记得是哪种教学模式让我的教学理念发生如此大的转变，以前也从未想过能把课堂真正还给学生。但随着‘杜郎口模式’在学校的逐步推进，我完全相信‘把课堂还给学生’不是一句空话，它是经过实践检验并已收获累累硕果的实实在在的行动。”在杜郎口和洋思模式的启发下，我探索形成了“全程小组合作”教学模式，我的课堂教学正沿着高效、高质、高趣味的方向越走越远。

二、教学改革之动力：尝到乐趣

我改革的脚步首先是从“小先生制”迈开的。在课堂上，我鼓励学生从一个概念、一个公式、一个例题讲起，要求学生要像老师一样提前认真备课，把握好讲什么、怎样讲及为什么这样讲。学生磕磕巴巴、生涩、不成形的讲解，让我看不到希望，看不到教学成绩的提高，甚至就连教学进度也跟不上，我陷入了困惑。我想以我现在的教学能力应该能将每节课都讲得非常精彩，但为什么非要守着这个陌生的前途未卜的新方法苦打死守呢？我天天思索，怎样才能让我的课堂给学生带来更大的收获。有一天下午我正在教室上课，临近下课之时，校长突然进来听课，这时正有一名学生在黑板前作讲解，他的精彩展示吸引了全班同学的目光。课下，校长说当他从教室后门看到里面的景象时就不由自主地被吸引到课堂里去了。这件事给我的震动很大。杜郎口模式的根本是解决了“三学”（即升学、辍学、乐学）问题，而我现在的当务之急是解决学生的厌学问题，教师应采取灵活多样的教学方法引领学生主动参与课堂学习，变学生厌学为学生乐学才是根本。只有把学生的学习习惯培养好，能力提上来，他们的学习成绩才能变好。从事学术研究要“耐得住寂寞”，同样在改革初期，也要为正确的举措苦苦守候、坚持不懈。在我的坚守下，学生在当“小先生”的锻炼中迅速成长起来，有几个出色的“小先生”已能带领其他几名同学共同进步了。改革中的酸甜苦辣，内心的矛盾困惑随着一些微小的进步逐渐消失，我坚信这样走下去一定会有更大的收获。经过几个月的转化，学生的学习习惯发生了很大变化，在上课之前，我还没有进班，他们就已开始自主准备展示的题目，并激烈地讨论着、有序地展示着。

教学改革的道路是曲折的，在这个过程中充满了艰辛，从“看不到希望”开始，一路走来，我的坚守迎来了曙光，我也领略到了教学改革那独特的风景，并乐在其中。

简单纯朴地行走

丁

莉

名师简介

丁莉，女，济南市营市东街小学数学教师。

我是一名数学教师，正如数学中所涉及的，两条射线组成了一个角，角的大小不在于边的长短，而在于两条边展开的程度。人生的价值也是这样，它的大小不在于寿命的长短，而在于做过多少有价值、有意义的事情。

人的一生又像是在小心翼翼地画圆，以梦想为圆心，以行动为半径，一点点地在行进中留下足迹，起步和成功是不断经历的过程，梦想和行动是不断面临的选择。愿每个人都能找准自己的圆心，拉直自己的半径，画出自己完美的人生之圆。

我从小就喜欢数学。因为简单，且一通百通，考试之前从来不用临时抱佛脚，会就是会，而且不用死记硬背；因为系统、精准，循着路径研究下来，找到答案时豁然开朗的感觉让人甘之如饴；因为有趣、神奇，千变万化却又万变不离其宗……

还记得上中学时，有一次要参加省里的数学竞赛，所以在生物课上我悄悄地拿出数学题琢磨起来，结果被老师没收，还转到班主任那里。课后，我怯怯地去找班主任要，老师只笑眯眯地叮嘱一句："以后下课的时候再研究，回去吧。"班主任是我们的数学老师，那一刻，温暖和被理解的感觉顿时充满我的心田。我相信，只有一个孩子真正走进了数学世界，才会感受其无穷的魅力。

有人说，科学和人文是一枚硬币的两面。数学的魅力绝不仅限于解决问题，它还能让人更容易地接近事物的本质，尤其给人一种严谨且完美的厚重感。所以当为我的学习生涯面临选择时，我毫不犹豫地选择了理科；学数学既如此，数学教学想必也是魅力无穷，或许我也可以教出一批如我一样对数学有同样情愫的学生，于是在面临工作的选择时，我成了一名数学教师。

我的个人博客的名字是——简单世界，之所以取这样一个名字，既是为了表达我的一种愿景，也是为了呈现一种状态。王国维有云："诗人对宇宙人生，须入乎其内，又须出乎其外，入乎其内，故能写之；出乎其外，故能观之。入乎其内，故有生气；出乎其外，故有高致。"诗如此，数学亦如此。我曾写过一篇名为"让一切归于简单"的文章，阐述的是我对"挑次品"一课的研究和思考过程，也阐述了我对数学知识呈现方式的一种观点：当我们去寻找知识的核心，才发现入乎其内，原来一切可以很简单；出乎其外，天下难事必做于易，让知识简单呈现。一切始于简单，一切归于简单，也许正是我们作为小学数学教师，作为数学知识的传递者所应追求的境界。当孩子走出数学课堂时，他应该觉得：数学不是晦涩的，而是简单的快乐的。

将一切归于简单，是为了让孩子们如我般感受到数学的快乐，为此我一直在努力着。站得高才能看得远，看得透彻。工作之后，我没有停止不前，先考取了数学本科的文凭，后又考取了中学数学教师资格证，我还广泛阅读各种书籍杂志，观看录像，通过各种方式访名家、读名课，读进去，深进去，以求入乎其内。

如何出乎其外？如何让数学以一种简单、充满魅力的形式呈现在学生面前？我一直在思考、努力中，后来我从两盘录像带中找到了方向。一次，我为备战比赛而观看名家课堂，那时网络还没有现在这么发达，好不容易才找到了两盘全国著名特级教师刘德武的录像带，而且还要借录像机才可以看。那天夜里，"相遇问题"这一节课程录像和一个报告，我翻看了数遍，但毫无倦意，原来数学课还可以这样上，上得这样好玩儿，这样娓娓道来，刘德武老师精心的设计，无痕的呈现，简单的一串折叠卡片就将乘法的意义和妙处表现得淋漓尽致。老师和学生玩儿着，聊着，知识就那样润物细无声地浸入了学生心田，连我都深陷其中，更何况是孩子们呢，刘德武老师的数学课让我一时间迷恋不已。当时正赶上模拟参赛，虽是 24 小时备课，大家看到了我课堂上脱胎换骨的变化，但却不知道简单的一节课之于我对数学课堂的理解和领悟有着何等重要的作用。随后，刘德武老师便成为我的“偶像”。最简单、最朴实的教具，却是匠心独具，将数学魅力一一呈现：“长方体的认识”让我初次感悟怎样才是放手让学生自主探索……后来我多次找到刘德武老师的课例反复品味，也许这样的课堂恰恰诠释了“入乎其内，出乎其外”。2010 年，杭州“千课万人”课程研讨活动有刘德武老师的现场课，我还特地跑到现场观看，现在想来，有的老师谬赞我的课堂如散文，环环相扣，也许正是受了刘德武老师循循善诱的影响。

此后，我还先后观摩了多位特级教师的课堂，并有幸赴杭州跟随朱乐平老师进行了为期两周的近距离学习。反复回味，我越来越理解大道至简的道理，数学课堂不应是冰冷的，功利的，它应该是魅力无穷的，是可以深入浅出的。我也不断反思自己的数学课堂，几番耕耘、几分领悟，都化作对数学课堂的诠释，于是，有了玩转数学的课堂，有了在听到学生说“数学好玩儿”那一刻的幸福，有了形散神聚的散文化课堂，有了根的想法，有了济南市“十一五”课题《小学数学文化资源的发掘与应用研究》的课题研究，有了对数学文化课堂的不懈追求……

教着，想着，循着孩子们的成长路径，我愈发喜欢数学。你看那十进制计数法，体现了古人是何等的智慧。简单的十个数字在这种方法的引领下，变化无穷，大数小数全部搞定。每次教到这部分内容，我都努力想把自己对古人的这份佩服、这份激动感染给学生。我曾经用一学期的时间，把这部分内容打造成了一节精致的网络课，由数的发展历史引入，为学生精心准备了资源库以供浏览，隆重推出十进制计数法，并借助网络多媒体，帮助学生体验其神奇、认识其作用，这节课获得了山东省优质课评比一等奖，并由教育部电化教育出版社出版发行；再教下一批学生时，我依然由数的发展历史引入，但由于恰逢合校之初，投影电脑都没有到位，无法进行多媒体展示，只能口头介绍，所以效果大打折扣，但孩子们的眼神却告诉我，他们很感兴趣，于是在我的极力渲染之下，孩子们还是渐渐溢出了钦佩之意。十进制计数法中让学生扎实地理解数位、计数单位，数级十分重要，为了让孩子们切身理解，我让他们自己变身计数单位，用座位表示数位，按顺序排列，一排就成了一个生动的数位顺序表，每个孩子身临其中，乐滋滋地接受组数，解释数的任务。这种做法让学生真正地走进了数位顺序表，而不再是枯燥无味的死记硬背。同时，也让孩子们轻松地理解了同样的数字在不同的数位上意义也是不一样的。比如让一个孩子来当数字 9，在数位上移动，让大家说出他代表的意义，这样的教学让课堂趣味盎然，师生同乐。我一向不主张孩子死记硬背，“己所不欲，勿施于人”，为了让孩子们记住数位顺序表，我教他们：用左手四个指头表示数位，小指表示个位，大拇指表示万位，以此类推，这样就把数位顺序表戴在了手上，随时都可以用。每次看到孩子们因遇到困难而伸出小手时，我就颇为得意。

同样的内容，不同的处理方式，使孩子的收获、成长之路清晰可循。在不断的反思中，我的教学思路越来越清晰。现在的我更喜欢用小巧的设计来帮助学生真切地理解知识的本质，同时我也一直在朝着这样一个方向努力：让数学学习更接近数学的本质，让数学课堂多一点文化气息。有时我觉得自己真像一个声嘶力竭的叫卖者，总是见缝插针地把中国数学文化的点滴加入课堂，希望能够或多或少地渗入学生的思想之中。

简单是一种目标，记得上学时老师说：晚上熄灯后睡不着，可以把整本书复习一遍。因为珠子都有了，你需要的是把珠子都串起来，把薄书读厚，再把厚书读薄。只有真正走进数学、研究数学，你才能真切地感受到数学其实是个系统的体系，要想简单，就要在大量的知识积累的基础上不断地梳理思路，融会贯通后，才会发现大道至简。简单是一种提炼，是观察梳理之后的思考，越是逼近知识的本质，越是可以发现万物归一的真理，当找到了这中间最本质的东西后，再去寻找或有趣、或丰富绚烂的呈现方式，才能使数学在孩子的眼中变得丰满，有魔力、有吸引力。

我的世界很简单，在数学教学的道路上、在自我成长的路上，我简单纯朴地行走着。我一直以来执着、认真地做着每一件事，完成着每一个任务，有过挣扎，有过焦虑，而在经过多年的历练后，呈现在大家面前的我是淡定的，也许有时我依然很忙碌，却已不像当年那样步履维艰。在交流中，在碰撞中，在行走间，我的一些理念在悄然地发生着变化，眼界在不断地开阔，尽管这种变化有时候自己浑然不知，只有当回头看自己当年的青涩时，当现在自己的观点与某位专家、名师不谋而合时，当孩子们瞪大眼睛豁然开朗时，当同行投来肯定、赞赏的目光时，才会发现自己的蜕变。15 年来，我学会了回头看，学会了深入思考，学会了成熟地去面对任务，但依然坚持着对待事情的认真和执着。我的目标依然简单，就是要把这件事做到我所能达到的最好状态。

我对待数学如此，做事亦然，希望一切归于简单。因为做事如果掺杂着太多的目的，期盼着太多的结果，反而会影响做事的专注度，不去想太多，只是尽力把事做好，有时反而会有更多的收获。当你低头耕耘的时候，或许你已经成为别人眼中的名师了。就像在杭州培训时，为了赶稿夜不能寐，笔不能停，美丽的杭州却如“魔鬼训练营”。培训结束之后，在与朱乐平老师推心置腹的交谈中，才知其良苦的用心。翻看自己杭州培训时的篇篇博文，原来杭州如此美丽，自己的专业功力也已悄然进步。

起步和成功是不断经历的过程，梦想和行动是不断面临的选择。简单就是极致，简单就是美，简单就是幸福与快乐，让一切归于简单，无论是数学还是生活。

附：我的教学主张

让学生拥有数学的大视野、大智慧

数学之于学生究竟是什么？数学应以怎样的面貌呈现在孩子们面前？这是我作为一名数学教师经常思考的问题。为了寻求答案，每教一批学生我都会问他们这些问题：数学是什么？你对数学的感受是什么？答案各种各样，有的说数学就是做题，就是计算，或数学挺难的，或茫然的眼神……

数学究竟作用几何？在美国国家研究会《人人关心数学教育的未来——关于数学教育的未来致国民的一份报告》中提出：“数学必须成为泵，决不应成为美国教育的传输线的过滤器”“各个层次的数学课程应当更多地介绍数学科学的广度与力量”。由此可以看出学生的数学学习问题已引起了多方面的关注。

作为一名小学数学教师，我们有责任和义务让孩子们真正感受数学的魅力，获得学习数学的乐趣和可持续的学习能力。经过多年的思考与实践，笔者认为应该让学生拥有数学的大视野，放眼古今中外，着眼知识的来龙去脉，体味数学魅力；应该让孩子拥有数学的大智慧，获得持续性学习的力量。

一、追溯求源，探寻方法，让数学课堂多一点文化气息

中国的数学文化博大精深，新课程中蕴含着大量的数学文化知识，经过全面搜集分析教材中涉及的数学文化知识内容，我们针对学生年龄特点对数学教材内容进行了有效的丰富与拓展，并使之系统化，初步建立了小

学数学课程中的数学文化资源。

实施过程中，我们以人教版小学数学现行课程为主干，寻求与数学文化的结合点；注意学生的认知和年龄特点，对蕴含数学文化的课本知识进行丰富和拓展，体现不同年级的层次感，建立纵向联系；从整体把握与其他学科的联系，关注学科间的综合性，打破学科界限，建立横向联系，形成知识网络。

经过多年的实践，让数学课堂多一点文化气息，已成为我思考知识呈现方式的一种习惯，并形成了一种风格。通过研究数学文化资源与课堂教学的有机结合，改变数学课堂原本枯燥的呈现方式及对数学的片面理解，通过可动学生之情的数学人文知识、精神，可发学生之志的数学家的趣闻、轶事，可启学生之智的数学思想、猜想，立足历史现实，重视审美挖掘，演绎数学文化，让科学与人文的对话闪现智慧的火花，让数学文化的魅力真正渗入教材、到达课堂、融入教学，让数学课堂摆脱原有的习惯思维与阴影，真正呈现出数学的文化韵味。

二、帮助学生形成数学知识的“大视野”，让数学课堂更具有数学味道

1. 关注知识的整体性，跳出一节课部分知识点的落实，贴近知识的本质

学生所学的数学知识往往是孤立、零散的，这不利于他们对所学知识的真正理解和掌握。在教学内容上，我们既要注意把知识点分解得有利于学生接受，又要注意发挥它们各个部分之间联系的功能，要“瞻前顾后”，使学生在体会知识之间的相互联系的同时，更好地从整体上把教材知识结构转化成他们的认知结构。

2. 关注知识的应用，跳出课本，在应用中体会数学的价值

在传统的小学数学教学中，教师很少讲知识的来源和实际应用，即使是解决问题的教学，也多是把事先编好的、现成的题目出示给学生，学生只是根据几个必需的条件套用解决问题的方法和步骤，却不知道解决某一现实问题需要处理哪些信息和数据，更没有领悟到数学对于这一问题所具有的独特意义。因此在数学教学中，教师应引导学生感受数学的应用价值，要让学生体会到数学有助于人们收集和整理信息，建立数学模型，进而解决问题。要让学生明白学习数学的任务不仅是掌握数学知识，而且要掌握探索数学知识的方法，探求解决问题的方法，最终解决问题。

我们应该意识到，对于数学思想方法的渗透不是一朝一夕就能见效的，

它需要一个循序渐进的过程。数学思想的掌握要经过长期的渗透，才能在脑海里建立相应的思想方法，使数学思想方法成为一种数学学习的力量，帮助学生具备可持续的学习能力。

让数学课堂多一点文化气息，探寻数学思想方法，让学生拥有数学世界的大视野，获取数学思想方法的大智慧，才能使学生真正理解数学的本质，感受到数学学习的快乐与充实。

渗透数学思想方法，提高学生能力

刘永文

名师简介

刘永文，女，济南市机场小学数学教师。

教育是一个慢慢熏陶、逐渐内化的过程。教师要的是静气，要静下心来备每一堂课，静下心来批每一本作业，静下心来与每个孩子对话，静下心来研究学问，静下心来读几本书，静下心来总结规律，静下心来反思自己的言行和方式……静气方能平心，心平，生活会是另一番景致，工作亦会是另一番气象。静下心来，受益的是学生，受益的是身边的每一个人，而最终受益的是你自己。

《义务教育小学数学课程标准（2011年）》指出，通过义务教育阶段的数学学习，学生能够获得适应未来社会生活和进一步发展所必需的重要数学知识，以及基本的数学思想方法和必要的应用技能。数学教学的终极目标是促进学生思维发展，而思想方法、文化、思维等才是数学的本质。由此可见，对数学思想方法的教学是新课程改革的一个新视角，所以，不应再为数学思想方法的教学蒙上神秘的面纱。在学习数学知识的基础上渗透数学思想方法的教学是数学教学改革的必由之路，是实现数学教学面向全体学生的有效措施。那么，教师在教学中又应如何贯彻实施呢？

一、在创设数学情境中渗透数学思想方法

新课标指出，数学教学要紧密联系学生的生活环境，从学

生的生活经验和已有知识出发，创设生动有趣的情境，让学生在解决生活问题的过程中学习知识、学会思考。在数学教学中，为学生创设问题情境，有助于学生实现原有认知结构对新知识的同化和顺应，使原有认知结构得到补充和完善。只有在问题情境中，才能促使学生将新旧知识进行相互联系、相互比较，主动调动原有认知结构中能解决新问题的那部分知识，并进行重构，找到新的问题情境下解决问题的数学思想方法，实现数学知识、方法和思想的一体化，进而开展有效学习。

如“等量代换”教学设计。

师：同学们，你们喜欢看动画片吗？

生：喜欢。

师：今天老师给大家带来了动画片《曹冲称象》，请大家欣赏。

（生观看动画片）

师：看了这个故事你想到了什么呢？

生：我觉得曹冲很聪明！

生：我觉得曹冲很了不起，因为他称出了大象的重量。他先把大象赶到船上，船下沉以后他在船上做了一个记号，再把大象赶到岸上，再往船里装石头，一直装到船下沉到记号的位置，再称出石头的重量。

师：装石头的时候，船也下沉到了那个记号，这说明了什么？

生：说明石头的重量和大象的重量是相等的。

（师板书“相等”）

师：曹冲为什么不直接称大象的重量呢？这样多麻烦呀？

生：因为没有那么大的秤来称大象。

师：对，在那个时候没有那么大的秤，所以聪明的小曹冲就把大象换成了和它重量相等的石头，称了石头的重量就知道了大象的重量了。

（师板书“换”）

师：你们瞧瞧，曹冲多聪明呀，小小的年纪就已经会用数学里面一种很重要的思考方法——等量代换来解决问题了。

用学生非常熟悉的故事导入，将学生带入有意义且思维含量高的问题情境中，让学生初步体会等量代换的思想，领悟“等”是“换”的前提这一难点，进而正式进入课堂学习。这样的情境创设，不仅极大地调动了学生的学习积极性和主动性，而且为学生探索新知奠定了良好的基础。同时，与学生所要探索的知识有紧密的内在联系，能让学生反思，诱发学生积极的数学思维。

二、在新授知识过程中渗透数学思想方法

数学知识产生的过程也是其思想方法产生的过程。在教学过程中，学生数学思想方法的形成是一个循序渐进的过程，学生学习具体数学知识初期，受数学知识水平的限制，对于其中蕴含的数学思想方法只是有感性认识。因此，要向学生提供丰富、典型、正确的直观背景材料，创设能使认知主体与客体发生作用的环境和条件，通过对知识发生过程的展示，使学生的思维和经验全部投入接受问题、分析问题和感悟思想方法的挑战之中，从而主动构建科学的认知结构，将数学思想方法与数学知识融为一体，最终形成独立探索、分析、解决问题的能力。

如在教学“梯形面积公式推导”时，适时渗透类比逻辑、化归和转化的思想。

师：同学们，前面我们都学习了哪些图形的面积计算公式？

生：平行四边形、三角形的面积计算公式。

师：平行四边形与三角形的面积计算公式，我们是怎样推导出来的？

生：通过把平行四边形转化成长方形，推出平行四边形面积计算公式，把三角形转化成平行四边形，然后推出三角形的面积计算公式。

师：我们在推导这两个面积计算公式时，有什么共同点？

生：都是把要求面积的图形转化成我们已经会求面积的图形，然后推导出这个图形的面积计算公式。

师：同学们所说的方法就是化归法，它是指将有待解决或未解决的问题，通过运用一定的数学思想，转化成已经解决或较易解决的问题，最后解决问题的一种方法。同学们也可对梯形的面积如何计算进行大胆的猜想，梯形可以转化成我们已学过的哪些图形呢？

学生猜想结果如下：梯形可以转化成平行四边形、三角形、长方形。

学生通过动手操作发现，两个完全一样的梯形可以拼成一个平行四边形。

对平行四边形与三角形面积公式推导过程的回顾，实质上是引导学生进一步明确已应用过的化归数学思想，使学生对化归数学思想有一个整体、初步的感知，知道了化归思想就可以化未知为已知，化复杂为简单，化陌生为熟悉，化困难为容易，同时也为梯形面积公式的推导提供内在的

类比逻辑和转化思路。像这样有思想含量的课，能给学生以深刻的启发，即使以后将具体的知识忘记了，但思考问题的数学思想方法会留在学生的心中。

三、在练习中渗透数学思想方法

简单、机械的模仿性练习只能让学生记住数学知识，很难渗透数学思想和方法。科学、有层次、开放地设计练习，多途径、多角度地训练学生思维，开发学生智力，是提高学生个体素质的需要，是设计课堂练习的重要依据。模仿练习，能让学生巩固基本知识和基本技能；变式练习，能让学生理解知识和发散思维；应用练习，能考查学生综合应用所学知识解决问题的能力。无论哪种练习形式，都可以适时地渗透数学思想方法。

例如："数字编码"一课设计如下练习。

假如学校要给每个学生提供一个学号，请问这个编号要体现哪些信息？请给自己编一个学号，并说出编码的意义。

学生根据已经掌握的数字编码的规律，考虑学号体现的重要内容：入学时间、年级、班级、学号、性别等信息，然后利用数字、符号设计编码，有的学生用 X 表示女生，用 Y 表示男生，还有的学生分别用 1 和 2 表示男生和女生。这个练习的设计让学生加深了对数字编码的了解，亲身体验了数字编码在解决实际问题中的作用，并通过观察、比较、判断，探索了数字编码的简单方法。体会运用数字的有规律排列可以使信息交换变得安全、有序、快捷，同时感受数学的魅力，有利于培养学生的符号感和观察、分析、推理以及解决问题的能力，也能培养学生探索数学问题的兴趣以及发现、欣赏数学美的意识。

四、在整理复习中渗透数学思想方法

由于同一教学内容可蕴含几种不同的数学思想方法，而同一数学思想方法又常常分布在许多不同的基础知识中，及时整理、复习，进行强化刺激，有利于学生掌握数学思想方法的精髓。所以在教学时，利用单元复习和阶段性总结的机会，以适当集中的方式，从纵横两方面整理、概括并提炼出本章节的数学思想方法纲要和系统，适时对某种数学思想方法进行概括和强化，不仅可以让学生从数学思想方法的高度把握知识的本质和内在规律，而且可以让学生逐步体会到数学思想方法的精神实质。

如学习完五年级上册的“小数乘法”“小数除法”后，可以这样引导学生思考。

师：同学们，想想在这两个单元的学习中，有哪些方面也同样用了转化的思想？

生：在学习“小数乘法”“除数是小数的除法”时，我们就是通过把小数转化成整数，得出了小数乘法、小数除法的计算法则的。

通过对学习内容的梳理和总结发现，要想将“计算小数乘除法”转化为“整数乘除法”，就要按照整数乘除法的法则进行计算，从而渗透化归、转化、归纳的思想。

五、 在评价中渗透数学思想方法

传统的教学评价考试更多的是强调知识和技能的工具性，测试内容和测试形式都比较单一，从而导致教师没有把渗透数学思想方法当作一种教学习惯。在评价考试中适当地渗透数学思想方法的内容，能够引起一线教师的重视，将渗透数学思想方法作为常态，使其经常化、习惯化，会让学生终生受益。

如在低年级设计这样的题目。

下面每个图形中△、○、□分别表示 1、2、3，观察下列各个图形，根据图形下面的数字，找出规律，画出表示“21”和“32”的图形。

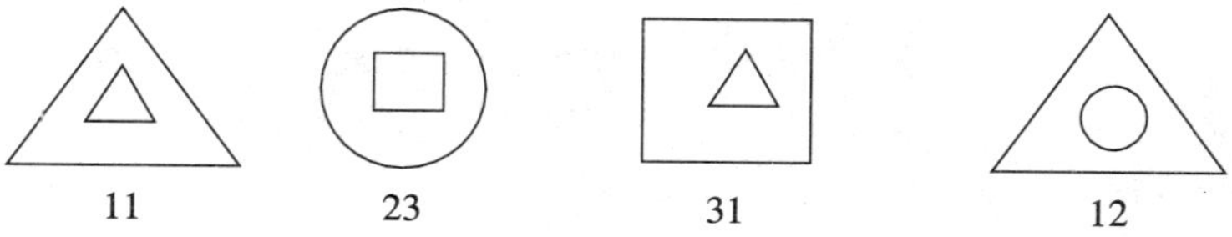

在解答这道题时，学生要运用相应的思想将图形和数一一对应起来，还要运用符号思想分别找到图形所表示的数，运用分析、综合、归纳、类比和联想等方法确定外面与里面的图形分别表示的是哪个数字，最后画出表示“21”和“32”的图形。

对高年级设计题目如下：

1. 把一个圆拼成一个近似的长方形（如下图）这个长方形的长约是 28.26 厘米，它的宽是______。

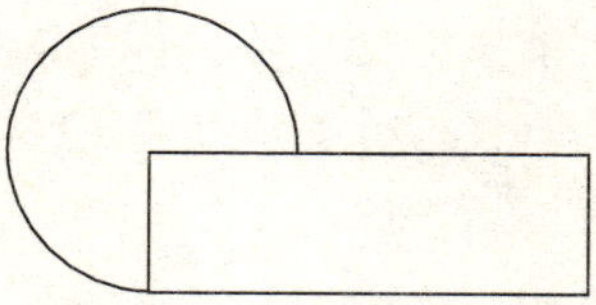

在解答这一题时，学生要运用转化的思想，将圆形剪拼成长方形，利用长方形和圆之间的关系，综合运用所学知识解答问题。

2. 计算 $1/2+1/4+1/8+\cdots\cdots+1/2^n=$______。

引导学生在边长为 1 的正方形中，依次画出面积为 1/2，1/4，1/8……的长方形，结合画图学生可以清楚地看出 $1/2+1/4+1/8+\cdots\cdots+1/2^n=1$

如果用计算的方式很难解答此题，但利用画图的方式可以化抽象为直观，化复杂为简单，此题就可以迎刃而解。数形结合的思想符合学生的思维，易于被学生接受，便于学生理解。

知识和技能是数学学习的基础，而数学的思想方法则是数学的灵魂和精髓。在教学中，我们要认真挖掘教材内容中隐含的数学思想方法，把它渗透到备课环节，渗透到教学的每个环节中，渗透到学生的思维过程中，引导学生从数学思想方法的角度去思考问题，有意识地让学生在知识的探究过程中感知、体验、拓展、提升数学思想方法，从而提高学生的思维品质，提高解决问题的能力，实现高效的数学课堂。

附：我的教育主张

课堂改革，“散养” 亦是妙方

课程改革如一缕拂面的春风，吹醒了沉睡的心灵；如一道明媚的阳光，照亮了前进的方向。课程改革生机勃勃，焕发了新的教育活力。课堂教学质量是教育永恒的主题，更是学校持续发展的生命线。随着课程改革的深入，各校课堂改革也各具特色。

笔者学校地处城乡接合部，教师群体带有区域的特点：朴实、能干，又不乏思维活跃者。根据这一特点，我们尝试采用“散养”的方式推行课堂改革，打破学校行政管理中的条条框框，给教师广阔的“蓝天”“草地”，让他们自由地“奔跑”“觅食”。正是这种“散养”的自然之道，让教师和学生自然、健康的发展。

“唐老师，你们班学生的作业正确率那么高，传授一下经验吧!”

“程老师，你的学生都能按时交作业，你用的什么办法?”

在一次教学经验交流会中，对于唐妍和程吉慧两位老师班级的变化，几位有二十多年教龄的老师吃惊地问。

“我们的变化得益于小组合作学习!”

转变教学观念，提高学生的自主学习能力是课改的主要任务。基于这一认识，学校鼓励教师组织小组合作学习，但长期受教学观念和传统教学方式的影响，有的老师尝试小组合作学习后，发现小组学习时学生们坐到一起容易说话，纪律没有保障，讲解占用时间太长，小组合作效率太低，往往试了没几天又回到“老师讲，学生听”的模式中。但是，有几位教师坚持了下来，经历了小组建设、学生自主管理能力培养、自主学习意识养成等过程。渐渐地，学生们开始为了小组的荣誉，互帮互助的多了，不完成作业的现象没有了；思想的碰撞多了，上课打瞌睡的没有了；主动走到讲台前的多了，被叫到办公室补课的没有了。

取得了一定成果的教师及时地传播经验，耳濡目染中，更多的，乃至全体老师开始“寻觅”小组合作学习的方法。

在“每周论坛”栏目，大家自由发言，提出不同的问题；在“每周讲坛”栏目，经验丰富的教师自愿介绍经验，对其他教师进行全方位的培训；在“个性施展”栏目，老师们设计出不同的小组评价方式，低年级的“快乐农场”、中年级的“自由星空”、高年级的“雄鹰展示”等栏目受到学生的欢迎，极大地调动了学生参与合作学习的积极性，有效地提高了课堂教学效率。老师们还自发地想出许多可行的方法，如用组长的名字确定组名、用不同笔画的字表示不同的作业等，都取得了非常好的效果。

初步尝到小组建设乐趣的老师们，乐此不疲地进行了更加深入的研究，通过不断地摸索和探讨，进一步确立了“让学生做课堂的主人，让课堂充满快乐，打造高效课堂”的目标，对课堂提出了以下要求：充分利用伙伴效应，落实“兵教兵战略”，推行“参与互助式”学习方式；去掉课堂中的无效环节，探索高效课堂教学模式，切实提高课堂效率；教师每节课的讲授时间最多不得超过10分钟，讲授内容必须有选择性。相信学生，调动学生，把学生推到“台前”，使之成为课堂的主角，将学生的主体地位落到实处。

分数应用题是数学教学中的难点，有一名教师尝试着把这节课交给学生去完成，6个组长聚在一起精心设计，把枯燥的题目变成一个个场景，用同学们能接受的方式将一节课演绎得通俗易懂、精彩纷呈，而且还能拓展变式，取得了意想不到的效果。从此以后，这位老师就把“相信学生，放手是爱”当成了教学座右铭。

走进某教师的课堂，“学生展示”是最热烈也最耀眼的一个环节。“小老师”××正在讲解圆柱的表面积，她设计了4个问题：①圆柱由几部分组成；②侧面展开是什么形状；③各部分的面积怎样计算；④表面积怎样计算。一节课下来，“小老师”不断地与其他同学互动，一问一答，一板一眼，让人忍俊不禁。

课堂改革，学校不妨还给老师和学生一片蓝天和草地，让他们亲自体验，掌握要领，体会成功，使课堂回归本真。

在小组合作学习中，“后进生”的转化是老师们最头疼的事。

“大家有什么好办法?”教科室主任带领大家展开了讨论。

“每个班人数不一样多，可以从后进生开始确定为1号。”

“谁愿意当1号呀?”

“流动管理，不固定。”

“对！根据每周的学习表现、作业质量进行讲评。”

“1号同学可以翻倍加分，这样小组成员就愿意让他先讲。”

在这种自由的研讨氛围中，教师们针对“后进生”的“1号工程”诞生了。

没有过多的行政干预，没有过多的要求，在这种宽松的氛围中，教师自发地组织各种座谈会、教改研讨会、阶段性总结会，并在年级组、教研组等各个层面展开，目的就是探索提高课堂效率的途径。具有学校特色的“10＋30”教学模式在全校广泛推广，教师总讲解时间控制在10分钟，学生讲解和练习时间为30分钟。一堂课中，主角是学生，学生提出问题，学生讨论，并阐述自己的观点和见解。学生预习交流后由教师分配学习任务，以小组为单位进行讨论，板书相关内容。小组领到任务后，自主探究，然后交流合作，形成自己或小组最佳解题方案，完成后各小组展现、提升，其他组的同学分享在该小组展现时受到的启发，获得更好的解答方法，真正实现学生主体地位和教师主导地位二者的转换。

水仙娇艳，牡丹富贵，但野百合也要有春天。每朵花儿都有盛开的理由，每朵花儿都需要呵护。课堂改革是慢的艺术，每一朵花都有绽放的美丽时刻，只是必须开在合适的季节。学生也好，教师也罢，都有不同的个性和固有的天性，恰恰是因为因校制宜、因材施教，不经“催肥”，适当“散养”，才释放出了更多的潜能。

“散养”，亦是课堂改革的妙方，它让师生的个性得以自由飞翔，并让生命绽放出璀璨的光芒！

追求简约课堂，彰显数学本色

牛
洁

名师简介

牛洁，小学数学教师，济南市饮马小学副校长。

莎士比亚曾说："简洁是智慧的灵魂。"具体到课堂教学中，就是要删繁就简，返璞归真，追寻形式简约而内涵丰厚的课堂，促进学生的全面发展。记得我国古典中医理论著作《黄帝内经》中有这样一句话："知其要者，一言而终。"这句话用到教学中，就是指教师把握了教学知识的重难点和知识结构的本质，才可能采取行之有效的教学策略，帮助学生深刻地掌握所学知识，使课堂教学富有实效。

实施课改12年来，我们的数学教育特别是基础教育经历了一场洗礼，尤其是在轰轰烈烈的课改初期，在数学教学特别是在公开课"繁荣""显赫"的背后，我们却目睹到种种教学行为"误"入极端：①泛生活化情境设计充斥课堂。几乎所有的教学内容都要与生活情景挂钩，由于没有与数学知识建立本质的联系，过度的生活化使知识的学习流于形式；②虚假式对话学习缺乏实效。最典型的就是在小组合作学习的选择上，许多课堂成了热闹的小组个人表演，没有真正进入平等的对话与合作交流状态，浪费了时间；③超豪华硬件建设迷失主题。在有些课堂上教师忽视了对传统教学技能的训练（内功），而过多地依赖外部条件，为吸引学生注意（也是为吸引听课教师），本来通过传统教学就可以解决的问题，非要花很大精力制作精美的多媒体动画，削弱了数学课本身的思想性。

基于这些认识，笔者深感如今的数学教学似乎已远离了其本身的博大精深和文明智慧，逐渐失去了数学的思想文化及价值追求……所以，我们呼唤简约课堂和数学本色的回归。首先，数学知识体系本身体现着高度的简约性；其次，问题解决策略力求简明性。小学数学中许多脍炙人口的题目如鸡兔同笼、七桥问题等，都可以找到最简洁的解决方法；计算教学中的简便教学也是对问题解决简洁性的很好体现；数学语言的表述凸显简洁性；数学符号的表达要求简洁，如对各种公式、定理的字母表达等；另外数学教材的编写也是十分精练的，几乎字字精当。再次，学生与教师成长需要简约。

提出数学课堂教学的简约性，并不是彻底否定现有的教学而另起炉灶，恰恰相反，我们应该凭借已有教学改革的成功经验，以先进的课程理念和教学思想为指导，对数学课堂教学进行反思、调整和提升，使其能脱离繁琐，达到优质和高效的课堂教学境界。此处，“简约”既是操作的要领，又是理想目标，还是一种教学理念，是对数学课堂教学的理性回归。我们通过追求“数学化”和“简约化”而走向平衡的课堂，我们呼唤数学课可以去粗取精，去虚求实，与时俱进。

一、纵横交错，建立立体的知识体系

“数学教学该教孩子们什么?”数学课的目的不是单纯地让学生学会解题，而要教给学生一种数学思想、一种思维方式和精神。教师要有长远的目光，不仅要关注孩子当下的发展，更要关注孩子的未来。同时，在教学中教师还应有一个整体的思想。如在教给学生一个知识点的时候，不仅要关注其横向关系，更要从纵向考虑，依据学段目标、单元目标和课时目标，对教学内容进行科学合理地精简和浓缩，选择“核心内容”进行教学。只有首先从教学内容的数量上“瘦身”，凸显数学内容的本质，才能保证数学课特有的教育功能的发挥。

（一）有机整合

把相关的教学内容合并在一起，体现不同数学学习内容之间以及数学知识与现实生活之间的联系。如“正比例”和“反比例”是一组密切关联但容易混淆的概念，教学时，笔者把本来长篇讲解的内容改为只呈现几个正、反比例关系的实例，重新整合教材，利用观察对比的方法合并在一起进行教学，这样对教材处理后，学生能整体地感知教学内容，能在学习的过程中加以比较，所以取得了非常好的教学效果。在教“分数乘分数”时，教师在推导出分数乘分数的计算方法后，让学生思考是否可以用分数乘分数的方法解决整数乘分数，并举例说明。在对“分数除法”的回顾与反思的教学环节中，让学生探讨分数除法的计算方法是否适用于整数，这样的教学很好地沟通了新旧知识之间的纵向联系。而在由分数加法引出分数减法和由分数乘法引出分数除法的教学中，教师均以前者为标准利用四则关系打通减法与加法、除法与乘法的横向联系。

（二）开发教学资源

随着课程内容的综合性和弹性的增强，教材、教参为教师留出的余地也逐渐增大，教师应具备一定的课程整合、课程设计和课程开发能力，能根据教学需要主动地、创造性地利用一切可用资源，为教育教学服务，同时还要成为学生利用课程资源的引导者。应有意到社会生活中去捕捉学习数学的情境，然后与教学有机地结合，给学生直观、感性的视觉资料，并提供大量的主动探索、体验、领悟与创造性学习的时间与空间，用一个情景贯穿整节教学内容。如在设计“分类”一课时，笔者力求突破教材的局限，从小童超市购物—小童整理房间—小童整理学具的过程中，引发一系列问题，形成一个渐进的知识体系，便于学生理解、掌握，也符合学生由形象思维到抽象思维的认知规律。

以前我们备课更多考虑的是教学环节，而对课程前后知识的联系缺乏必要的思考，教学内容缺乏系统性和整体性，致使知识点支离破碎，实际上，备课的重点应在于知识体系。

二、知其要者，理法并行的教学模式

教师只有把握了知识的重难点和知识结构的本质，才可能采取行之有效的教学策略，帮助学生深刻地掌握知识，使课堂教学富有实效。

（一）“做”中学数学，理解算理的科学性

“做数学”强调数学学习是一个现实的过程，是理解和反思的过程，强调的是以学生为主体的学习活动对理解数学的重要性。教学中应让学生多动手、动脑、动眼、动口，促进多种感官协同参与认知，能使他们主动地参与表象的建立、算理的探究。所谓“知其然还要知其所以然”就是这个

道理。如“圆柱的认识”一课，从装饮料的易拉罐入手，创设一个与学生生活密切相关的、学生感兴趣的学习情境。通过亲手制作圆柱模型，让学生经历实际需要—提出问题—操作研究—相互交流—认识升华的“创造数学”的过程，在操作、交流、探索、反思“做数学”的过程中，逐步体会知识的产生和形成过程，并从中获得积极的情感经验，感受到数学是来源于实际生活的。这种探索性的学习，不但能让学生形成良好的认知结构，而且能教会学生如何学习，提高了他们的学习能力。

（二）自主探究，体验知识的系统性

苏霍姆林斯基曾说：“人的内心有一种根深蒂固的需求——总想自己成为发现者、研究者和探究者。在儿童的精神世界中，这种需求特别强烈。”如教师在教学“笔算除法”时，一改传统的由教师反复强调竖式的书写格式和顺序的方法，通过充分的动手分小棒的实践，大胆地让学生自主探索出竖式的书写形式，在抽象的竖式计算顺序与形象具体的分小棒过程之间建立联系。表面上看似乎延长了展现竖式的教学过程，但“磨刀不误砍柴工”，只有让学生充分经历竖式的创造过程，清晰地理解竖式计算的算理，才能真正掌握竖式计算的算法。

（三）互动交流，提倡算法的多样性

新课标提倡计算“算法多样化”，这实质上是尊重学生个性化的发展，提倡个性化的学习。应鼓励学生用自己喜欢、熟悉的思维方法去解决问题，鼓励学生从多样化算法的讨论中吸取别人的经验，把他人的思维精华纳入自己的认知领域，以提高和发展自己。出现了多种算法后，教师要正视每一种算法，创造条件，组织和引导学生互说、互评、互学，在比较中求真，在应用中内化。如在教学“两位数乘两位数”一课时，利用情境引出“24×12=?”。第一步，学生各自探索算法，分组交流，得到的方法有八九种之多，但总结起来不外乎以下几种：①连加；②连乘；③乘法分配率。第二步，学生评价，一致认为三类算法都合理，但第一种太麻烦，其他两种则各有优势。第三步，教师将题目改为“24×13”，请学生用自己喜欢的方法计算，结果发现，用连乘的方法显然不方便，大家不约而同地选择了“24×10+24×3”，这正是笔算乘法的算理所在。此时，再通过一组口算的练习因势利导地引出竖式，并使学生体会到它的优越性——能将乘法算理以固定而简明的方式显示，且操作性强。在这里，最优的方法不是教师强加给学生的方法，而是学生在对多种方法的比较后得出的。这样的教学才真正体现了算法多样化的实质，真正使学生学到本领，获得发展。

三、文化关怀，回归本原的数学思想

波利亚曾指出："只有理解人类如何获得某些事实或概念的知识，我们才能对人类的孩子应该如何获得这样的知识作出更好的判断。"它启示我们，应该让数学学习回归到历史的源头和思维的原点，即找寻数学的"根"，因为它是继承与创新的支点。因此在数学课堂教学中，要努力挖掘课程内容的资源，极力追溯数学的历史，与学生一起寻找数学的渊源。

例如，在教学"平行四边形的面积计算"时，一开始便以讲故事的形式，配合多媒体计算机生动的动画效果，虚拟了一个知识形成的过程，并配以解说："很久很久以前，在大河的两岸，河水中带来的泥沙经过长期的堆积在岸边形成了一块块肥沃的土地，我们的祖先便开始在这里耕种，繁衍生息，人类的文明开始起源。由于土地分割的形状不同，人们便给不同形状的土地起了不同的名字。"说到这里，画面便在相应形状土地的基础上抽象出了不同的平面图形，学生们便争先恐后地说出了各种图形的名字。接着继续解说："后来，人们为了使土地分配得更加公平合理，便有了计算土地的大小也就是面积的需要，他们经过冥思苦想，终于学会求长方形和正方形的面积了，但他们还非常希望有办法能计算出平行四边形的面积。你们呢?"话音刚落，孩子们便异口同声地说："想。""好，这节课我们便可以像当时的数学家那样一起动脑筋，探索平行四边形的面积计算方法。"这样的导入，不仅使学生带着追求知识的渴望和疑问进入新知的探求过程，激发起创新学习的动机，而且让学生了解了几何产生的背景和发展史。

四、多元互动，感悟自主学习的乐趣

爱因斯坦曾说过，教育应该使提供的东西，让学生作为一种宝贵的礼物来享受，而不是作为一种艰苦的任务来负担。课堂活动不仅可以促进教师教学行为的转变，而且可以让学生体验到，数学学习并不是让人生畏、令人讨厌的，而是一件快乐的事。但是现实中，很多课堂活动中学生的"手"动了，"心"却未动，操作多了，气氛活跃了，但思考和感悟少了。

通过近年来对多元互动的探索和实践，进一步明确了合作学习和自主探究的重要性及其方式、方法。学生的数学学习内容应当是现实、有意义且富有挑战性的，这些内容要有利于学生主动地进行观察、实验、猜测、验证、推理与交流等数学活动。对教学内容的呈现应采用不同的方式，以满足多样化的学习需求。有效的数学学习活动不能单纯地依赖模仿与记忆，动手实践、自主探索与合作交流也是学生学习数学的重要方式。学生的数学学习活动应当是一个生动活泼、主动且富有个性的过程。

教学实践证明，只有学生自始至终全面参与教学活动，才能有所发现，而由学生自己主动发现的规律及获取的学习方法和结论才是深刻的。结合教学内容，课堂中如果人人动手操作，通过摆一摆、拼一拼、量一量等活动去发现规律，通过手、脑、口等多种感官参与学习活动，学生不但可以掌握学习数学的方法，而且能加深理解，学以致用。

在小学数学教学中，教师不仅要让学生学会做数学题，更重要的是要为学生提供更多的机会去发展数学思想，去倾听别人的想法，学会进行数学交流，以增强整体合作意识。合作研讨能充分调动学生积极性，从而共同发现问题，培养其主动学习能力。

五、讲练结合，追求扎实的教学效果

实施新课改以来，教学内容愈加丰富，既要揭示情境，又要分析数量关系，还要探究算理，探索算法，而留给学生实际动笔的练习题和时间都太少了。学生的错题率上升了，计算能力也普遍下降，这样的现状让我们十分困惑。我们应该怎样处理和把握传统与现代、算法多样化与最优化、现实情境与数学模型、主动探索与抽象概括之间的关系呢？如何才能让孩子们好好去欣赏数学这门美丽的学科呢？

最近，我们结合计算课的教学进行了有益的尝试。

1. 用题目推进思维。课前教师先为每个孩子发放本节课的作业练习纸，练习的内容包括整节课的各个环节，孩子的思维发展脉络和学习能力的进展都会跃然纸上，不仅便于教师反馈而且使课堂回归一种常态的、本真的状态，这样一节课下来，孩子们最少也能练习十几道题目，有的课上甚至二十几道。“好脑瓜比不上烂笔头”，尤其是对于计算技能的训练和提高，只凭说是不够的，只有认真仔细地把思考过程写在纸上才能真正形成技能。

2. 用反馈增加时效。在这方面传统的计算教学积累了丰富的经验。既有短时反馈，如“复习铺垫引路练”“巩固新知当堂练”“专项技能及时练”等，也有长效反馈，如“基本口算天天练”“易错习题时常练”等。在此基础上，还要及时关注学生每次反馈的情况，抓住典型错例，师生共同有针对性地进行分析和总结，以进一步巩固学生所学知识，促进知识的内化，同时潜移默化地训练学生的数感意识。

3. 变形式提高兴趣。针对不同年级计算方面的要点和学生的心理特点，反馈的形式可以开放、多样些。如对于低、中年级学生，可组织“同桌对口令”“口算夺红旗”“开小火车”“小啄木鸟找虫”等活动，以“玩”促“练”；对高年级学生可开展“视算听算结合练”、学生自己编题等活动，着重训练学生思维的深刻性和灵活性，让学生在活动中树立良好的数学意识。

有哲人说过，简单到极致，就是美丽。简约的数学课堂必然也是美丽的课堂，它是对教师个性化教学思想光辉的折射，是数学学科本身逻辑严谨、充满理性精神的魅力凸显。作为教师，要时刻站在学生的角度去把握和审视，既要继承传统教学扎实有效的教学思想，又要发扬新课改以来的人本理念，不断改善教学方法，努力架起一座沟通的桥梁，真正使学生享受到“始于欢乐，终于智慧”的课堂，使数学教学彰显更大的魅力。

附：我的教育故事

品味数学，享受数学

第一年，我这样走过……

从师范学校毕业时我只有 18 周岁，现在想想还算是个孩子。我本身并不喜欢数学这个学科，总觉得它既理性又枯燥，不适合自己的性格。而且对于许多人来说数学的确是一座“冰山”，既冰冷又难以逾越，充满一种“对我来说，数学是疮疤，是泪痕……”（崔永元《不过如此》）的感伤。然而，我认为服从分配是一名教师应有的职业素养，因此怀着对教学工作的喜爱和一份责任，我接过了五年级两个班数学的教学任务。

于是，早出晚归，扎根教室，紧盯学生，横扫一切教学参考，饱览教学刊物成了我每天的必修功课。但不久我就发现，书上得来终觉浅（那时还缺少一些青年教师专业成长指导类的书籍），我必须虚心向老教师请教，毕竟实践出真知。首先是年级组的教研活动，记得我们同年级组的几位教师每周都有固定的一下午时间进行小范围的活动，当时教研活动在学校的小会议室进行，大家轮流“坐庄”，每次的教研活动先是一次小型的“零餐会”，在悠闲氛围中，教研组长（也就是我的师傅）先将本周的教学进度和教材重难点进行分析和讲解，然后大家探讨一些教学中的问题或分享好的经验，作为新老师我每次都认真聆听，积极提问，虚心向老教师学习。这种“草根式”的教研，虽不算高效，但惬意有加，老教师也不吝赐教；形式虽有些散漫，但能扎实推进，往往不流于形式，还有些“问题引领”的感觉。

有了任务驱动，接下来就是听课评课，说课上课。我有幸拜年轻有为的数学主任为师，可以经常聆听她的常态课及公开课。那时，她几乎每月都要上区级以上的公开课，在参与她的试讲和磨课的过程中，我也在模仿和比较的基础上发现和积累自己所需的教学品质。

记得刚上班不久，教研室领导就到校听我的课，当时有些纳闷，后来才知道，这是由于我的指导老师极力推荐才来的。当时我执教的是“取近似值”一课，教学并没有多少成功之处，但现在想来还是特别地感动，恩师这种达己达人的风范值得我终生学习。也许正是因为此次听课，开始了我走出校门、执教公开课的生涯。

于是新苗课、新秀课、能手课、评优课……各级各类公开课上得真不少，可就在我已经熟悉了公开课的套路，变得自信起来时，新一轮课改开始了，在新课改理念的冲击下，改变似乎来得太快也太突然。教材变了，上课的形式变了，一种近乎于对传统数学教学颠覆性的改革，给我带来极大的冲击。通识培训、学科培训、校本培训接踵而来，包括专家在内，大家似乎只是有理论的指引和理想的愿景，缺乏实践的真知，一切都在摸索中前行。

如何改变、创新成了新的问题。所幸我相继参加了市“创新学习”和“做数学”实验的研究。第一次接触教科研让我觉得既新鲜又陌生，此前觉得科研真的离自己很遥远，但真正潜下心来才发现，基于我们教育教学中的一些问题和现象都可以成为一个个小课题，需要在实践探讨中使之不断深化，在科学的辨析中不断明悉，从而丰厚自己的专业素养，形成自己的教学风格。

第一年，青春年少，却感触良多。

第一年，热情洋溢，又紧张生涩。

第一年，我们早走过，但记忆不褪色。

品味数学的真滋味

众所周知，数学，无论是以前还是现在，似乎已成为一些孩子和家长感到厌倦和恐惧的学科。原因只有一个——教学方法，因为数学本身是一门古老而成熟的学科，如果学生的基础没有问题，向数学的教学方法提出质疑和挑战就成了必然，我之以有这样的想法源于自己所执教的一节数学课。

记得2002年的暑假，我有幸跟随教科所的老师赴贵州市讲课，要讲授的是四年级的“小数的意义”一课，但由于教材不同，当地安排的是二年级的学生（由于是暑假已无法调换学生），而且，据说在一个班级内有好几个民族的学生，在平时的教学中，学生们基本上没有接受过关于合作交流、自主探索的训练。了解这些情况后，我真怕课会进行不下去，自己会在讲台上唱“独角戏”。但由于听课的老师和学生都等候已久，于是在快速地补充必备的基础知识后我便怀着惴惴不安的心情开始准备上课了。

由于二年级的小学生小组合作的意识与能力较差，因此，在课前谈话时我设计了一个快速记忆的小游戏，即大屏幕快速出现一组画面看谁记得又准又快，在轻松愉悦的氛围中学生很快就进入了状态，为了取胜，他们很快就想到了要依靠集体的智慧并最终探讨出了合作的技巧，几分钟的课前游戏既训练了学生，又拉近了师生的距离，同时还让我感觉到，这是一群聪明活泼的小家伙。

终于要正式上课了，我尽量放松心情，以“一支铅笔的标价是0.1元”作为切入点，提出“为什么1角钱还能用0.1元来表示呢?”这个问题，这是个学生常见而又没思考过的问题，学生很感兴趣，产生了强烈的求知需求。这时我不失时机地为学生提供了一张边长是10厘米的正方形纸，来表示1元钱，并请学生们用阴影表示0.1元。对于学生来讲，这是一个十分微妙的心智体验过程，几乎所有学生都是把纸条多次对折，发现这样不行，当有一个孩子想到先用尺子测量，再把纸条等分成10份后，所有孩子都恍然大悟，异常欣喜。通过画一画、折一折很容易理解了“0.1元表示1/10元”这一重点知识。

接下来的教学环节更加富有挑战性和开放性，对于学生的基础，我心里没底。如“1/100怎样用小数表示”，我并没有直接给出答案，而是让学生自己探索。这为孩子们提供了激发兴趣和创造力的平台，他们畅所欲言，而且都讲出了自己的道理，这不禁使我由衷地惊叹，感叹于他们对数学概念的理解和感悟之深刻，以至于我打消了课前的所有顾虑。接下来是让学生充分运用手中的学具数形结合创造小数，经历实践—探索—创造—再实践—再创造的过程。由形创造数、借助形理解数，在自由推进中认识小数，以利于学生对小数意义和计数单位的认识和理解。“你还能创造出更多的小数吗？用阴影在纸上表示出来。”我事先为学生准备的学具中有平均分成10份、100份、1000份和空白的正方形面积模型。面对挑战，学生又一次不负众望，合作小组内的思维碰撞，再一次体现了他们的聪明才智。当我接过那一双双稚嫩的小手交来的一张张充满智慧的作品时，我简直惊呆了，两位小数、三位小数、四位小数……甚至还有带小数，而且对数图对应意义解释得准确无误。那一瞬间我被感动的心情别人是体会不到的，我由衷地赞叹和佩服他们，我发现当抽象的概念变成活泼的活动，就会使这门学问变得生动、有趣，孩子们似乎已经将数学视为一种玩具，去触摸它，体会它，直至完整地理解了数学的原理和概念。看到他们眼睛里闪烁着的亮光，真让人兴奋。

通过面积模型的运用，学生的探究欲望得到了充分的激发，尤其是这些只有二年级水平的小家伙，其创造的才能得到了充分的展现。他们对小数意义的理解是自己完成的，在创造小数的过程中也创立了小数的书写规则。最后，我问道：“接下来大家还想研究什么数学问题?”这就更大限度地为学生提供了自主探索的时间和空间，有利于他们多方位、有创意地去了解数学的整体性。这就需要为学生提供足够的时间去思考，有了思考意识，孩子们就不会因为时间的流逝而放弃数学，而是对数学产生浓厚的兴趣，创造能力也会一发不可收拾。

短短的课堂40分钟，这些二年级的小学生完成了四年级学生才应掌握的知识，而且学得轻松、自然，在不断的创造和探索活动中，真正地亲近了数学，分享了快乐。因为至少在这一节课上，孩子们不是在学数学而是在做数学，就像在玩儿一样愉快地投入身心。如果继续鼓励他们自由地思考，我坚信，数学会发出更加灿烂的光芒。而这一切的感受都因为改变了过去“干讲枯练”的老路子，运用了数形结合、自由推进的教学方法。在遵循教学知识本身发展规律的同时，根据儿童学习数学的认知规律，尽可能地为学生构建开放的、具有一定思维跨度的知识体系。

也许现在看来这节课的教法早已不再新鲜，但我永远都要感谢它，感谢这些可爱的孩子们。因为他们带给我的是对数学教学的重新认识和思考，使我明确了数学教育改革的方向，这是数学这一学科和孩子们留给我的、一直铭记在心的珍贵礼物。真希望在我的数学教学中，学生们能感受到快乐，体会到数学带给他们的智慧风暴，真正品尝数学的味道！

我的阳光教育

张鲁红

名师简介

张鲁红，女，济南市南辛庄小学业务校长、数学教师。

人的天性之一是渴望得到认可，得到奖励。“数子十过，不如奖子一长。”赏识鼓励顺应了人的本性，能给学生带来成功感、满足感和荣誉感，能丰富学生的感情世界，使学生逐渐形成积极情感占主导地位的学习和生活态度。恰当地运用赏识手段，能够帮助学生建立和发展积极的自我概念，促进其心理的健康发展。

我曾经是一个活泼好动的女孩儿，儿时就喜欢在阳光灿烂的日子里与小伙伴们一起扑蝴蝶，放风筝，做游戏……我始终感觉，沐浴在阳光下的孩子，脸上闪着金色的光彩，唇边荡着灿烂的微笑，周身散发着明亮的活力，也带给周围的人春天般的温暖。这样的“阳光孩子”是可爱、幸福的。长大以后，当我成了一名教师，一个名副其实的“孩子王”后，我就立志让我的学生做“阳光孩子”，享受阳光教育。

回顾25年的课堂教学经历，曾经精心备过的课，至今记忆犹新；曾经教过的学生，至今魂牵梦萦。一切的一切都仿佛是一段段阳光灿烂的岁月，散发着春天的味道。将这些记忆与梦拾起来，细细品味，慢慢把玩，咂摸其中的滋味，这些经历处处闪烁着我曾经的梦想与主张——阳光教育。

要让学生做“阳光孩子”，教师就要首先做“阳光教师”。这方面我自感有得天独厚的先天条件，我生性活泼，爱说爱笑；兴趣广泛，能跳能唱；热爱学生，宽严有度，属于和蔼可亲型的女教师。我脸上经常挂着阳光般的微笑，孩子们一看到这微笑，立刻感觉跟我的距离拉近了许多，加之我柔和亲切的音色，让我的阳光值提高了许多，再辅以一颗未泯的童心和难得的童趣，就组合成了我这样一位的邻家大姐似的“阳光教师”（当然随着年龄的增长，这身份也在不断转变）。

河流渴望大海，骏马渴望草原，小鸟渴望蓝天，我的学生，他们在课堂上渴望什么呢？我想他们渴望的是心灵的自由，身心的放松。只有为学生创设让身心放松的学习氛围，让他们感觉到舒适，才能让他们在课堂上张开想象的翅膀，释放自身能量，充分挖掘自我潜能。当学生在课上对教师的提问作出错误的回答时，我会对他们敢于回答问题的勇气予以鼓励，随后将问题重述或追问一个简单些的相关问题，使学生减少因答错问题带来的窘迫，这样，也使其他孩子逐渐消除了对答错题的恐惧，从而更加勇敢、自信地在课上阐述自己的观点。当学生在课上提出稚嫩甚至可笑的问题时，我会充当一名最忠实的听众，在学生的嘲笑声中耐心听完孩子的疑惑，再转而向嘲笑的学生发问：“你听到是什么问题了吗？你有什么疑问吗？”大力表扬提出质疑的孩子有问题意识，敢于说出心中的小问号。只有在学习知识的道路上，勤于思考、敢于质疑的孩子才能走得更远。给学生讲爱迪生小时候的故事：“大发明家爱迪生小时候学习成绩很差，经常有一些在老师看来非常奇怪的行为和做法，因此在小学时被老师认为是‘弱智’，并让他母亲把他领回家去。有一次，到了吃饭的时候，仍不见爱迪生回来，父母亲很焦急，四下寻找，直到傍晚才在场院边的草棚里发现了他。父亲见他一动不动地趴在放了好些鸡蛋的草堆里，就非常奇怪地问：‘你这是干什么？’小爱迪生不慌不忙地回答：‘我在孵小鸡呀！’原来，他看到母鸡会孵小鸡，觉得很奇怪，总想自己也试一试。当时，父亲又好气又好笑地将他拉起来，告诉他，人是孵不出小鸡来的。在回家的路上，他还迷惑不解地问：‘为什么母鸡能孵小鸡，我就不能呢？’”通过这则故事，让学生懂得，现在我们眼中的“怪人”，将来的发展却不可预知。所以，不应嘲笑别人，而要做个会倾听、善于倾听的孩子。

正是因为有了这样的引导与纠正，在我所带的班级，孩子们形成了阳光般的良好学习氛围，孩子们在这样的环境中可以毫无顾忌与羁绊地展示真我，放飞真我，享受阳光的沐浴，做一个“阳光孩子”。

阳光课堂，就是要让小苗自主成长，就是要在课上给学生更多自主学习的机会，让他们动起来。

传统教学重视给予学生结论，忽视对知识形成过程的教学，习惯“授人以鱼”；而新课程改革对学生和教师的要求却恰恰相反，它要学生主动参与探究，把学生请进知识形成的过程，学会学习方法，即“授人以渔”。波利亚曾指出：“学习任何知识的最佳途径是自己去发现，因为这种发现理解最深刻，也最容易掌握其中的规律、性质和联系。”有意义的数学学习并非是学生被动接受信息的过程，而是一种再发现、“再创造”的主动建构过程。同时，儿童有一种与生俱来的、以自我为中心的探索方式。正如苏霍姆林斯基所说：“在人的内心有一种根深蒂固的需求——总想自己成为发现者、研究者和探索者。在儿童的精神世界中，这种需求特别强烈。”因此在教学过程中，教师要充分相信学生，发挥学生的主体作用，运用多种教学方法、教学手段，尽最大可能调动学生的各种感官参与学习过程，让每个学生通过动手、动脑重走一下数学家们探索数学之路，知道数学的“来龙去脉”；让学生在观察、操作、讨论、交流、猜测、归纳、分析、整理等“做”数学的活动过程中，提出数学问题，形成数学概念，获得数学结论，运用数学知识。

一、创设情境，激发学生“做”数学的兴趣

学生觉得数学枯燥无味，主要是由于数学是对客观世界数量关系和空间关系的一种抽象，因而理解和掌握起来有一定难度。心理学研究表明，学习内容和学生熟悉的生活背景越贴近，学生自觉接纳知识的程度就越高。因此，在教学中要尽可能让抽象的数学概念在生活中找到原形，使学生体会到，数学来源于生活，生活中充满着数学。在教学过程中，我有目的地引入或创设具有一定情感色彩的、以形象为主体的、生动具体的情境，以引起学生一定的情感体验，激发学生“做”数学的兴趣，同时让学生感受数学来源于生活，生活中处处有数学，从而培养学生的数学意识。

在教学“用两位数乘两位数的笔算乘法”时，我就挖掘生活中的数学素材，结合学校开展的“我为校园添光彩”的环保绿化活动，运用多媒体创设学生熟悉的生活情境导入新课，呈现数学内容，收到了良好的效果。一上课，我就利用多媒体播放了一段开展活动前“小记者”的调查采访

（内容是了解同学们对开展此项活动的想法和建议），熟悉的校园环境和一个个熟识的面孔立刻让学生回忆起发生在周围的生活事件，使学生“融入”现实生活，淡化了课堂教学的痕迹，促使学生尽快以活动参与者的身份进入角色。接着，屏幕上出现了大家的建议：每班种 3 盆花，每班种 5 盆花，每班种 10 盆，每班种 24 盆，每班种 38 盆等。同时，屏幕上还跳出活泼可爱的卡通人物“问题宝贝”，它对学生说：“根据大家的不同建议，你能算出我校 13 个班一共种多少盆花吗?”此刻，进入活动角色的学生已成为活动的主人，其主动性、参与性充分体现了出来。对于前三种建议，学生很快用口算的方法得出了结果，这样就巧妙地进行了一位数、整十数乘两位数的口算乘法的复习，为研究学习新知识做了良好的铺垫。从第四条建议开始涉及新知识——两位数乘两位数乘法的学习。此刻，教师就可以放开课堂，让学生在独立思考的基础上进行小组讨论，尝试运用口算、笔算等多种计算方法来解决问题。整个探究学习过程中，学生始终以活动参与者的角色积极参与探究活动，兴致都很高。这样结合学生身边的事情呈现数学内容，不仅增加了数学的现实性、趣味性，使学生体验到数学知识与日常生活的紧密联系，培养其喜爱数学、学好数学的情感，调动了学生学习数学的积极性，而且激发了学生进一步探究数学知识，“做”数学的兴趣。学生在主动发现问题、提出问题、探究新知识的过程中，亲身感受到数学问题的真正存在，进而培养、增强了他们的数学意识。

二、在“做”中探究数学知识

新课标指出，数学教学必须从学生熟悉的生活情境和感兴趣的事物中提供观察和操作的机会，使他们感受到数学就在身边，感受到数学的趣味和作用，对数学产生亲切感。建构主义认为，所有知识都是人们自身活动的产物，它强调主体的感知。每个人都有自己的数学认知结构，教师所教的数学，必须经过学生的主体感知和消化改造，使之适合自己的数学认知结构，知识才能被理解和掌握。加强动手操作，有利于发挥个体的主动性、独立性和创造性。在教学中，我尝试着让学生充分发挥和调动多种感官参与学习，经历知识形成的过程，在动手操作中探索数学知识，使学生从“听”数学转变为“做”数学，真正成为课堂教学的主人，成为学习的主人。

1. 在“做”中理解数学概念

数学概念是现实生活中的数量关系和空间形式在人脑中的反映，是进行逻辑思维的“细胞”，正确理解和掌握数学概念是学好数学基础知识的前提。很多学生数学跟不上的原因就是概念模糊，因为大多数数学概念都比较抽象，与小学生的认知特点存在着较大的距离。因此，数学概念的学习在数学教学中占有十分重要的地位。恰当运用直观形象的学具，让学生动手操作，可以让学生在“做”中由浅入深地形成和掌握数学概念。

在教学“小数的初步认识”一课时，我根据以往教学经验发现，如果没有具体的事物依托，学生理解小数就比较困难，很难掌握它的来历及意义。为此，我在教学中运用正方形学具数张（有的画着方格），让学生通过涂一涂、画一画，具体直观地认识、理解小数。首先让学生拿出边长为10厘米的正方形，告诉学生如果用这个正方形来表示一元钱，那么一角钱如何表示？学生动手操作后，接着追问为什么把这个正方形平均分成十份，其中的一份就可以表示一角呢？如果用一个数来表示你会吗？学生有的用分数表示，有的用小数表示。此刻，教师就可以针对两种不同的表示方法让学生分别阐述自己的理由，让学生明确，把整体“1”平均分成10份，既可以用分数1/10来表示，也可以用小数0.1来表示。这就使学生建立了分数与小数的联系，明确了两者之间的关系，从而进一步让学生思考——你还能想到什么？学生在正方形上涂出2份、3份等，分别用分数、小数两种形式来表示。在此基础上问学生——你还能写出不同的小数并讲出它的含义吗？这样就给学生提供了更充分的发挥空间，让学生凭借正方形学具，自己发现1.2、1.5、2.4等小数。由此，学生自己动手、动脑发现并掌握了知识。

2. 在做中探索数学公式

课堂教学要由教师讲授转向学生自主学习。有探索才会有创新，才能有成功的可能。在教“长方形的面积”一课时，如果直接将公式教给学生，让学生记忆公式，老师教起来的确十分轻松。但学生只知道死记硬背，不了解知识的由来，就不能灵活掌握知识。因此，在教学时，我利用学生课前准备的长方形，让学生用若干个面积为1平方厘米的小正方形来研究、探讨长方形的面积，在小组讨论的基础上再进行全班交流，充分挖掘学生潜力，让全班学生在动手摆的过程中经历长方形面积公式的探索过程，自己发现长方形面积公式。这节课通过学生自己动手摆、动脑思考、动口说，在多种感官的参与下，将数学公式（长方形的面积公式）自觉主动地纳入自己的数学认知结构，并在探究过程中体验到成功的快乐。

三、在“乐”中巩固数学知识

喜欢游戏是儿童的天性，游戏是儿童最熟悉且乐于参与的活动。他们在游戏中认识事物，并在其中汲取生长所需要的知识和经验。如果我们把游戏和教学结合起来，使其融为一体，相互促进，就会收到事半功倍的教学效果。

1. 在“玩儿”中内化知识

在课堂练习中，我采用以游戏为主的练习形式。在题型设计上打破旧的练习形式，进行适量增减和组合。将练习题分为基本题、综合题、拓展题，这样既照顾了大多数学生“吃得好”，又兼顾了优等生和学困生，使其“吃得饱”“吃得消”。分层练习使不同层次的学生都有了参与和展示自我的机会，然后根据不同层次的题型，采取不同游戏活动进行练习，如“开火车”“对口令”“智慧星”“聪明屋”“摘果子”“找朋友”等，这些游戏让学生在娱乐中获得了知识。如在教学“亿以内数的读法和写法”时，在练习中做“找朋友”的游戏，让学生在小组中互相出数，或出读法找写法，或出写法找读法，以巩固内化对亿以内数的认识。再如，在教学加减法的简便算法时，为了提高学生的解题能力，让学生做“优秀小医生”的游戏，把学生在练习和作业中出现的典型错误板书在黑板上，让学生当小医生诊断病情，并对症下药将错题改过来。这样，既激发了学生的学习兴趣，又防止了学生在单纯练习中产生疲劳、厌倦情绪，促进了学生之间的交流，使学生在“玩儿”中内化了知识。

2. 在“玩儿”中拓展知识

手是思维的镜子，是智慧的创造者，对知识的学习和掌握多借助于直观、形象的感性认识。所以，组织学生开展多种游戏，通过动手操作来拓展知识，密切数学与生活的关系，正是适应了这一认知特点。

在学习了长方形和正方形的面积后，在课堂上做“小巧手”的游戏，让学生利用4个面积为1平方厘米的小正方形摆一个长方形和一个正方形，并计算出它们的面积和周长，出现了下面的摆法（如图1）：

图1

再让学生用16个1平方厘米的小正方形摆长方形和正方形，计算它们的面积和周长，学生的摆法如下（如图 2）：

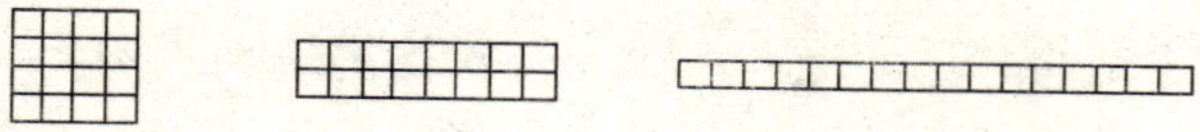

图 2

学生在亲自动手摆且计算后发现了两条规律：在面积相等的情况下，长方形的周长大于等面积的正方形的周长；等面积的长方形中，宽越长周长越小，反之周长越大。这样不仅让学生在游戏中巩固了长方形、正方形的面积和周长的计算公式，而且在动手动脑的过程中发现了课本知识之外的数学规律，这意外的收获令学生欣喜不已。

在教学面积单位后，学生虽然能够熟练地讲出面积单位，用手比画出 1 平方厘米、1 平方分米、1 平方米的大小，但是如果让学生估算课桌桌面、教室地面、黑板面等常见物体面的大小，学生往往不知所措，估算值往往与实际情况相差较大。为了让学生建立清晰牢固的空间观念，我充分发挥学具的作用，组织学生做“比眼力”的游戏。让学生用学具中的尺子，量自己熟悉的物体，并计算出它们的面积。学生们以组为单位纷纷进行活动，有的量尺子、橡皮、铅笔盒的面，有的量课桌、椅子面，有的量玻璃、门的面……教室气氛活跃起来。实际测量后再以组为单位开始比眼力，即由一组出题，指出要估算物品的面由学生竞猜，看谁的眼力好，估算值最接近的同学将为所在组加分，分值最高的组可以获得“眼力冠军”。学生对游戏的参与积极性较高，在玩儿中轻松愉快地对面积单位的进率、单位面积的大小有了牢固深刻的印象，并将所学知识与生活实际有机地结合起来。

数学知识的建构过程是一个循序渐进的过程。一种数学意义的形成需要数日、数周、数月甚至数年的时间，这就需要数学教师给每个学生提供充足的学习时间，重视学生经历、体验和探索的过程，鼓励学生动手实践，自主探索，合作交流，让学数学的过程成为“做数学”“用数学”和“再创造”的过程。

四、动在关键处

按照现代教学论的观点，数学教学不仅要让学生掌握数学知识的结论，还要让学生了解知识的产生过程。在课堂教学中让学生经历知识的产生过程与具体的实践活动分不开。让学生在数学学习中适时地动手操作，是发展其思维、培养其数学能力的最有效的途径之一。实施新课改以来，在课堂教学中让学生动手操作成了一种常规手段，但有时如果对操作的时机把握不恰当，就会适得其反。那么，什么时候让学生动手操作，即动在何时才有利于学生的数学学习呢？对于这一问题，我做了一些有益的探索，下面谈谈我的体会。

1. 动在释难处

到了四五年级，教材中的数学概念抽象性加剧，要真正让学生理解并内化为他们自己的知识，并非易事。尤其在理解概念中的关键词时，让学生运用具体材料动手操作，并结合他们的经验性知识，深入浅出地理解概念，可以使概念教学化难为易，收到良好的效果。

在教学“分数的意义”一课时，在进行“把许多物体组成的整体，平均分成若干份……”这一分数的意义教学时，执教教师就通过让学生动手操作学具，突破了这一教学难点。学生在四年级时已经学习了“分数的初步认识”，具备了“把一个物体平均分成若干份，表示其中的一份或几份的数叫分数”这一基础概念。但从把“一个物体”看作“单位 1”，拓展到把由“一些物体组成的整体”看作“单位 1”，并平均分成若干份表示其中的一份或几份，对学生来讲却是一个不小的跨越。为了完成这一跨越，教师为学生准备了小棒图、五星图和圆形图，让学生分别找出它们的四分之一份。学生通过动手分小棒、五星和圆形理解了，4 根小棒、8 颗五星、12 个圆形分别组成的整体，都可以看作“单位 1”，具体理解了把由“一些物体组成的整体”看作“单位 1”这一概念。学生又通过动手分 12 个圆形，平均分成 2 份、3 份、4 份、6 份、12 份，得到不同的分数这一操作过程，对“把由多个物体组成的整体平均分成若干份”这一知识点有了深刻的领悟，进而理解了分数的意义。

2. 动在解疑时

在数学教学中，学生会不经意间产生思维障碍，如果教师不能作出适时的反应，及时为学生清障，则会严重影响学习效果，甚至造成“颗粒无收”的后果。利用动手操作来疏通学生的思维障碍，可以使抽象的数学知识具体化、形象化，能有效地消除学生的思维障碍。

在教学“千以内数的认识”一课时，在认识了“千”这一计数单位，明确了“十个百是一千”后，执教教师利用计数器和学生一起数数，从 185 开始一个一个地往后数，当数到 189 时，教师放慢了拨珠速度，停下来问学生：“再添一个是多少？”“190”“290”“200”……不同的思考结果一一呈现，思维障碍产生了。此刻教师请学生上台演示，在个位再添一个是“十个一”也就是“一个十”，随着学生在计数器上将个位上的十个一抹去在十位上增添一个十，十位上呈现九个十，作出错误判断的学生恍然大悟，找到了自己的思维障碍，切实明白了“189”再添一个是“190”的道理。在后面的数序学习中，教师让学生利用计数器，从“985”数到“1000”，在动态的拨珠过程中，使学生突破了“999 再添一个是 1000”这一知识障碍。通过动手操作，数位之间的进率的知识得以领悟内化。

3. **动在拓展中**

在反馈练习中增加拓展练习这一层次，是数学教师开拓学生思维的惯用方法。学生在数学学习中只有不断地提高思维难度，不断体验“跳一跳摘到桃子”的快乐，才能在体味一个又一个的成功中，享受数学学习的乐趣。随之，学生思维的广度、宽度才能在不断拓展中得以向纵深发展。但有时拓展练习的难度之大，使学生感到难以逾越。这时，就需要通过设计适当的动手操作活动来降低难度，帮助学生顺利渡过难关。

在教学“重叠问题”一课时，教师在拓展练习中设计了这样一个练习：我们班共有 45 人，喜欢碰碰车的有 34 人，喜欢过山车的有 37 人，那么既喜欢碰碰车又喜欢过山车的有多少人？学生画出韦恩图，明确了“45 人”是“一共的人数”（即只喜欢碰碰车的人＋只喜欢过山车的人＋两样都喜欢的人数之和），题目所要求的是两样都喜欢的人数，即中间重叠处的人数，就要从“34＋37”中（这里把两样都喜欢的人数加了两次），去掉 45，就得到一个“既喜欢碰碰车又喜欢过山车的人数”。在动手画图过程中，学生利用直观图示理解了每个数量的含义，跨越了思维的隘口。

在数学课堂教学中，教师要在关键处让学生动手操作，运用多种有效方式帮助学生释难、解疑、开拓思维，才能让学生不断回味数学学习的快乐，使数学学习成为快乐之旅。

附：我的教育故事

叶的追求

1988 年刚刚参加工作的那一年暑假，是我有生以来感觉最漫长的一个假期。经过了实习的锻炼，我对拥有属于自己的班级、自己的学生充满了期待，所以假期中我一直盼望着，盼望早日见到自己的学生。终于盼到了开学，我被安排担任一年级二班的班主任，教语文课。56个小孩子成了我这个18岁“大孩子”的第一批学生。开学第一天，我热情洋溢地走进教室，开始上课，但台下56个小脑袋、56双小眼睛，似乎没有几个聚焦在我身上，有几个调皮的男孩子不时地捣乱，整个班级形同一盘散沙，热闹似自由市场，我虽满腔热情，却难敌学生的活泼好动。一天下来，我喊破了嗓子，瞪红了眼睛，这些“活宝们”却依旧我行我素。主任来听我的课时，一节40分钟的语文课只讲了一个声母。我当时特别沮丧，对于自己曾经憧憬的这份职业充满了厌恶，回家哭着对妈妈说：“妈，我不干了，我根本管不了这些听不懂话的孩子，哪怕去扫大街当一名清洁工，我也不愿当老师了。”妈妈是个好强的女人，她安慰我说：“谁天生就会呀！不会管学生就向人家学。老教师不喜欢别人听课，你就躲在人家班门口听呀！就不信你学不会！”

听了妈妈的话，我开始了自学之路，躲在王老师的班门口听课，藏在耿老师的教室窗外看她如何管理组织学生。我现学现卖，立即尝试着把学来的方法在班里用，后来终于能够正常上课了，随着我的管理经验不断增长，学生的学习状态不断好转。在这个转变过程中，“去扫大街”的想法也变成了妈妈调侃我的笑料，我终于顺利地步入了教师行列。

我曾以区语文中心组旁听教师的身份走进孙鑫老师的课堂，看这位我区小学语文界20世纪90年代的领军人物，在课堂上饱含激情地为学生范读课文，描绘情境，带领学生体会“骄傲的孔雀”如何傲慢，怎样读才能表现出它的傲慢……在孙老师的课堂上，孩子们不仅上课认真听讲，而且思维活跃，踊跃发言。孩子们在课堂上围绕着老师的问题，积极争论，精彩的回答不断涌现。孩子们的脸上洋溢着的学习成功的自信与渴求知识的热情深深打动着我，感染着我。孙老师把学生，也把我带进了语文课的美好境界。如果能够像孙老师这样上课，我的学生该多么幸福呀！我不禁因自己的教学功底薄弱，导致我的学生无法享受这样的学习而感到深深的自责和内疚！于是，每每听完孙老师的课，我回到班里的第一件事就是马上模仿，让我的学生在第一时间感受我的学习成果。就在这样一次次的模仿、一遍遍的修改过程中，我的课堂教学发生了变化。调皮的孩子在课上读懂了我提示的目光，能够尽快从“游离”状态转为“跟随”，更多孩子的眼睛开始聚焦到我的身上。我从台下56个孩子的眼中，也读到了他们对我的期待和对知识的渴求。这期待与渴求激励我开始尝试着自己设计教案，为我的学生创设一个可以充分展示自我、发展自我的空间。于是，《小白兔搬南瓜》《离群的小鸡》等一节节颇具看点和新意的看图说话课，在我与学生的默契合作下得到了其他教师的肯定和认可。同时，我也被选拔进入区语文中心组，成了一名正式成员，我渐渐进入语文课堂教学的美好境界。

1993年12月，我的女儿山山出生了。这个小生命的降临带给我巨大的变化。看着乖巧可爱的女儿一天天长大，学会笑，学会坐，学会爬，学会走路……一点点见证着山山从叫“爸爸”“妈妈”，到会说“蚊子飞来飞去”这样的短语。孩子在每个年龄阶段，都会有质的变化和令人惊喜的改变，任何拔苗助长的行为，都会令家长和孩子双方受伤。我也真正懂得了，儿童的成长是有规律的，每个孩子的发展都是不均衡的，绝非千篇一律。我真正懂得了多元智能理论，能够用一双做母亲的慧眼，发现曾经的“问题儿童”身上的闪光点，能够给予学生更多的赏识与鼓励。我学会了蹲下身子与学生平等交流，学会了站在孩子的立场思考问题，学会了宽容学生、善待学生，学会了“静等花开”。

课题实验为我提供了成长的契机。1996年，市教研室与市财政局联合开展珠心算实验研究，我荣幸地被选拔为区首位实验教师，也正是由于此项实验，我从语文学科转行任教数学。在市、区教研室领导及校领导的关心帮助下，我得以迅速成长。为了做好研究，我赴招远市学习取经，在学习掌握数学教学基本模式的同时，摸索研究珠心算实验的有效途径。1997年1月，在市珠心算实验观摩汇报会上我提供了一节优质课，在多次市级珠心算竞赛活动中获得“园丁奖”“教改实验先进工作者”“市优秀辅导奖”等。学校利用此项实验的成果带动了特色班、实验班的创办工作。我将此项实验的研究扩展为滚动实验，带动我校其他三位骨干教师参与此项实验，使近600名学生在实验中获益，取得了良好的社会效益。

开展实验的同时，我还要研究数学课堂教学。在这方面我是个新手，刚刚接触数学教学，真正感受到了“隔行如隔山”的道理。我的数学课“解决问题”教得像语文的看图说话课，虽然如此，我也没有放弃，努力跟随教研室的领导听课、磨课，利用各种学习机会向同行及教研室的各位专家、领导学习，获取最前沿的教学信息，不断完善课堂教学，力求创设个性化的课堂。在与学生的交流方面，我也进行了有益的尝试，让更多的学生能够喜欢上数学课，喜欢做数学练习，喜欢开展数学活动，让更多的学生能够“亲其师，信其道”。由于经过了8年的低年级语文课堂教学的锤炼，我具备了良好的语言表达能力和课堂表现力，这为我奠定了良好的发展基础，使我迅速地在数学课堂教学中获得发展。在1996年12月的区数学评优课中，我的“除法的初步认识”获得一等奖；接着1997年我被推荐参加市评优课，“时分的认识”一课获得市评优课一等奖；同年7月代表济南市参加了省数学评优课，“0的认识”一课获得省二等奖，我也被评为“区百佳教师”；1998年获全国电教年会现场观摩课一等奖，被评为“市教学能手”；1998年、2001年、2003年，3次被评为市小学数学学科带头人；2010年被评为市首批名师。在教学上的发展，既得益于自身的积累，更得益于参与教科研，并因此抓住机遇，成就了自我。

在业务能力和管理能力得到锻炼的同时，我也逐渐成熟起来，担任了一些管理工作。从教研组长、级部组长到大教研组长，一步一个台阶，接受着不同层次的锻炼。2002年，在学校领导和教师们的信任下，我被安排到教导处工作，分管数学教学及德育工作，在带好自身教学班的同时还要完成从管理学生到管理教师的角色转变。在这期间，我本着人文管理的原则，抱着以身示范，与教师同甘共苦，为教师服务的想法，运用以老带新、以点带面的方法，开展教学研究工作。在每学期教学工作计划制订前，与教师们共同商讨，以保证其切实可行。实践中，在率先垂范的基础上，我充分发挥大组组长、教研组长及骨干教师的辐射作用，以一轮好课、新课程研讨课、学片评优课等各种形式的观摩研讨课为平台，展开课堂教学研究，将“做数学”思想及新课程理念物化为一节节充满生机活力的研究课。听课后的互动式评课、教学反思、教学实录及质性评价的撰写，使教师实施新课标的能力有了不同程度的提高。

2005年9月，我被调到济南市南辛庄小学担任业务副校长。在德兴的那段日子让我长大，来到南辛，我又开始接受不一样的挑战。由于刚刚转换角色，总感觉热情有余而经验不足，工作中总会有很多不尽如人意的地方。但南辛庄小学老师们体贴、谅解的微笑，大大增强了我做好工作的信心。有了大家的关心、支持与帮助，我工作并快乐着，忙碌并收获着，其间开展了以“我讲我的教育教学故事”为主题的校本研修，为教师、学生搭建了学习交流展示的平台，促进了良好学习氛围的形成。从2006年到2012年，学校4次被评为“槐荫区教育教学先进学校”，耿霞老师获得全国教师技能大赛一等奖，王哲老师获得省教师素质大赛一等奖，于洋、米文梁两位教师分别获得省评优课一等奖，孙文艳老师入选“济南市最美教师”……看到老师们的成长，我的工作热情更高了。

回想教学生涯中的坎坷、喜悦与收获，我深深地感悟到：“爱孩子使我选择了教师职业，热衷观察研究教育现象、反思探讨教育问题是我工作的动力，真诚待人、踏实做事是我工作的原则，与同事互帮互助、和谐相处、共同进步是我快乐的源泉。”在同伴的关爱鼓励下，我将一如既往，同他们一起完成我们苦心经营的爱的事业，实现我们共同的追求。

数学思想和方法指导下的数学学习

刘家华

名师简介

刘家华，男，山东省济南市济微中学教务处主任。

对于数学中的“双基”，首先关注的是记忆。如同背诵语文教材上的文章一样，数学同样需要记忆。只有拥有良好的数学记忆，才能深刻地理解数学知识。理解实际上就是记忆的总和。学生只有注重记忆才能通向理解，形成理解，才能逐渐形成数学的直觉思维，而直觉思维是数学学习中最重要的思维方式之一。

作为从事一线教学的数学教师，多年来我一直致力于中学数学教学与数学学习的探索与研究，在2001年山东省数学年会上我就提出学生数学学习困难的原因主要有：(1) 学生的数学语言不过关；(2) 不具备一定的数学思想和数学方法；(3) 没有掌握一定的数学思维方式；(4) 没有完整的知识体系；(5) 没有关注自身的认知实际和认知心理。特别是数学思想和数学方法，对于指导解题、提升能力、避免解题的盲目性和题海战术，具有重要的作用。在强调素质教育的今天，可以说加强数学思想和方法的教学就是素质教育的突破口。

一、 数学思想和方法的意义

钱佩玲教授在《数学思想方法与中学数学》一书中指出，数学思想方法作为对数学知识的本质认识，是从对数学内容和知识认识过程中提炼出来的数学观点，是对数学规律的理性认识。它在认识活动中被反复运用，带有普遍的指导意义，是用数学解决问题的指导思想。数学思想和方法是紧密相连的，一般说来，强调指导思想时称为数学思想，强调操作过程时称为数学方法。

二、研究数学思想方法的目的和意义

钱佩玲教授对数学思想方法的意义有明确的阐述：数学思想能使人们领悟数学的真谛，懂得数学的价值，数学方法能帮助人们学会用数学思考和解决问题，两者结合起来，能把知识的学习和能力的培养、智力的发展有机地联系起来。这就是人们重视数学思想方法的原因所在。结合现代数学教学和学生的数学学习，具体讲来有以下几点：

（一）课程标准的要求

《义务教育数学课程标准（2011 年版）》在课程目标中的总体目标明确提出：通过义务教育阶段的数学学习，学生能够获得适应社会生活和进一步发展所必需的数学的基础知识、基本技能、基本思想、基本活动经验。将数学思想方法作为学生必备的基本能力，将数学思想方法的教学放在了突出的地位。

（一）处理数学问题的指导思想和基本策略

数学思想方法不是显露在教材文本表面上的，而是隐含在数学概念、法则、公式、定理等知识中，它要比一般的数学显性知识更深刻，更具有概括性和抽象性。只有在教学中引导学生理解和掌握以数学知识为载体的数学思想方法，坚持数学思想方法的教学，从知识和思想方法两个层面上去组织教与学，才能使学生逐步理解数学规律，真正把握数学的通性通法，真正提高思维水平，懂得数学的价值，建立数学观念，从而发展数学、运用数学，最终达到提高学生洞察事物、寻求联系、解决问题的思维品质和各种能力的目的。这也是现代教学思想与传统教学思想的区别之一。

（三）有利于学生数学能力的提升

数学思想方法作为对数学知识的本质认识，是从对数学内容和知识的认识过程中提炼出来的数学观点，是对数学规律的理性认识，它所具有的结构化、模型化的特点，对学生解题具有很强的指导性（这与传统数学教学通过例题、题型来对学生进行指导有着本质的区别），是数学解题的指导思想和一般方法。加强数学思想方法的渗透，能从根本上提升学生的数学能力，特别是学生的数学分析能力和解题能力。

（四）有利于学生建立良好的认知结构

加强数学思想方法的学习和领悟，能让学生使所学的知识点不再是零散的知识点，所掌握的方法也不再是解决问题的刻板套路和一招一式，能帮助学生形成较为有序的、完整的知识链，能使他们将所学的不同类型的知识甚至是零散的知识统一起来，构建良好的认知结构。这对提升学生能力，培养学生的数学素养，从整体上、本质上掌握数学，具有非常重要的作用。

总之，数学思想方法是数学的灵魂，是数学教育价值的根本所在。“注重本质，淡化形式”应该是现代数学教育教学的一种共识，表现在课题教学上，即加强从知识和思想方法两个层面上进行教学，使学生真正认识数学的本质，进行有价值的学习，把知识结构内化为自己的认知结构。另外，数学学习不同于物理、化学等学科的学习，它不是依赖于大量的实验，而是主要依靠合理的思维。因此，加强数学思想方法的教学，是唯一能提高学生寻求知识间联系的能力、建模能力和解决问题的思维品质的最有效的途径。教师应进一步在教学中加强数学思想方法的渗透，在每一个环节的总结中，都要对前面讲过的知识点进行数学思想方法的提炼，同时，在教学中要有意识地利用数学思想方法分析和解决问题，逐步让学生感悟到数学思想方法在解题指导方面的重大作用，促进学生对于数学思想方法从盲目的、不自觉的应用向有意识的、自觉的应用转化。本文就从字母表示数——代数思想的教学阐述了用字母代替数的数学思想方法（代数思想）。

三、 处理好几个飞跃

从小学到中学对数学的认识、学习和教学，必须要处理好以下几个飞跃：

从算术到代数，即从具体数字到抽象符号的飞跃；

从实验几何到推理几何的飞跃；

从常量到变量的飞跃（函数概念的形成与发展）；

从平面几何到立体几何的飞跃；

从推理几何到解析几何的飞跃；

从有限到无限的飞跃。

对于从具体数字到抽象符号的飞跃，实际是用字母代替数的思想方法的体现，这是中学数学最基本的思想方法之一，也是中学数学教学的重要目标之一，这是发展学生符号意识的基础。新的课程标准对学生的符号意识有明确的要求：符号意识主要是指能够理解并且运用符号表示数、数量关系和变化规律；知道使用符号可以进行运算和推理，得到的结论具有一般性。建立符号意识有助于学生理解符号的使用是数学表达和进行数学思考的重要形式。

（一）在中小学培养学生的数感，为用字母代替数字奠定了原始基础

新课标指出，数感是人对数与运算的一般理解，这种理解可以帮助人们用灵活的方法作出数学判断，用有用的策略解决复杂的问题，所以数感要求学生具有应用数字表示具体的数据和数量关系的能力。另外，数感还要求学生具有选择适当方法的能力，即具有依据数据进行推理的能力，特别是依据数据进行推理并选择适当的方法，这是从具体情境中抽象出数量关系和变化规律并用符号表示的前提，这些都为用字母代替数字奠定了基础。

例如，在数感指导下的学生对解题方法有更多的选择。

例：已知六边形 $ABCDEF$（如图 1）的六个角都是 $120°$，且连续四边 AB，BC，CD，DE 的长依次为 1，9，9，5，求此六边形的周长。

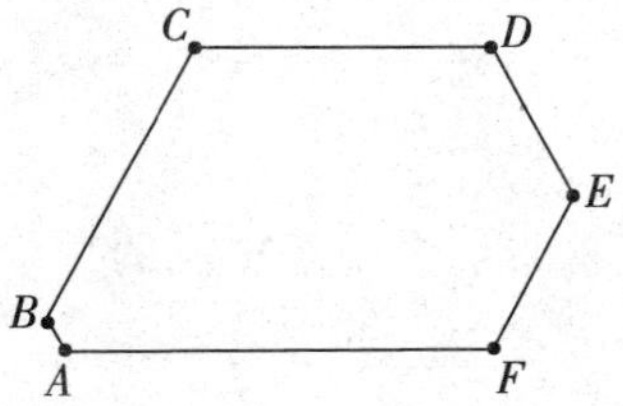

图 1

分析：由题目提供的数据，六边形 $ABCDEF$ 的六个角都是 $120°$，易想到 $60°$，由此想到等边三角形。因此，问题解决可能要构造等边三角形，从而想到以下的几种解法：

解法 1（如图 2）：将六边形 $ABCDEF$ 补成正 $\triangle GHI$，则正 $\triangle GHI$ 的边长为 19，可得：$EH=EF=FH=5$，$AF=13$，

则六边形 $ABCDEF$ 的周长为 42。

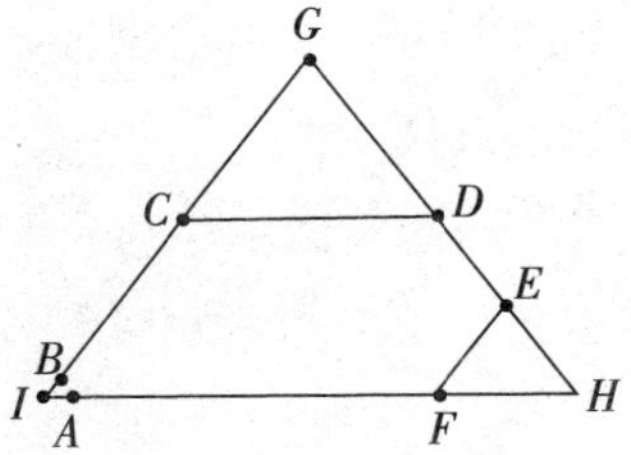

图 2

解法 2（如图 3）：将六边形 $ABCDEF$ 补成等腰梯形 $CDHI$，

则 $CI=10$，$CD=9$，$DE=5$，$EH=EF=FH=5$，

则 $IH=CD+DH=19$，$AF=13$，

所以六边形 $ABCDEF$ 的周长为 42。

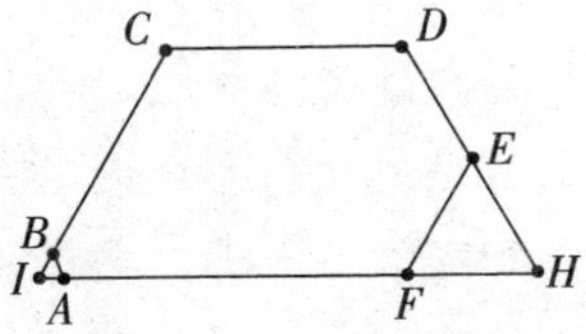

图 3

解法 3（如图 4）：将六边形 $ABCDEF$ 补成平行四边形 $CGFI$，则可得 $CG=IF=14$，$DG=DE=EG=5$，$IC=FG=10$，$EF=5$，$AF=13$，

所以六边形 $ABCDEF$ 的周长为 42。

另外，还可以用割的方法。

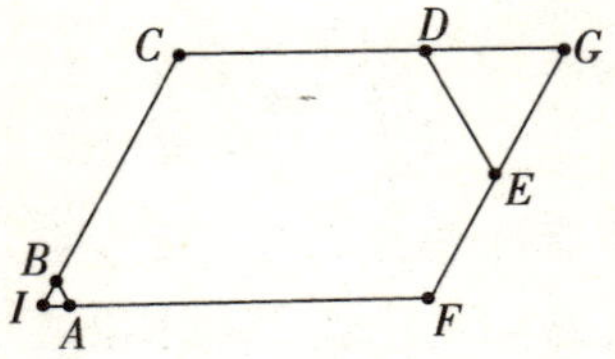

图 4

（二）用字母代替数字，遵循了循序渐进的原则

各种版本的教材在这一理念的指导下，也分学段对字母代替数字的思想方法进行了渗透。从最开始的字母表示数，到字母表示元、表示待定系数、表示代数式、表示函数，用字母表示规律（运算定律、计算公式、认识数式通性的思想）等，可以说是它奠定了数学（特别是代数学）基础。因此，用字母代替数的数学思想方法贯穿于整个数学学习过程。学生从小学就开始接触，这是学生接触到的较早的数学思想，也是初等代数以至整个数学学习中最重要、最基础的数学思想。具体说来，小学数学用字母代替数字，初中数学各种量、量的关系、量的变化以及量与量之间的推理与演算，都是以符号形式（包括数字、字母、图形和图表以及各种特定的符号）来表示的，即形成一整套形式化的数学语言。随着学生掌握的数学知识越来越多，所接触的数学知识越来越复杂，用字母表示数的作用也就越来越重要。从字母表示数，到字母表示元，实际上，数学中的许多内容，如方程、函数、集合、解析几何等都是对字母代替数的思想和方法的推广。

小学算术教学中，就大量蕴含用字母表示数的思想，如在教材的编制和问题的设计中，先让学生通过一些具体的数值寻找规律，然后用字母表示所归纳的规律，让学生逐步认识到用字母表示数具有问题的一般性，感悟用字母表示数的思想。

例：1 只青蛙 1 张嘴，2 只耳朵 4 条腿；

2 只青蛙 2 张嘴，4 只耳朵 8 条腿；

3 只青蛙 3 张嘴，6 只耳朵 12 条腿；

……

如果继续往下读，永远也读不完，你能不能用一句话，使用一个字母把这首读不完的儿歌表示出来？

问题的设计看似简单，实际上蕴含了重要的思想方法，即通过对具体数字的不完全归纳，找到规律，用字母表示，这既体现了由特殊到一般的

思想，又充分渗透了用字母代替数字这一重要的符号化思想。

用字母代替数尽管学生在小学早已接触，但它仍是初中学生接触到的比较早的数学思想，这是“算术”到“代数”的一次飞跃。随着知识的深入，学生的思维方式也逐渐由单一型向多维型转变，可以说他们考虑问题的方向转向了思维的严谨性，对于他们来说，字母表示数有了更为广泛的意义和要求，实现了用字母代替数的数学思想方法与其他数学思想方法的有机结合。

（三）用字母代替数字，有利于数学语言的训练

作为数学研究的对象，知识不只是以普通的自然语言的形式被描述，而应进一步形式化、符号化，特别是现代数学，每抽象出一个数学概念，都要赋予其符号意义。因此，数学学习从某种意义上讲就是学习一种有特定含义的形式化、符号化的语言，以及用这种形式化、符号化的语言去描述、解释、解决各种问题。这种形式化、符号化的语言，实际上就是我们常说的数学语言。数学语言主要指符号语言、文字语言和图形语言，在数学学习中，学生不仅要清楚符号语言、文字语言和图形语言，发挥符号语言、文字语言和图形语言各自的功能，同时要关注它们之间的联系与转换，从而真正实现对数学知识的理解与掌握。用字母代替数的数学思想就是顺利进行符号、图形和文字的转换的重要基础。前面已经谈到，学生数学学习困难的主要原因除了缺少直观感觉外，还有数学语言不过关，表现为数学语言的表达、语义转换能力薄弱，从而造成思维的困难，影响思维的准确性，容易使学生解决问题时套用相近知识，出现错误。另外，符号化、形式化作为数学的显著特点，也使学生感到数学非常抽象、难以理解和接受，从而造成数学学习的被动，失去数学学习的信心。

系统理解字母表示数，有利于数学语义解释和转换。

例：

（1）a^2+b^2 表示的是 a 与 b 的平方和，当 a、b 是正数时，还表示以 a、b 为直角边的直角三角形斜边的平方；

（2）$|a-b|$ 表示 a 与 b 差的绝对值，又表示数轴上点 a 到点 b 的距离；

（3）$\dfrac{f(x)-a}{g(x)-b}$ 从函数的观点看，表示关于 x 的分式函数；从解析几何的角度看，又表示过点 $[g(x), f(x)]$ 和 $(-b, -a)$ 的直线的斜率。

数学的每一个知识点，都蕴含重要的数学基本思想方法，没有脱离数学知识的数学思想方法，也没有不包含数学思想方法的数学知识，所以教学中，教师绝不能只注意数学知识的学习，而忽视了解决问题的思想方法。作为数学老师，要注重对数学知识中数学思想方法的挖掘、渗透和生成。但在当前的数学教学中，数学思想方法的渗透却常常被淡化与忽略。在数学思想方法的渗透方面存在着两个方面的不足：第一，老师没有注重挖掘教材中所隐含的数学思想方法。老师在备课中加强了对教材知识点、学生的知识迁移（课前反思）、教法等教学常规的研究，但对数学思想方法缺乏深层次的思考与认识；第二，数学思想方法的渗透不到位。教师在教学中提到所用的数学思想，但只是停留在对数学思想方法的解析上，蜻蜓点水般地向学生点明了所用到的思想方法，而忽略了对数学思想方法的概括和探索推理活动，从而造成学生对思想方法的认识只停留在浅层次上，不能将其上升为一种意识，使学生学习产生盲目性。

例如，在“有理数的减法”一节课中，老师设置以下几组练习：

计算：

(1) (−32) − (+5)

(2) (+7.3) − (−6.8)

(3) (−2) − (−2.5)

(4) ｜2−2｜

(5) (−1/2) −1/4

提出问题：是否所有的有理数减法都可以转化为加法？

学生通过运算，在教师的引导下，得出计算法则：$a-b=a+(-b)$。问题到此结束。且不谈在一组练习后提出的问题是否科学，从知识点的展示看，这组习题实质上体现了数学知识与数学思想方法的有机结合，一方面体现了由特殊到一般的数学思想，另一方面隐含了重要的归纳法和用字母表示数的思想方法。这就需要教师加强对教材的挖掘，有意识、有目的地从数学内容中引导学生去发现、去感悟，从具体事例和事实中抽象、概括，并加以拓展与延伸，及时渗透，提升理念；需要老师深刻理解教材的编写意图，深刻领会教学内容的实质，挖掘蕴含在知识内部的思想方法，并在备课、教学中强化这种思想方法。

用字母表示数是从算术到代数的重要转折点，但是，它的学习是建立在算术学习基础上的，所以教师（包括小学教师）应当通过具体的数字运算，让学生观察、总结规律，形成对“用字母表示数”的必要性的认识。

总之，要学好数学，首先必须要掌握好用字母代替数的数学思想。让学生感受到用字母表示数的重要意义，将会非常有利于学生数学能力的后续发展。

附：我的专业成长故事

上帝之手的馈赠

1988年9月，我带着初为人师的自豪感走上了工作岗位。说实话，刚踏上工作岗位，我心中除了有一种自豪感外，还有一丝失落感，因为毕业后我本应被分到二机床集团公司职工大学，却阴差阳错被分配到了子女中学。作为那个年代的本科生，从事初中教学，心里确实有些不甘，同时也自我感觉到以自己所具备的数学专业知识和能力，从事初中数学教学应该绰绰有余。因此，刚参加工作的时候，我并没有将精力放在对教学的研究上。直到1989年年底，学校推荐我参加市公开课，当时我对这件事没有足够重视，所以准备得也不是很充分，基本上就按照自己在学校上课时的状态上课了，结果很不理想。我看到听课老师听别的老师上课时的聚精会神和听我的课时的不屑一顾的表情，第一次感受到自己教学水平与教学技巧的欠缺，第一次深切认识到，更做好教学工作只具备丰厚的专业知识是远远不够的。

从那时起，我将自己的教学回归到原点。在虚心向其他教师学习的同时，几乎将所有的精力都放在了对教学的研究上，我每年都订阅许多数学教学报刊，像《中学数学教学参考》《中国教师报》《中学数学教育》等。多年来，学校图书馆一直是我去的次数最多的地方，只要是与数学教学研究有关的书籍，我都会去浏览，对有价值的内容做好笔记，对先进的教学方法有意识地在教学中进行实践和反思，努力寻找适合自己与学生的最佳教学方式。另外，由于我所在的学校是一所厂办学校，受企业管理与运作模式的影响较大，我感觉教育教学与企业管理之间应该有一定的联系，所以1989年我报名参加了北京社会函授大学的市场管理与营销专业。在3年的学习中，我一直有意识地用所学的市场营销知识指导自己的教学，这为我形成自己独特的教学风格奠定了基础。

随着对教学的理解、反思和体会，曾经有一段时间，我感到自己的教学似乎进入了一个“瓶颈”期，教学方法与策略很难有新的突破，这使我逐渐认识到，要想提高教学质量，只是依靠专业知识、教学经验的积累是远远不够的，必须要用先进的教学理论与理念来引领自己。因此，在教学的同时，我又有意识地加强了教育理论的学习。十几年来，我阅读了涉及教学论、数学哲学、数学思想方法等方面的教育理论书籍。虽然学起来有很大困难，也不系统，但是我努力结合自己的教学实践来理解、体会所学的教育理论，力争用理论指导自己的教学。不懈的努力与积累，使我对教育理论和先进的教育理念有了较为深刻的认识。

多年来，我一直负责学校教科研工作，在工作中也深刻感受到教育科研对提升教师专业水平的强大作用。为提高自己的教科研能力，1994年，我参加了省“九五”重点课题“初中数学难点教与学研究”。2004年至2011年，我参加并主持教育部重大课题“Z+Z智能教育平台运用与国家数学课程改革的实验研究”、省“十五”重点课题“促进学生发展的数学学习评价的研究”以及“ACTS”“课堂教学引入”等课题的研究。期间所撰写的《教师教学手段的更新》《如何进行校本教研》《理性对待新课改》《如何进行专题讲座》《新课程标准下的数学中考分析》等十几篇论文分获教育部一、二等奖，国家教育协会一等奖，其中一篇被人民日报出版社出版的《中国当代教育思想宝库》收录，有两篇被人民教育出版社的《教研年鉴》收录，5篇论文成为学校、区教师培训的材料。2012年，我又主持了省“十二五”重点课题“基于标准下的九年一贯制课程资源整合整体研究”。对教学的深入研究，极大地促进了我专业能力的提升，我被评为济南市首批“百佳教科研骨干教师”，多次获教育部优秀指导奖。另外，在2001年山东省数学年会上，我作为中学界唯一一名代表进行了发言，其中谈到的两个观点“中学数学要加强数学思想方法的教学”“中学数学教学要加强数学思维方法的渗透”，得到了与会专家的一致肯定与好评。

实际上，十几年来，我一直在潜心研究中学数学思想方法，并努力探索用数学思想方法指导数学教学的路子。为此，我系统学习了钱佩玲教授的《中学数学思想方法》等十几本书籍，在教学中努力探索用数学思想方法指导教学，形成了具有独特风格的教学方式，对市区数学教学产生了一定的影响。另外，我还一直加强对中学数学思维的研究，多年前就一直坚持中学数学教学应建立在学生的认知基础上、数学教学与思维要建立在学生的实际（生活）认知思维之上的观点，所以我提出了“数学思维生活化”

的观点，并在全国数学建模研讨会上进行了展示，受到专家的一致肯定。

在成长的过程中，我得到了很多专家和同行的帮助，其中对我影响最大的有两位老师，一位是济南市数学教研员曾美露老师，是她引领我走向课题研究，引领我走出校门，使我能有机会与专家进行交流。另一位就是天桥区数学教研员李元庆老师，作为一位治学严谨、勤于研究的数学前辈，从他身上我学到了如何对待数学教学与研究，特别是2002年与他的一次交流，改变了我对初中数学的认识。当时我们在设计一个关于动点的题目，李老师站在高中甚至大学的高度对题目进行了设计与验证，这给了我很大的震撼，我认识到中学教师的眼光决不能局限在中学，而应该放眼更高的层次。从那时起，我又重新拿起了高中和大学的数学教材，以一种以如何更好地进行中学数学研究为出发点的眼光重新学习，这极大地提升了自己的专业研究能力。

为提升自己的专业能力，我还抓住一切机会丰富自己。2002年和2008年，我参加了济南市中考数学命题；2007年，我被吸收为全国中考命题评价小组济南地区成员，参加了由华东师范大学张远增博士主持的全国中考数学试题评价的工作；近几年，我先后参与了《初中数学难点教与学》《数学学习检测》《名师伴你成长》《问题引领》等12部书籍的编写，并分别担任其中3部书籍的主编、副主编；2008年至2009年，我多次受到美国康州大学电话与邮件专访。2009年，我被聘为山东省课程专家，被评为“槐荫区名师”并在槐荫区教师素质大赛中获一等奖；2011年、2012年，我分别到山西省、山东省德州地区进行讲学和学术交流。

英语课程带给我的深度思考

姜祯

名师简介

姜祯，济南第二十中学英语教师。

英语是“属于任何一个不管是出自何种目的或需要而使用它的人”的。我的英语教学也时时刻刻在向学生传递这样的思想和认识。我们的英语教学如何面对学生，以及怎样让学生接受英语这门课程、接受英语这门语言？不拘泥于形式甚至内容，按照学生的理解和喜好去说他们自己的英语，作为教师要欣赏这种毫无规律的尝试和探究，要看到其中最可贵的兴趣和热情。

一、一节美术课带给我的启示

学校的课堂向每位教师敞开，让我有机会可以听到不同科目和不同风格的课。一次听美术课，跟我同姓的姜老师走进教室，没有过多的交代，打开多媒体，让学生观看视频——时尚“文艺”之都米兰。解说的声音悠然响起，精美的图画跃然在眼前……米兰大教堂，米兰时装周，米兰花样市场……米兰的美如涓涓细流，沁人心脾。我不由感叹，上美术课真是一种享受——各种美的享受。而且我注意到因为这段视频是国家探索频道出品的，解说也是全程英文，学生顺便可以练练听力、学英语。不知不觉中，姜老师已经坐在我的身边，他打开话匣子：“怎么样，能听懂吧？”“还可以。”我答。“英语对我来说真的是个短板。但英语对于学美术、学艺术的人来讲实在是太重要了，真后悔当初没学好英语……”他在讲这些话的时候目光中带着无奈和期许。这样的说法我是第一次听说，按照我的认识，艺术生的文化课成绩都是相对薄弱的——只要具备艺术方面的天赋和相当的专业水准就可以了，至于语数外等学科，好像不需要太高的分数——画画难不成也要用到英语？“眼界和视野，”姜老师接着说道，“像眼前这段视频，你能听懂当然也就可以即时了解你看到的细节，听不懂的就只能参照中文翻译——但原汁原味的介绍和翻译过来的总是有些许文化和地域上的差异——而敏感的艺术也往往会因为这样的差异而剑走偏锋。再有，我的作品现在也有被国外画廊看中的，但在与他们沟通的过程中我觉得确实有点儿吃力，没有英语做桥梁，我的创作思想、理念和意图无法准确表达，连作品简介也很难和我的创作初衷相一致。”

英语何时变得如此重要了？听了他的话，我脑海中突然冒出这个问题。回想工作以来，因为英语带给我的“仰视”的目光还真是不少——国外友好学校校长造访，我担任翻译；学校情况简介以及校园内的双语标识牌，我来翻译；甚至在路上碰到老外问路，我也可以轻松自如地接过话茬，当回讲洋话的活雷锋。英语在不知不觉中为我打开另外一扇窗——这也许就是姜老师提到的眼界和视野吧。这些也影响我，使我逐渐形成对待英语的认识和态度，借用专家们总结的论述——英语已经演变成了人们了解世界、开启机遇大门、吸收新思想的一种工具，成了国际交流所通用的语言，这门语言正在消除其自身的政治和文化含义，使越来越多的人认识到它已经不再专属于谁或哪个国家，而是“属于任何一个不管是出自何种目的或需要而使用它的人”。

这些话其实并不高深，记得我在上海学习的时候，就看到五星级酒店外卖羊肉串的小商贩，在阑珊的夜色下用很不标准但非常熟练的英语，拉拢来自北欧或者是西伯利亚的彪形大汉参与他“吃10串”赠1串的活动。当然，这种现象在北上广这样的城市也算不上稀奇，很多年前北京秀水街的商贩就已经能用英语跟老外们讨价还价了。那么济南这样的城市呢，什么时候也会出现这样的景象呢？应该很快了吧。

基于此，我的英语观念变得非常明确——英语就应该是为我所用的工具。而我的英语教学也时时刻刻在向学生们传递这样的思想和认识。记得刚接手眼前这个班的时候，我为学生们准备了一段访谈——伦敦奥运会帆船激光镭迪尔级女子单人艇世界冠军徐莉佳的专访。访谈中主持人提到：

“你们每年参加很多大赛，与裁判肯定少不了打交道，会有专门的翻译就比赛中出现的一些状况与裁判交流，甚至申诉吗?”徐莉佳说：“我就是那个专门的翻译啊。”然后她现场用英文对一段比赛画面进行了解说。主持人对她的英语水平感到非常惊讶，一个天天高强度训练的运动员哪有时间学英语呢?“因为需要”，徐莉佳这样回答。是啊，什么时候学生觉得学不会或者学不好英语，不能将英语真正为我所用，那是吃了大亏的，那时他们会更深刻地意识到英语为生活所必备。

二、 板球教练翻译的经历

局里通知我去临时客串板球教练翻译的时候，我真是有点茫然。其实学英语的人都知道，专业英语是分得非常细的——有专门的科技英语、文教英语之类。我，一个义务教育阶段的中学英语教师，真的从来不曾涉及这么专业的英语——更何况还是一个我从来没有接触过的项目——板球。如果说足球、篮球或者乒乓球这些比较熟悉的体育项目，我还可以根据自己的理解进行翻译，但对板球我基本上是一无所知。另外还有两件让我茫然的事情——一是这名教练是巴基斯坦人，跟我一样，母语不是英语，这就意味着我们两个外国人要通过英语交流——在口音、语义甚至是风俗习惯上都将有很大差异；二是这位巴基斯坦著名板球教练此次来我区的任务是培养我们自己的首批板球教练，这就是说各个学校的体育老师同样对板球一无所知，没有人会在板球专业方面给我提供建议和帮助。一个对板球一无所知的翻译要转述一个带有巴基斯坦口音的板球教练的各种英文指令和专业术语，教会在板球方面同样空白的体育老师成为我区甚至是我市首批板球教练——我肩上的担子太重了。

尽管在开始兼职经历之前我在网上查阅了大量资料，对板球运动有了一个初步的认识，也提前预想到很多困难和让人措手不及的事情——但兼职经历开始之后，有些问题还是让我在众人面前献了丑——专业术语解释不清，动作要领翻译不到位，最主要的是巴基斯坦式的英语我有时真的听不太懂，需要教练耐心地复述。好在两个说英语的外国人都不嫌弃对方——甚至都非常理解对方，毕竟不是自己的母语，说成什么样子，翻译到什么程度都是可以接受的。两周下来，我们两个连比带划猜测地教出了十几位板球教练，同时也建立了深厚的异国兄弟情谊——槐荫区的学校板球项目由此起步，并在接下来的两年时间里就有学校代表队登上了全国的最高领奖台。

这件事至今给我留下深刻的印象，而且由此也进一步引发了我对英语学习更加深刻的思考。首先，有没有标准的英语，标准英语于日常交流是否意义重大？一直以来，中国的英语教师所持有的以英式英语或美式英语为唯一正确英语的观念，指导教师们在英语教学中偏重的是教授语音、词汇和语法。这样的结果就是学生虽然可能掌握了可观的词汇量，并对语法规则倒背如流，但在实际交流中却往往不能正确地应用所学知识。后来，“以听说带读写”的教学法一直延续至今，但是从教学实践来看，这两种方法的结果基本上是一样的。最近又兴起了学案教学——以知识点为线索引导学生掌握词汇、语法等内容，并伴有大量的练习题，同时就一些知识点提倡学生主动探究和小组合作。但这样的做法将英语教学几乎完全引向了应试教育——即更加推崇学生对纯知识内容的掌握和应试能力的提高。这显然与当代英语教学发展是不相符的——缺少文化的眼光，缺少人文的眼光，缺少放眼世界的眼光。

Crozat 及 Liddicoat 曾说过：“一个知道一些语言知识却一点都不知道其文化的学习者在试图与母语者交流时很可能会语言流畅但是却没有交际能力。”这个观点实际上是指，教授一门语言其实就是教授文化，学一门语言而又不学其文化是不可能的。因为语言和文化是密不可分的，语言是文化的载体，语言是不能超越文化而独立存在的。在这种意识的推动下，教师开始在课堂教学中向学生们介绍英语所承载的文化——对于一些基础很好的学生，这的确是英语课堂教学一个可喜的进步——课堂可以为他们打开更多的“窗户”，满足他们求知的欲望。但那些学习吃力的学生呢？原本连基本单词都背不下来，再增加更不太明白可能也不想明白的“文化”知识，课堂变得更加空洞乏味。

那么，英语教师的教学重点或者说观点究竟应该是什么呢？尤其是在义务教育阶段，我们的英语教学如何面对学生以及怎样让学生接受英语这门课程，接受英语这门语言？我觉得是让学生达“标”——这个“标”不是标准英语的“标”，而是让学生都对英语不陌生、不胆怯、不反感的“标”。学生视讲英语如讲汉语一样自在，在心理上很放松，用英语时很自信，甚至是有点儿想当然的自负——我的英语我做主。就像我在做板球翻译时连蒙带猜带比划，有时还厚着脸皮把自己还没弄明白的解释给大家听，然后老师们一起商量搞明白——语言的基本功能不就是交流嘛。我们的学生能做到吗？我觉得小学生可以做到，但中学生很难。学生英语学得越多似乎越如履薄冰，不敢开口，所以我们不得不反思是不是我们的英语教学给学生们的条条框框太多，交流运用的机会太少了，我们的日常教学都有一个共同的特点，那就是对学生所犯错误的敏感度极高。教师过分地强调语言的标准性及准确度，对作文、翻译等的批改完全停留在纠错层面，以至于走进了一个误区：对学生语言能力的判断是基于学生犯错的多少。这种教学导致的教学结果就是虽然我们传授给了学生们规范的语言形式，却忽视了语言的功能——我们的学生把英语说成什么样子都是可以理解和接受的。

三、 如果他不是央视记者

看着那个看上去老实本分的央视记者，非常认真地用一口蹩脚的英语采访某位非洲国家的领导人，再看看网友的抱怨，真是唏嘘不已。大家那略带鄙夷的惊讶——两个人竟然还一问一答，互相能够听懂对方——尽管语法错误、语音语调错误占据了不长的一段对话的大部分——但两个人还是都听懂了对方！乍一看这样的评论确实觉得，这样的水平也去央视当记者，还直播给全国人民看，实在有损国人形象。但如果仔细想想，如果这样的对话和提问出自一个普通工人或者农民之口，是不是不但不丢人还能平添几分荣耀呢？那既然同样的语句换作不同的人说，怎么评价就会有天壤之别呢？因为大家认为央视是精英聚集的地方，所以央视的都应该是最好的，至少不是蹩脚的——这样的想法当然无可厚非。那么如果那位央视记者不在央视，如果他只是一位普通市民，或者是我们现在所教的一名学生，我想不但没人会指责他口语中出现的各种错误，相反我们还会慨叹，现在的国人素质真是越来越高了。因此，这件事情从另一个方面看——无论什么样的语音语调，只要有基本的英语语言素养就可以交流。那么作为英语教师，我们教给学生什么？怎样才能达到这样的目的呢？义务教育阶段的英语教学内容定位必须是最基本、最基础的。当然在考虑这个问题的时候我们一定不能忽视，中国的英语教师和学生都要面对一个非常艰巨的任务——考试。在强调不拘泥于形式地将英语为我所用的同时，我们还要考虑到英语考试是标准的，答案是标准的，不去学标准的英语怎样应付标准的考试——“（英语）并没有标准的发音。但是在这种种的不同之中，有一套统一的语法和核心词汇”，这句话其实道出了我们教什么的问题。我们要教的就是统一的语法和核心词汇，其他一切都是为它们服务。有些老师可能会说：这种教什么的问题还用得着我们思考吗？英语课程标准和课程实施指导意见不是写得清清楚楚吗？的确如此——词汇和短语、句型的数量，英语能力分几级，哪个学段达到哪个级，如何操作、评价，课标里都写得清清楚楚——但是教师都认真研读过吗？经常听老师们私下聊天——现在使用的教材单词量大，文章难度高，语法专题编写没有条理，不好教，情况也确实如此。然而济南市的中学考试题从来没有出现过这样的现象。所以无论是课程标准还是考试命题都在指引教师关注核心、关注基础，以免产生混乱，被各式新鲜的语言材料乱了方寸；更不要本末倒置，专挑高深、难度大的内容给学生们讲。其实课文里的对话、听力、图片、文章等都是素材，要帮助学生掌握核心、基础的素材。教师要善于帮助学生找到问题的关键，降低难度，或者把较难的内容用简单的方式、学生们已经掌握的知识表达出来，这才是教师教学功力的体现。教师要学会整合教材，教学需要抓住核心的词汇和语法，一来可以降低英语学习的门槛，照顾到大多数学生的认知水平和能力水平，帮助他们形成最基本的语言素养；二来可以找出最直接也是最有效的英语学习方法，为大多数学生所接受；三来可以满足义务教育阶段从教学到考试对学生最基本的要求。

这样的定位看起来有些平常，但实际上却比较难以实现，它需要我们花费大量的精力。那么如何实现教学目标，或者说如何教好，用什么样的方法去教呢？我观察过许多教师的课堂，尤其是语境创设比较真实的课堂，总有几个共同点：（1）教师较高的英语水平，单凭教师的自如发挥就可以为整个教室创设英语氛围；（2）切合实际的语言情景，不矫揉造作，结合得恰到好处；（3）小处着手，以点带面创设语境，简单易操作。前两者要求教师有较高的英语语言运用能力和课堂驾驭能力，唯有第三点适合所有教师信手拈来，随时运用。2004年，我在参加市里评优课选拔时所抽课题是关于医生给病人看病的，我从医务室借来白大褂和听诊器。正式讲课时，我一拿出这两样东西，课堂似乎立刻变成了诊室，而恰巧当时讲课的班级有一对双胞胎，我让他们两个人一个扮演医生，一个扮演病人，整个课堂的气氛立即活跃起来，句型毫不费力地从学生那里脱口而出，句型操练变成了真正的交流。像这样的例子，在日常英语教学中尤其是对话教学中经常碰到，这便是英语语言的“微语境”——微小到一盆花、一个开关，都可以成为一个语境。微语境的创设原则就是英语学习要与生活息息相关，以小见大。

四、中文加英文

我常想，虽然教了学生英语，但有些学生可能将来一辈子也不会再跟英语打交道，这样的教和学生们这样的学究竟有什么意义。如果从英语的工具性上来讲，教学显然是有意义的，即帮助学生们掌握一门语言，开阔视野，提高竞争力，这也是我英语教学中最基本的教学观。但这样的意义还不足以让每一位英语教师有更高的追求，或者这样的目标和要求对整个初中英语教学来讲浅了一些。英语教学是一个历史范畴，英语教学有其更为深远的历史使命。

记得2000年左右我刚参加工作时，双语教学非常火爆。我也参加了几个双语教学研讨会，我们学校也组织了双语教学开题会，但后来都无疾而终了。课题在结题的时候也远没有开题时热闹——最关键的是我们到结题时也没有搞明白到底什么是双语教学，以及为什么要搞双语教学。现在回想起来，其实那时的双语教学严格来讲应该是强调英语的教学。现在双语教学仍然存在，而且非常具有时效性。许多私立学校和有些学校的国际班，都在实实在在地用英语教授不同学科的知识。相较于当时没有师资、没有投入的双语教学，现在的双语教学在强调英语语言方面做得更扎实——不知道我这样理解双语教学是不是有点儿偏颇，但这样的教学是实实在在的客观需要。那么为什么在此提到双语教学，或者说提到“强调英语的教学”呢？我觉得双语教学实际上体现了英语对中国社会发展的历史意义——大家争相走出国门，为了不同的目标，或为了彻底走出去，或为了更好地走回来，凡此种种，都凸显出一个越来越不能回避的事实——中国的国际化以及中国人的国际化。英语，以及英语教学就是要担此重任。

我们学习英语是因为它是一门国际通用语言，我们不仅用它和英语国家的人交流，也要和全世界其他国家的人交流。另一方面，文化的传输也应该是相互的，而不是单方面的照单全收。一直以来，有些老师在教学中过多地把英语所承载的文化全部灌输给学生，同时要求学生在学习及使用英语时完全忘记自己的文化，否则就被认为是学得不地道。而多年以来，教师对学生英语水平的评价也是遵从舒曼（Schumann）关于文化移入和二语习得关系的理论。舒曼认为：“二语习得是文化移入的一个方面，学习者从文化角度来说进入目标语言人群的程度将会控制其习得这门语言的程度。”舒曼等人的话是有道理的。然而，很显然，这种单一文化的传授已不再适应当今这个时代的英语教学，因为我们对英语的需求已经不同于以往，我们单一地学习英、美国家的文化已经不足以使我们在全球一体化时代具有更大的竞争力。另一方面，我们应该认识到，“学习一门第二语言或者外语的主要动机就是为了表达自己的观点，并使自己的观点在自己文化背景下被别人理解，决不是为了把自己的观点转化成外语或者外语文化的产物”，英语的国际化必然引起英语的本土化。因此，教师除了具有跨文化意识外，还应该在全球化的背景下培养英语教学的本土化意识。对于中国人来讲，学习英语的目的不再仅仅是通过英语“学别人”，还要利用英语“让别人看到我们自己”。

要由过去“拽英语”的了不起的感觉让英语变为必备知识。更重要的是教英语得有大国意识，学习时有强国心态，这才是英语教学相长所要达成的最终目标。

附：我的成长故事

无心插柳的收获

当英语教师对我来讲本身就比较意外。考大学时我报考的是中文，后来被调剂到外文系——这样讲绝对无意贬低外文专业之意。其实在内心里我对英语没有感觉，虽然同是语言，但我觉得英语没有血肉，无法亲近，只有冰冷的单词和语法，即便牵扯到一些外国文化、地域风情，似乎也是离我颇为遥远，无法触及。但是本着干一行爱一行的态度，我开始了自己的英语教学生涯。

第一次听公开课是在济南五中的一场济南市英语优质课评比上。当时有两位老师的课给我留下了深刻印象——我们学校的赵英老师，温文尔雅，亲切自然，娓娓道来；市中区的刘少辉老师，激情澎湃，形象生动。坐在台下我禁不住在想，像我这样稍有内向、不喜“抛头露面”的人，如果将来有一天也站在那样的“舞台”上，我会以怎样的状态面对观众，又该以怎样的面貌面对学生呢？两位老师各具特色，但优点却相同——不着痕迹地教学，高超地驾驭课堂的能力，丰富的课堂教学设计，都让我觉得应该抓紧时间把自己“打扮漂亮”，做跟他们一样的、能够深深吸引住学生的老师。

2004年，我参加了济南市优质课评比，那时参赛资历尚浅，现在看来虽然也取得了一等奖，但当时的表现除了青涩还是青涩。参赛给我最大的启示就是——原来我这么容易就会被掏空——英语教学理念、思路、功底都差得太多，平时的积累和对英语教学的认识，并不足以支撑我走得更远。那次参赛也成为日后督促我不断前进的起点——我开始学着记录我的课堂，请老师、学生更多地参与我的课堂教学设计。

2006年，因为一次区里的校长评课活动，我有幸结识了两位“高人”。其实那次活动我只是负责提供一节课例，考察的是各学校校长评课的能力和水平。时任济南第十二中学校长的张怡校长（现任槐荫区教育局局长）对我的课进行了点评。他好像看着我设计课一般，哪个环节为什么那样设计，甚至哪两个环节因为什么样的原因进行了对调，都讲得一清二楚。那时我就想，一个英语教师必须得有这样的水平才可能在教学领域有所作为。同时，那次活动也让我与市英语教研员王春景老师相识。上课之前我就课的设计与王老师进行了沟通和交流，王老师提出了很多非常有益的建议，并对我最后上课的整体表现表示满意。基于此，同年我有幸参与了济南市的学考命题工作。

说到学考命题工作，不得不另起一段，因为这段经历对于我整个英语教学生涯有巨大的指导意义和价值。都说考试是指挥棒，以前我一直觉得这样对考试的描述略带嘲讽和贬损。但真正在命题时亲力亲为，设题时处处为学生考虑，时时为教学实际考虑时，我才真正理解了这句话的含义——命题对日常教学有着不可替代的导向作用。比如，试题易、中、难题设置比例为8∶1∶1，命题的时候容易做的题的八成就要确实达到，设题时对基本知识点的覆盖要有相当的比例；中等题以及难题部分的设计更是很费心思，既不能偏、难、怪，同时还要充分体现对学生综合能力的考查。在这些问题上，王春景老师的试题命制和英语教学水平是专家级的，在自己的教师生涯中有这样一位专家手把手地教我，真是幸运至极。2008年和2012年，我又参与了两次英语命题工作，每次去都学有所获，每次都会进一步加深我对英语教学工作的认识。同时，在命题过程中，我也可以有时间、有精力静心研读英语课程标准——哪些要讲，讲到什么程度，达到什么目标，实现学生在哪些方面能力的提升，等等。有时觉得命制试题的过程就是闭关修炼的过程——命题工作让我的英语教学工作更有方向感，使我对英语教学有了更加深刻的认识。

2011年，我参加了区第二期名师评选，成为第二期名师候选人。我感到既荣幸又惶恐，但很快那惶恐随着名师培训工作的展开而消失了。说来让人见笑，以为自己“候选名师”了就已经是名师了，其实只是获得了参加名师培训的资格——听报告、座谈、上观摩课、研讨课、写论文、主持课题、写博客、指导青年教师、外出培训等可以让教师专业能力迅速提升并能起到辐射带动作用的我都一一做过。回头看看这一路走来的收获我发现，虽然累但却非常值得，因为我既学有所成，也有思考和沉淀。人往高处走，作为教师，这个“高”应该抛却名利——追求名利的“高”会越追求越有所失；这个“高”应该是追求专业和学术上的“高”——这样才会越追求越觉得充实，自己的教学水平才会越来越高。

变革地理命题思路，倡导评价机制转变

张洪钧

名师简介

张洪钧，济徽中学教务处副主任兼教科室主任，地理教师。

正如美国著名思想家爱默生所言：“每一种挫折或不利的突变，是带着同样或较大的有利的种子。”我应当感谢人生旅途上这一次次的挫折与坎坷，是它们让我懂得了成功的真正含义，让我领略了坚守的力量，让我品味到了在坚强中收获幸福的喜悦。我感谢这一次次的坎坷，感谢这一次次的挫折，是它们让我成熟，让我坚强。今后的人生路上，也许我还会遇到许多的不顺，但是我愿意勇敢地面对，这种经历会成为我人生路上无尽的宝藏。

随着新课改的不断深入，教育领域发生了很大变化。不仅仅是教育政策，更重要的是教育理论、模型、宗旨、目的、方法等都发生了基础性、根本性的改变，且教学方式、评价机制也随之产生了根本的变化。“学业素质＋综合素质”的评价和考试标准正在逐步取代以往的“双基”评价和考试标准。新课改的理论基础是建立在脑科学理论、多元智能理论、认知建构理论、教育分类学、布卢姆教育理论和现代人才模型理论基础之上的。这个基础包含着传统教育的优良因素，但由于基础理论的变革，使其与传统教育产生了截然不同的目的和方法。因此，与之相适应的教学方式的变革、命题思路的转变和新评价机制的建立迫在眉睫。

从当前地理新课程改革的现状来看，教师在地理教学方式上、课程设计的形式上，已经取得了可喜的进步，无论是课堂教学的呈现形式，还是课堂教学的深度与广度，都有了积极的变化。以情境创设为载体、科学探究为内容的教学模式成为主流，改变了以往“灌输主义”式的教学。但是，由于部分教师对课程改革理念的理解存在一定的偏差，也暴露出情境创设或情境设置不合理，探究的内容不符合初中学生心智的特点，探究的内容偏难或没有探究的价值，探究的过程不科学，探究缺乏科学的指导方法，以及过多地注重探究的结果而忽略探究的过程等问题，最终影响了课堂教学的效果。笔者从多年的教学实践中感受到，当前我们把课程改革的重心过多地放在了教学形式的改变上，对教学方式变革理解得比较肤浅，特别是对直接影响教学效果的学生学习评价机制的转变重视得不够，虽然是以新课改的形式在授课，但是仍以“应试教育”的要求去评价学生，犹如“新瓶装旧酒”，这也必然会影响新课改的效果。

一、倡导教学评价机制转变的原因

《义务教育地理课程标准（2011 年版）》提出了学习对终身发展有用的地理、学习对生活有用的地理、改变地理学习方式、构建开放式的地理课程、构建基于现代信息技术的地理课程和建立学习效果与学习过程并重的评价机制这六大理念，强调了以学生为主体，使学生实现由“学会地理”向“会学地理”的转变。其实质就是学生由被动学习到主动学习的转变，由接受式学习到探究式学习的转变，由机械记忆到能力培养的转变。这也就要求我们改变以往过于注重学习效果、忽视学习过程的教学方式，建立一种不仅关注学习效果，而且更加关注学习过程的教学方式。笔者认为其关键在于现有评价机制的转变。

地理学科具有综合性和地域性两大特点，它所涉及的知识和能力丰富多彩，在学生个体的学习过程中，由于各自学习能力和认知水平的差别，会遇到各种各样的问题和困难，这些问题有共性的，也有个性的，特别是学生在自主学习的过程中所遇到的问题更是千差万别。而任何学生个体的学习，都需要有正确评价的甄别和肯定，每个问题的解决都需要得到鼓励和引领，每种能力的培养都需要启发和锤炼，如果没有适时的、准确的评价进行推动，新教学方式的建立在没有培养起学生新的学习方式的情况下，只能是流于形式且无效的。

适宜的、准确的评价机制，是教师教学方式变革的指南针，是学生学习方式形成的助推器。它可以检测教师在教学过程中运用的各种教学手段的有效性、教学效果的达成度，以及教学深度与广度的适宜性；对学生的学习而言，它是学生选择合理学习方式的鉴别器，是学生检验学习效果的试金石，更是学生享受学习、品味成功的“锦囊盒”。

事实上，我们要实现评价目标多元化、评价手段多样化，形成过程性评价和终结性评价并举、定性评价和定量评价结合的评价机制。要强化评价的诊断和发展功能，弱化评价的甄别和选拔功能，这才是新课程改革关于转变评价观念的核心思想。只有在这种评价机制的引领下，我们才能正确地设计、评判地理的日常教学，培养学生的学科学习思路，使学生形成学科素养，激发学生的学习兴趣和热情；也只有在这种评价机制的引导下，才能真正实现学生创新精神和实践能力的培养，实现地理教育的价值。

二、 实现教学评价机制转变的方法

地理教育的终极目标是帮助学生形成地理学科的基本学科素质和学科素养，形成人与自然和谐共处的观念，养成健康的地理审美情趣，为学生终生发展奠定坚实的基础。而这种教育目的，是在一个金字塔形的学习过程中实现的。首先是大量的基础性知识的掌握——“塔基部分”，在探究和掌握基础知识的过程中，建立各种地理基本技能和探究能力——“塔中部分”，最后在运用这些技能的过程中形成正确的学科素养——“塔尖部分”。事实上，这个学习过程本身，就需要各种不同的评价方式来助力完成。

在搭建“塔基”时，学生需要广泛地接受大量的、系统化的知识，其过程是枯燥的，内容是烦琐的。在这个时期，学生需要的是肯定性、鼓励性的评价，教师在教学方式上应当更多地去贴近学生的生活体验，减少他们对知识的陌生感和距离感，增加他们对知识的亲切感。这就要求教师在进行教学评价时，要采取多种形式的评价方式，以即时反映学生的学习成就。如竞赛式、达标式等，重点突出鼓励性的作用。

在巩固“塔中”时，学生需要积极探索未知的、逻辑性强的知识间的因果关系，其过程是艰辛的，内容是极具挑战性的。在这个时期，学生需要的是启发性、引导性的评价，我们教师在教学方式上应当更多地去启发学生和指导学生，减少他们对探究过程的畏惧感。这就要求我们的教学评价，必须注重层次性、指导性和团队性，犹如抽丝剥茧般细腻，在学生达到每一个层次目标时都给予适当的鼓励，激发他们探索的欲望和团队合作的意识。如闯关式、解密式等，重点突出知识探索的乐趣。

在形成“塔尖”时，学生所面对的是具体的、现实化的问题，其过程是复杂的，内容包含多种因素。在这个时期，学生需要的是成就性、鼓舞性的评价，教师在教学方式上应当回归到关注现实生活、关心社会热点问题的研究上来，使学生充分感受到地理学科的实用价值和现实意义。这就要求教学评价必须注重为学生构建展示才华的舞台，具有鼓动性和挑战性，使学生能够享受到运用所学知识解决复杂问题的愉悦感，以正确的情感态度、价值观，以富有审美情趣的鉴赏力看待世界、看待社会、看待大自然。如规划式、座谈式等，重点突出每个学生的闪光点。

在评价方式上，还有许许多多的形式，如口头表扬、开卷考试等，我们可以根据教学方式的不同进行选择，使其实现学习效果最大化的最终目标。受社会经济条件和教学条件的限制，当前许多教学评价方式未能完全纳入学生总的教学评价机制。目前我国地理教学评价的主阵地，还是以地理考试试卷为主，但这并不妨碍我们在有限的命题空间内进行探索与创新，较好地去贯彻和实现新课改所要求的评价机制的改变。

三、 在传统考试中转变教学评价机制

济南市借助实行初中地理学业水平考试这一契机，在济南市地理教研员程菊老师的带领下，在改变地理教学方式、转变评价机制方面作了许多有益的尝试。在如何利用地理考试这一传统的评价平台，实现地理教学评价机制的转变方面，作了以下积极的尝试：

（一）注重现有知识与衍生知识的递进与发展

地理学科有一个突出的特点，即随着社会的不断发展、人类的进步，在现有知识的基础上不断衍生新的知识，尤其是现代科技的飞速发展，大大促进了地理科学前进的步伐，如“3S”技术的出现和发展促使地理科学研究发生了明显的变化，有力地增强了地理科学研究结果的应用价值。也就是说，地理科学知识是在不断变化的，是一个动态的演变过程。这也就要求教师在日常教学中，不仅仅要关注现有知识的传授，更应当重视在现有知识基础上，引导学生接触各种新知识、新观点。这一点仅仅依靠教师的课堂讲授是难以做到的，而应在教学中，引导学生自主地探究新知识、

新方法，多角度、多方面地思考和挖掘隐含在现有知识中的新知识。为此，我们在对学生进行学习效果评价的时候，就应当给予学生多角度思考的空间，鼓励其探究各种显性信息下的隐性信息，为其提供展示其知识迁移能力和发散性思维的舞台。例如，我们在讲授有关地图的知识时，不但要让学生掌握地图的基本知识和作用，还要培养学生选图、用图的能力，即在认知地图相关主干知识的基础之上，考查学生对由此衍生出来的地图功能性作用的掌握情况。我们看下面这个练习题中，第三个问题的设计。

近年来，青海、甘肃、宁夏三地构成的黄河上游经济带，经济潜力逐渐显现，该区域自然条件得天独厚，它的崛起将成为国家第二轮西部大开发的“新引擎”。根据图中信息，请判断正误，对的打“√”，错的打“×”。（地图略）

（1）该区域包含多种温度带和干湿地区，自然条件复杂多样。（　　）

（2）该区域的河流均属于外流河。（　　）

（3）通过此图，能够详细地了解到本区域的工业基地分布。（　　）

（4）一批大宗货物从银川运送到兰州选择的最佳运输方式是内河航运。（　　）

（5）图中阴影区域是我国水土流失最严重的地区之一。（　　）

对于这组描述对错的判断，事实上就是对隐性信息的探究过程。从地图的表面看，我们能够得到该地矿产资源和城市的分布状况，容易使学生误认为有矿产资源的城市就是工业基地，而题目中所要求的“信息”隐藏着对地图比例尺的要求。矿产资源只是工业基地发展的有利条件，并不是有矿产资源的城市就一定是工业基地，对于这种逻辑关系如果教师在日常教学中没有明确，就会让学生误判。另外，在这道题目中，还隐含了一个对选图、用图方法培养的问题。如果在日常教学中只是一味地强调对地图信息的提取，忽略对地图本身用途的探究，是很难找到此题考查的目的的。

因此，在注重现有知识传授的基础上，引导学生探究衍生知识，关注学生思维过程，拓展学生思维的广度，并重视这种过程的评价是应对地理知识动态化的必要手段。

（二）重视学习思路的养成和养成过程的评价

在地理教学和培养学生学习方式的过程中，地理教师应非常注重空间定位、提取信息、对比、推理、归纳和总结能力的养成，这些能力的培养是地理学习的核心内容。但是对这些能力间和能力中的内在逻辑关系的培养，往往被教师忽视，教师给予学生的只是一种思维定式或者是固定的思维套路。例如，我们在介绍区域间自然地理环境要素对比的过程中，强调的是比较项目的确定和比较方法，而对比较结果的产生过程缺乏有效的指导，更没有有效的评价。这导致学生只会生拉硬套已有的思路，不会辩证地思维，遇见新问题只能去模仿，缺乏创造性思维。如下面这个问题。

据图文资料完成下列问题。

材料一：“金砖国家”引用了该集团五国的英文首字母组合——BRICS，近期，第三届金砖国家峰会围绕“展望未来、共同繁荣”的主题，探讨国际经济大势，加强在粮食、能源等领域的合作，规划“金砖国家”未来蓝图。

材料二：金砖国家相关资料（略）。

比较、归纳是地理学习的常用方法，请结合表中信息，在C、R、I三国中选择两国按要求填写表中内容。

项目 国家名称	可比较的自然地理环境要素（2项）	比较异同的自然地理环境要素	相同点	
		气候		温带、亚热带季风气候为主
				热带季风气候为主

本题改变了以往比较内容填写的形式，而是要求学生通过对比较内容的研读、分析，归纳出比较的方向。学生如果能够对整个表的内容有一个很好的把握和归纳，依据地理学习中对比思路产生的过程（即因为区域差异而产生对比，而不是因为对比而产生区域差异）是很容易填出“不同点”这一答案的。但是，事实上，如果学生头脑中形成的是对比的思维定式，而对对比思路的产生缺乏足够的认知，想不到“相同点”和“不同点”是对比思路的正反两个方面，是反映区域差异的两种角度，即便意识到答案是“不同点”，也不敢填写，甚至会认为这不可能就是答案。

因此，培养学生认知各种地理基本技能和学习思路的产生过程，是使学生能够真正理解和学会运用这些技能和思路的关键，我们只有在对学习效果的评价过程中加大对这种思维和能力产生过程的评价力度，才能引领日常教学方式的改变。

（三）重视分层次教学和分层次评价的协调发展

依据多元智能理论和脑科学理论，每个学生所具备的智能水平和智能强势区是千差万别的，对同一事物认知所能达到的深度和广度也是不同的。在以往教学过程中，教师片面地认为对不同的学生采用不同的教学方式就是分层次教学了，而在评价其学习效果时却一刀切，用同一个标准来衡量学生的学习水平。这样做的结果往往是鼓励了一小部分，打击了一大片，导致部分学生没有了发挥才能的空间，对地理学习失去兴趣和热情，影响了课堂教学的效果。事实上，只有给予每个学生发表自己观点的机会，并对这些观点给予不同层次的评价，鼓励学生发表自己的观点，使每个人都能够感觉到自身存在的价值，才能促进学生的终身发展。如下题在问题设计时就在分层次评价方面重点着墨，并做了有益的尝试。

我国地区差异较大，各地依托不同条件，既可以发展具有不同特色的经济，也可加强区域之间的联系，发挥各自的优势，分工合作，获得最大效益。据图文资料完成下列问题（图文资料略）。

结合所学地理知识，分析两家企业如何合作分工才能更好地提高国际竞争力。

此题在设问上首先改变了以往“两家如何合作分工才能更好地发展经济”这种提法，而把重心落在提高两家企业的“国际竞争力”上。这种设问的改变看似加大了难度，实际上是给不同层次的学生都提供了发表观点的机会。因为就提高“国际竞争力”而言，不同水平的学生有不同的认识，最浅显的认识是要促进自身的经济快速发展，高层的认识是提高企业的产品档次、降低生产成本、加大资金流的流动等。不同层次的学生可以根据自己的认知水平谈谈自己的观点，高水平的学生可以有更广阔的发挥空间；同时设计答案时也给予了学生不同等级的评价，即便是水平最低的学生也会有所收获。如果这种评价机制能够在日常教学中得以推广，对不同层次的学生而言，都有发挥才能的舞台，必然会激发其学习热情和兴趣。

因此，我们不能将分层次教学表象化，而应当通过挖掘分层次评价的指导作用，给予不同层次的学生各自发展的舞台，才能面向全体，做到真正意义上的因材施教。

（四）重视地理学科素养的培养与评价

在地理教学中，情感态度、价值观的培养。事实上就是对学生地理学科素养的培养，以往我们更多的是注重思想性的培养，缺乏对学生鉴赏力、地理审美情趣的培养。而地理评价的方式给予学生的是一套生硬的、呆板的试题，通过解答试题的能力来界定学生地理学科素养的高低，而对试题本身所具备的教育功能和地理学科的美学价值缺乏足够的重视。被动的、消极的应试状态，致使学生每次应试都犹如经受一次磨难。这种评价方式最终导致的是学生对地理学习的厌烦和应付心理。

事实上，一套评价功能完备的试卷，不仅仅是一个学生学习能力和知识水平高低的鉴定者，同时更应当是学生地理学科素养培养的助推器。例如，如果我们能够为每套试题设计一条完整的、系统的试题串接线索，以简练、优美的语言，为学生勾勒出地理学习的基本思路和方法，将以往断裂了的地理知识考查评价方式，通过一条极富情感态度、价值观教育意义的主线串联起来，在明确地提示了每套试题考查范畴的同时，使每套试题的命题序列化和系统化，使整套试卷显示出清晰、明快的节奏感和韵律感；另外，在各种图像的选择和与文本内容的编排上，注意合理布局，用整洁、明快的构图，清晰、明了的信息呈现形式，使整套试卷呈现出地理学科的美学价值，那么，与其说我们呈现给学生的是一套试卷，不如说我们为学生勾勒的是一幅地理画卷。它可以让学生在紧张的考试之中，获得精神愉悦的享受。而完成这样一套试卷，就是接受地理学习再教育的过程和培养地理审美情趣、审美鉴赏力的过程。在这个过程中，情感态度、价值观的培育是生动、鲜活和潜移默化的，地理学科素养的建立是主动、积极和极具效率的。

（五）教学评价引领性与学习评价灵活性的有机结合

一套地理试题极为重要的作用是对日常教学的引领。以往的地理试题把这种作用更多地落脚在对学习结果的评价上，而对学习的过程缺乏足够的关注。事实上，这是一种片面的引领作用。一套具备强有力引领作用的试题，无论是在题目设计上，还是在答案的制订上，都应当充分考虑到对教师在日常教学方式和学生学习方式的引领，力求改变重知识轻能力、重结果轻过程的现象。同时，为了更好地让教师在日常教学中把握各项地理技能讲授的深度和广度，精心编写和设计试卷的每道试题，以层次鲜明的设问形式，重点突出知识考查和能力考查的区别，特别是强化了对学生推理能力和想象能力的考查，积极为学生开辟了广阔的思维空间和发挥想象力的舞台。这样做的目的，是为今后教师的教学方式和学生学习指引了方向，指出了一条清晰的变革之路，是对地理教学评价价值的最大化。

在注重评价引领性的同时，教师还应高度重视评价方式的灵活性，改变以往答案以记忆性内容为主、各种层次的学生答案雷同的特点。在试题的问题设计的评价上，首先考虑问题是否给每位学生发挥自身优势的空间，是否不去过多地限定学生答题的视角和方法，是否给学生充分运用所学知识作答的机会。而在答案得分标准的制订上，试题应依据不同层次学生的认知水平，确定具有一定梯度的得分标准，根据学生答题的完善度、准确度和思维的开拓性，给予多维度的评分，使各种水平的学生在答题过程中都能够有发挥的空间，使不同层次的学生都能够享受到成功的喜悦，提升其对地理学习的热情和兴趣。这才是我们地理学习评价方式一条富有开创意义和引领作用的道路，也是对充分展示学生多元智能的一种有益的尝试和倡导。

综上所述，义务教育阶段地理教学评价方式，应当是基于课程标准的、以凸显能力为主的、注重能力提高过程的、能够培养学生地理审美情趣、引领教师日常教学方式和学生学习方式变革、促进评价形式多样化、给予学生更为广阔的发展空间的，有助于地理教学方式多元化和学生终生发展的评价方式。

附：我的成长故事

在坚守中品味收获的幸福

非常喜欢这样一句话：“其实坎坷也是一种幸福!”

人生如一辆行驶在征程上的列车，路途中会有坦途，也会荆棘丛生。已步入不惑之年的我，回首往事，常常感慨万千。回味那征途上的明媚阳光，是一种幸福；品读那征途上的“霪雨霏霏”，劈荆斩棘，更是一种幸福。几多坎坷，几多烦恼，让我学会了坚强，学会了承受。诸多的风雨磨砺了我的人生，每一次走过坎坷，收获成功的喜悦，都让我的人生变得更加绚丽多彩!

应当说，正是一次次的坎坷，让我懂得了五味杂陈的人生，一次次征服坎坷的经历让我明白了坚强的意义。20 多载的从教路程，撒满了泪水与汗水，但是我从不后悔，因为我从中品味到了收获的幸福。

不知道是不是命运总跟我开玩笑，好像自己从小做事就有点不顺，连母亲都说：“凡是你遇上的事，总是没有那么顺利过。”小学升初中，因为胆怯而发挥失常，让我失去了上重点中学的机会；高中升大学，因为缺乏主见，被最不愿上的师范专业提前录取；大学毕业，因为上学期间自我放纵，失去了专升本的机会；第一次名师竞选，因为不能清醒认识自我而名落孙山。但是回头想想，好像这一切又都是机遇，正是因为这一次次的坎坷，我才懂得了坚强的意义，我才明白了坚守的力量。

如果说不顺，感觉印象最深刻的一次就是名师竞选。记得六年前，槐荫区教育局启动第一届“双名工程”，当时以为自己从教十余载，可谓经验丰富，在济南市地理学科界，自己也小有名气，也具有一定的专业素养，所以信心满满。也许就是因为这种盲目的自信，导致了最终的落选。记得当时进入答辩现场，听到专家评委抛出的一个个问题时，我才彻底清醒过来，真正明白了什么叫作“学无止境”。我已经不记得当时是怎么走出答辩室的了，只觉得头脑中一片空白，仿佛自己一下子变成了一个白痴，什么也不懂了。回到家中，我冷静下来，认真思考后，明白了一个道理，过去的一切不顺、一切坎坷，看似偶然，实则必然。

“我觉得坦途在前，人又何必因为一点小障碍而不走路呢?”鲁迅先生如是说。是这次挫折，让我真正认识到自身存在的不足，以往的自负没有了，以往对生活的抱怨也没有了，心中充满的只有奋勇向前的激情。又是3年的刻苦修炼，来自学校领导的鼓励和同事们的帮助，以及自我的坚守，让我不断补充着前进的动力。当我第二次站在槐荫区第二届“双名工程”的竞选讲台上时，心中已没有了过去的浮躁，而是充满了对成长的追求。成功的大门终于为我开启。

我感谢人生旅途上一次次的挫折与坎坷，是它们让我懂得了成功的真正含义，这些经历是我人生路上的宝藏，它们将指引我勇敢面对今后的生活。借用高尔基的一句话：“让暴风雨来得更猛烈些吧!”我将无怨无悔，勇往直前。

爬上豆蔓看自己

公桂兰

名师简介

公桂兰，济南市槐荫区实验幼儿园教师。

“用热情与爱心去关注每一个儿童，让孩子们能够拥有健康快乐的童年”是我永远的目标与追求！在办园方针上，我们也始终坚守一个朴素的价值观，即孩子喜欢的幼儿园就是好幼儿园！努力为幼儿创设一个安全、整洁、温馨、富有童趣的环境，把孩子的身心健康放在首位，用热情与爱心去关注每一个儿童，让孩子能够拥有健康快乐的童年。

早晨一踏进银河班的教室，3岁的北辰就扑到了我的怀里，他双手搂着我的脖子，满心欢喜地说：“公老师，我想你了!”

“嗯，我也想北辰了。你最近表现得乖不乖?”望着孩子清如泉水的眸子，我高兴地应着。

于是，更多的孩子拥了过来，围着我，抱着我，说着，笑着。一种被喜欢、被需要的幸福感溢满心田。是谁说“家有三斗粮，不当孩子王”? 回顾20年的从教历程，穿过日复一日繁琐的寻常时光，一次次看到毕业歌响起时孩子们泪流满面、不忍离去的场景，听到家长朋友们不绝于耳的致谢声，我深深地为自己所从事的事业感到自豪。与孩子们朝夕相处的时光里，有付出、有收获、有泪水、更有欢笑。走过适应期的迷茫与困惑，走过成熟期的坚定与执着，在质朴的教育生涯里，我与孩子们共同成长着……

一、只为那嫣然一笑

究竟是怎样的一种机缘巧合让我的生命之舟驶进了儿童的王国？是孩童时期玩儿“娃娃家”时就自告奋勇地要求当老师而成为冥冥之中的注定？还是高考填写志愿时随手勾选“服从分配”的偶然？所有的一切都不得而知。但确定无疑的是，20 年前一个骄阳似火的夏天，我被分配到了槐荫区实验幼儿园！

我，一个怀揣金色梦想的大学毕业生，做梦都想着在“三尺讲台”上挥斥方遒，突然之间，却被命运之舟载到了幼儿园。面对着一群刚入园的三四岁的小孩子，唱歌、跳舞、讲故事，一切都像拂耳而去的风，没有引起任何反响。而我的理想、我的抱负，此刻也都融化在了孩子们的泪珠里。幼儿教育的意义到底在哪里？陷于无休止的生活琐事中的我无数次问自己。

然而，一个偶然的机会，一个孩子的一瞬间的表情却化解了我长久以来积聚在心中的疑问，改变了我对自己所从事的工作的价值认识。

有一天，室外自由玩耍时，长得白白胖胖的、才刚满 3 岁的小盼盼自己站在活动室的门口，口中念念有词：“小兔兔乖乖，把门儿开开……”一扭头，忽然发现我正在看她，一下子用手捂住了嘴，含羞带怯地对我嫣然一笑，那么美，那么真，有一种用语言无法描述的天真与烂漫。我想，就是这嫣然一笑改变了我啊！我猛然间意识到，自己是与一群多么可爱的小天使在一起啊！尽管他们还很幼稚，尽管他们几乎可以说是一无所知，可也正因为如此，我才能在这一张张白纸上描绘出最美的图画！

二、信任的力量

工作几年后，在对幼儿的身心发展规律与特点、对幼儿园开设的课程全面深入理解的基础上，我已经能够游刃有余地应对幼儿园的各项保教工作。在孩子们信任、仰慕甚至崇拜的眼神里，我不敢有丝毫懈怠，每天都以崭新的面貌迎接孩子，认真地组织着每一场活动，冷静地反思着教育实践中的得与失，度过了一个又一个普普通通但又充实无比的日子。在和孩子一起前进的旅途中，我渐渐领悟到孩子的世界不是通过书本理论或其他任何神秘的方式向成人传递的，它是通过我们与孩子的沟通，通过我们与孩子一起度过的点点滴滴向成人传递的。教育实践就是要求我们在孩子尚未成型的世界里和他们共同生活，儿童教育就是一种我们要让孩子表达出他们自己的想法的工作。我的视野随着时间的推进而逐步扩展，而我也进入了职业生涯的成熟期。

2001年，在园领导的信任与鼓励下，在同事的支持与帮助下，我勇敢地走向了槐荫区小学副校长“一推双考”的赛场，经过重重关卡，我走上了幼儿园副园长的岗位，在更宽广的舞台上实践着自己的教育理想。责任更大了，任务也更重了，但我无怨无悔，因为我的心中充满了信任的力量！

三、做更好的自己

很喜欢读书，也读过很多书，似水流年中，感觉最有滋味的，莫过于读书了。那简简单单、清清爽爽的文字究竟以怎样的一种力量在影响着我、塑造着我？一切都不得而知。记得曾读过笔名为四月的一位作者写的一篇散文《诗意地长大》。细细读来，感觉字里行间流淌着的情感与自己的心意竟是那样吻合，那么贴切地表达出了我的理想与追求。今夜，请冲一杯香茗，在灯下随我细细品读吧：

诗意地长大

我知道，在我的身体里面，藏着一个更好的自己。

是的，我一直都知道，一刻也不曾忘记。

所以，我从来不挑食，我知道所有健康的食物都将变成我的一部分，成就一个更好的自己。

所以，我努力地读书，我知道所有那些有趣的书、严肃的书、智慧的书，最终都将变成我的一部分，成就一个更好的自己。

所以，我喜欢亲近大自然，我知道所有那些美丽的山水、阳光、花香和清新的空气，最终都将变成我的一部分，成就一个更好的自己。

每天早晨，我都会在镜子面前照一照自己，每天早晨，我都会在镜子里看到一个普普通通的姑娘。可我知道，在我的身体里，藏着一个更好的自己，就像毛毛虫变成蝴蝶，小种子会长成大树，我也会变成一个更好的自己。

所以，如果可以，就让我们像幼教同行高美霞老师提议的那样，时时爬上童话里杰克的豆蔓上看看自己吧！看看下面正和孩子们一起生活的自己，我们一定会有不同的感触，一定能够更冷静地看待自己，更清晰地分析自己的教育行为。我想，我就是在这种回忆、反思、对比中悄然成长起来的。

我，能够变成更好的自己！

此刻，走廊上又响起了调儿已经不知跑到哪里去了的稚嫩歌声。“春眠不觉晓，处处闻啼鸟……”微笑不由自主地泛上我的嘴角。

做个“孩子王”，真好！

附：我的教育故事

孩子每天都是新的

有一天，我带孩子们自由活动后，刚刚走进教室，就发现娃娃角里的一只小碗坏了。我马上问道：“是谁把小碗弄坏了？”“孔岩！”孩子们不假思索地大声答道。“不是我弄坏的！”孔岩马上站起来反驳。

一看是孔岩，我当时就火了。这个孩子，一向调皮捣乱，几乎天天给老师惹麻烦，一批评他，他就摆出一副被冤枉的样子。我生气地说：“是不是你弄的，孔岩？”“不是我！”他还是一副不认错的坚决模样。“那你看见是谁弄坏的了吗？”“是孟文迪。”孟文迪？班里最老实、最听话的孩子？我把头转向孟文迪，用怀疑的眼光看着她，只见孟文迪满脸通红，低着头站了起来。原来，小朋友玩儿“娃娃家”的游戏时，把小碗碰到了地上，而孟文迪不小心把它踩破了。

我当时哑口无言。

过了一会儿，我在班上向孔岩道了歉，告诉孟文迪以后要小心。

这件事，对我的震动极大，也引起了我的反思：孩子们不明真相，为什么会说是孔岩呢？我没有弄清真相，为什么会对孔岩发火呢？

思来想去，答案只有一个，那就是“成见”。我因对孔岩一贯调皮的表现抱有成见而对他发火，而孩子们则因我的成见而乱作出判断。幸亏孔岩看见并据理力争，否则，我不是冤枉了他吗？

孩子是没有是非观念的，他们缺乏控制力，调皮捣乱是家常便饭，而我们绝不能简单地以好和坏来判断他们的行为，因为他们并不知道自己的今天明天都要做哪些事，不明白哪些事是好的、对的，哪些事是错的、不能做的。所以，我们说：“孩子每天都是新的！”千万不能对孩子有成见。

修炼自己，张扬个性

张英宏

名师简介

张英宏，女，济南第十九中语文教师。

我想说做语文教师要立足课堂、多读书、多交流，在其中寻求快乐、快意修行。当然，我更知道表达中有一种可意会不可言传的境界。正所谓“阴天下雨满天星，一树红杏个个青，四个和尚八面坐，不言不语念真经”，有时“不说”远比说要高明多，也精彩多了，所以让我们共同来潜心悟教，快意修行。

近几年，总是听到“终身学习”这个词，在无数次接受各种培训的过程中，我也经常听到这个词，私下里也偷偷地用过。6月份，我看到了鲍鹏山的《孔子是怎样炼成的》一书，再次感悟了一下孔子一生的实践——“吾十有五而志于学，三十而立，四十而不惑，五十而知天命，六十而耳顺，七十而从心所欲，不逾矩。”由此看来，孔子的修炼是贯穿其一生的，无论是其年少时的饱受磨难，还是成年后认真求学、求艺、求政、求德的过程，都是一种修炼。他成为“一代圣人”“大成先师”“万世师表”“世界十大哲人之首”，与杏坛弟子创立儒家学派，不能不说是其努力求学、刻苦修炼的结果，尤其是其自37岁到50岁之间的修炼更是给每一位一线教师以深刻的启迪。而深味其修炼过程，“个性”一词似乎格外闪亮，由此可见，教师个性的形成也是一个艰难而曲折的过程。

一、从无到有，确立目标，做到规范

有5年以上教龄的教师一般都会有这样的共识，无论你在师范院校所学的教育学和心理学分数多高，也无论当时修的本专业课程成绩多优秀，一进入课堂，这些知识似乎都只是刻板生硬的独立的东西，完全无法应用于实践。教学理论与实践的脱节令我十分尴尬。

1991年7月，我毕业后到吴家堡镇西王中学报到。刚刚登上讲台，我就产生了一种难以言表的兴奋，我似乎对讲解讲述法有着一种本能的喜欢。于是，一上课，我便滔滔不绝地讲个不停。记得最清楚的是，上《从百草园到三味书屋》和《春》两课时，我讲鲁迅和朱自清的生平就用了整整一节课，看到学生的专注和痴迷，我就更来劲了：谁不希望得到别人的认可和崇拜呢？因而，学生爱听，我就更爱讲。讲作家生平轶事，讲作家作品，讲作品中的某个典型人物，讲与之相关的社会或文学背景，讲来讲去，我成了课堂上的唯一主角儿，那种众星捧月的感觉让我倍感得意。唱独角戏的结果是一节课下来口干舌燥，而我却感到意犹未尽。作业几乎是不布置的，不仅如此，我还相当反感那些天天布置作业的教学方式，毕竟，学习语文是快乐的，无须让学生如此无奈而痛苦地做机械性的劳作。期中考试到了，检测成绩的时候到了，可想而知，我们班考得有多差，如此悬殊的差距如晴天霹雳——想想自己的付出，想想自己的绘声绘色、眉飞色舞，实在是懊丧之极！痛哭一场之后，我开始寻找解决问题的办法。这时，学校的老校长找到了我，他笑眯眯地委婉地点出了我讲课无计划、眼中无学生的死穴。一语惊醒梦中人，我忽然明白了计划的重要性，更从身边勤奋踏实的语文同行身上看到了前进的方向。试想在天马行空的“一言堂”上，学生的生命力如何焕发？学生的语文素养何以形成？学生的创造性又如何得以展示呢？痛定思痛，我便寻找一切机会向语文教学的行家学习，向身边的人学习。区语文教研员王作信老师向我伸出了援助之手，在他的悉心指导下，我将1～6册的语文书，一单元一单元地挖掘，一节课一节课地设计，一个环节一个环节地推敲，大到整个初中语文学习的序列，小到每一节课上问题式教学法的运用，可谓全面、仔细、认真。一个学期下来，我完成了初中6册书的备课，并将每一课要突出的重点都进行了详细的标注，加之对学生的深入了解，上起课来的确得心应手了。至此，我开始走上了语文课堂教学的规范化之路，也完成了教师个性形成的第一步。

二、从有到精，确立方向，做到精细

身处杏坛，不学习无异于自甘堕落，因而，读书自然成为教师自身发展的一条捷径。虽说是“教学有法”“教无定法”，但教育是相通的，很多规律必须遵循，如“因材施教”“赏识教育”“以人为本”“仁爱为先”“情境引导”等是各学科教师都必须关注和遵从的。所以，《第56号教室的奇迹》《给教师的100条建议》，包括最基础的夸美纽斯的《大教学论》理应成为教师的枕边书、心中书。与此同时，各个学科又有各自的特点和规律，于我们语文而言，课堂是教学的主阵地，也是落实效率的主战场，所以，那些著名教师或全国优特教师的文录、语录、课堂实录便是我们学习的范本。我很崇拜程红兵、袁卫星等人，他们的课堂实录“听程红兵老师讲语文”“听袁卫星老师讲语文”“听王崧舟老师评课”等，我都是一看再看，奉为经典；而深沉厚重的余映潮、冯梦龙等老一辈特级教师的言论，有些虽看似过时，却更能揭示教育规律，更经得起时代的考验。

当然，教语文更需要广而博的读书，文学典籍、中外名著、精品散文是每位语文教师的必修课。说来惭愧，在四大名著中，我个人并不喜欢《水浒传》和《三国演义》，每次看几乎都是虎头蛇尾，前几章几乎能背得滚瓜烂熟，中间部分不甚了了，而后边几乎只是了解纲目。有一年暑假，也许是为了督促女儿读书，我对照着电视剧的新版、旧版，结合名著的原文，认认真真地把它们看完了，豪迈之气充溢于心，以至于觉得自己可以创作歌曲了。有一天，淘米的时候，看到米里有虫子，忽然就想起了《水浒传》的主题曲，于是顺口道：“虫子一二三四五，虫子个十百千万，耶!”读书真是乐趣无穷，妙不可言!

较之名著，各种精品散文是教师喜闻乐见的，于是，周国平、余秋雨、梁晓声、张晓风、张丽钧、刘亮程、韩少功、龙应台、尤今、毕淑敏等便会进入每位语文教师的视野。当我们颇感失意、备受心灵煎熬时，周国平颇有哲学意蕴的文字会为我们指点迷津、抚慰伤口；当我们缺少方向、没有目标时，余秋雨的文字让我们看到了文化学者和文人的责任；当我们对学生倍感失望时，身为教师的张晓风会娓娓道来、热心劝慰我们；当我们为“下水文”愁眉紧锁、无计可施时，张丽钧的文字会让我们文思泉涌、妙笔生花；当我们期待新发展，且铭记历史时，龙应台的如椽巨笔又可以让我们感受到文字的尊严、人文的力量……试想，窗外是清风细雨，室内氤氲温馨，面对一杯香茗，细品尤今的小品，是否会别有一番韵味？所以，无论我们需要怎样的生活，精妙的散文都会给予我们浪漫与温馨，都会给予我们慰藉和享受！

“读万卷书，行万里路。”纵观唐代诗歌，李白的《望庐山瀑布》表达的是“飞流直下三千尺，疑是银河落九天”的惊叹；杜甫《茅屋为秋风所破歌》抒发的是“安得广厦千万间，大庇天下寒士俱欢颜，风雨不动安如山”的济世情怀；张继落榜之后写下的《枫桥夜泊》成就了“姑苏城外寒山寺，夜半钟声到客船”的不朽诗篇；张若虚的《春江花月夜》使头顶之月、江边之树成为千古相思的意象，世代流传。由此，不禁感慨：古人真牛呀，立身一处，出口成章，身处异乡，诗文相伴。而当代教师，要想知天下之事、增长见识，游历必不可少。因而，几年间，我开始利用一切业余时间外出旅游。

还记得上中学时，同学们聚在一起畅谈愿望，我当时就想“游遍天下美景，尝尽天下美食”，我终于为自己出门游历找到了充分的理由。既然游历可以增长见识、丰富自我，又可以提升教师的非专业知识储备，那何乐而不为呢？

三、先破后立，不断反思，形成风格

在不断博采众长之后，我感觉自己对各种文体的把握、对学生各种教学模式的理解、对语文教学规律的遵循、对听说读写能力的提高等都有了自己独到的理解，同时，一届届学生的到来又为我的成长提供了新的舞台和土壤。因而，教学后的反思，反思后的摸索，成为我每天的必修课。

吴晗说：“读书是学习，摘抄是整理，写作是创造。”作为语文教师，不断反思，撰写读书笔记不失为一种提高个人素养的好方式。在读书摘抄的过程中，加进自己的思考与经验体会，一篇读书笔记就可以轻松出炉。

自 2010 年至今，我已经在个人博客上发表了 19 个栏目总计 238 篇博文，其中包括读书笔记 52 篇、培训感悟 24 篇、生活随笔 11 篇。我非常喜欢余秋雨的《文化苦旅》，因此，我对《文化苦旅》里的任何一篇文章都一读再读，并一一叙写了自己的感受。

同时，每节课后的反思也必不可少，教后记可以为教师的教育教学注入新的活力。比如，有一次李强老师来听《庄子故事两则》一课，起初我翻看了大量的庄子文献，并对《道德经》进行了重新的解读，自信满满地走进课堂。但是评课时，老师的中肯批评让我意识到自己高估了学情，进而我明白了，教学不仅是对教本的展演，也不仅是进行生本创造，更应是师生交互生长、共同进步。反思之后，我与李强老师进行了半个小时的电话交流。这次经历，让我受益终生。

四、坚定风格，不断推广，形成辐射

“如切如磋，如琢如磨”，个人的成长需要自身努力，更要珍惜任何一次与同伴、名师、同行交流学习的机会。

2011 年 3 月，我与区第二批名师候选人一起开始了为期两周的上海游学之旅。在育才中学，我们先后聆听了朱静、赵明艳、田在武等老师的同课异构教学；我们又亲临李强老师的课堂，亲身感受他为作文教学铺设的层级和脉络，课堂上，学生们的发言一个比一个精彩，不断引发雷鸣般的掌声；在上海华东模范中学，王卿敏老师讲的《送友人》让我见识到了陕西师范大学高材生的深厚文学功底；宋桂芬老师讲的《水仙子·咏江南》又让经常体会不到意象与情感联系的我，再次深悟了诗词的高妙境界……更值得一提的是，我们争取到了列席参加上海市四所初中名校联合教研活动的资格，四所名校的教师对《告别权利的瞬间》一课进行了四种不同的演绎，令我咂舌之余，也颇为那种平等的争鸣、平和的交流、平易的疏导和真诚的理解所吸引。我多么希望也能拥有如此宽松、真诚交流的平台和环境啊！

2009 年和 2012 年暑期的远程培训也是如此，全省教师面对同样的板块、同样的问题，从各自的教情、学情出发，展示个性化的解读。很有幸，我的两次培训作业都得到了推荐，同时，我也见识到了毕淑娟、张培芝老师的深厚功底和不凡功力，他们都是我学习的榜样！

诚然，教师的个人成长并不能一蹴而就，那就让我们共同努力吧！我盼望着自己有一天能理直气壮地说：“我是张英宏，我为自己代言。”

附：我的教育故事

语文教师的快意修行

第一次看电影《非诚勿扰 2》后，感触颇多，不仅在于其是关于爱情和生死两个相互关联又看似割裂的主题，也在于冯小刚和王朔两人对友情的诠释。而由一个个演员演绎出来的经典台词更让我感触颇深，我对其中一句反复琢磨，越咂摸越有味道，那就是“活着是一种修行”。我想结合自己对语文学科的认识和理解，谈谈我对语文教师修行的理解。

一、立足课堂、精心设计，与学生共同修行

1991年7月，我从黑龙江省呼兰师范专科学校毕业后被分配到吴家堡镇西王中学任教。初登讲台时，有一种难以言表的快慰，于是，我一上课便滔滔不绝地讲个不停，把自己当成课堂上的唯一主角儿。期中考试成绩下来后，我才意识到自己犯了多么严重的错误。我开始进行自我反省，并寻找解决问题的办法。而后，在老校长及区语文教研员王作信老师的帮助下，我将1～6册的语文课本，从大到小，由粗到细逐一进行了详细的规划与设计。

于是，每一次公开课、优质课比赛都会出现我的身影，由校到镇、由镇到区、由区到市，最后到省创新课堂，到全国录像课比赛，我的成绩逐步提高。如今想来，我最大的收获就是提高了对课堂节奏、频率、主次难易等的驾驭能力，至少，拿到一篇课外的文章，我一般都能做到驾轻就熟。

课堂上，为了让学生对所学内容有深刻的领会，故事、歌曲、笑话，凡是我可以驾驭的形式，绝不害怕露怯，常常是一节课上，学生们都是叽叽喳喳，非常踊跃地参加各类听、说、读、写活动，我也乐在其中。我想，不管成绩如何，有章法地学习、自由地学习、快乐地学习、永远是学习的最高境界，正所谓，“知之者不如好之者，好之者不如乐之者。”或者，“独乐乐不如众乐乐”。也许以前的课堂是我一个人在自说自话，而现在我是在与学生们一起学习文学、学习阅读、学习写作的过程中获得了快乐和满足。

通过一次次参加比赛，我发现，包括公开课、观摩课，哪怕是研讨课，都不失为提高自己的很好的方式，既可锻炼胆量，也可以使我的语言更精练、思维更敏捷、教学设计更独特、教学环节更清晰。虽然公开课或多或少都有一定表演的成份，但真正优秀的演员是生活如戏、戏如生活的，谁能说其他工作就不存在演戏的成分呢？只要演得实在、演得本色、演得到位、演得有效，也不失为一种别样的精彩！

二、摆正位置，潜心读书，让读书成为快乐生活的一部分

讲公开课不仅可以让自己学到更多的东西，也可以让自己小有名气。在我身边就有很多“教而优则仕”的例子，但我给自己的定位是快快乐乐地做一名普通教师。

一路走来我认识到，做语文教师必须有丰富的积淀，这种积淀来自于生活，来自于经验，更来自于林林总总、囊括古今的书籍。正所谓“书卷多情似故友，晨昏忧乐每相亲”，茶余饭后，我都会捧一本散发着墨香的新书，诵诗词、赏意蕴、悟真情、品人生。于我而言，文学类的书是一定要看的，名著自不待言，散文亦可涉猎。

当然，教育类的书也是必读的，尤其是名师、名家的语录或课堂实录，都要一一品读，细细咀嚼，深解其中之味。我常想，做教师本来就是不容易的，做语文教师还要批大量的作业和作文，就更不容易了。因而，我们需要找一位思想的引路人让自己远离琐事、远离平庸。此时，《做一个有思想的教师》《突破平庸》会让我茅塞顿开；听程红兵、袁卫星、余映潮、赵桂华、窦桂梅老师讲课等，会让我感受到教学的规律、技巧、乐趣与境界。其中，我尤其佩服程红兵老师，他的努力、他的高度、他的渊博、他的个性，远非常人所及，在当今社会，做教师能做到如此率真、如此潇洒的，程红兵老师当属教坛第一，他是我的一个学习榜样。

同时，语文教师必须广泛涉猎，不能囿于“语文”二字，须知语文即生活。因而，闲暇时，可以从比尔·盖茨给中国学生的10句话中品味一下世界首富的风度；关注财经时，不妨看看郎咸平的精彩时评和股神巴菲特的传记；想把握时尚的脉搏，不妨瞄一眼《西蔓美丽观点》《做人做事做女人》《搭配其实很好玩》；想了解诸子百家，不妨涉猎一下《于丹〈论语〉心得》《于丹〈庄子〉心得》《〈论语〉别裁》《孔子是这样炼成的》等；如果想关注一下正在上初中或正处于叛逆期的孩子的教育，不妨从《平民教子经》《13岁前，妈妈改变孩子的一生》《培养完美女孩的100个故事》《培养成功男孩的100个故事》等书中汲取些营养。三、真诚交流、善于沟通，随时随地学语文

“三人行，必有我师”，同行之间的交流是无处不在的，这种交流是一种相互学习的最便捷的方式，校际、区际、市际、省际的交流更为难能可贵。很荣幸，作为区名师候选人，我能够有机会到上海等地访学，我们先后在上海育才中学、复旦附中、华东模范中学等学校听课、评课，参与教研活动，并有幸聆听了全国特级教师于漪的精彩评课，特级教师李强的“关于作文训练”系列的讲座，颇有个性的方勇、王志斌、朱静、姚文艳、田亦武、王卿敏、宋桂芬等老师的语文课。每一天的日程都安排得满满的，早早起床，随便吃口饭就要在七点之前赶到平利路与李强老师会合，再坐

两个小时左右的校车前往育才中学参观、听课、评课，每天都要阅读老师指定的篇目，回到宾馆时往往已是华灯初上，接着是整理当天的收获和体会，诉诸文字发到博客上。在此期间，我最享受的是和同伴的评述与交流，内容可以是对讲课教师直观而细致的相貌描写，也可以是对教学思想的看法与评说，有时是对教学气氛的评头品足，有时是对教学环节取舍的看法……有意思的是，她感性时，我便故作深沉；她振振有词时，我便洗耳恭听。这样，争论得面红耳赤时，你一言我一语各不相让；意见一致时，又惺惺相惜地大呼："英雄所见略同"……半个月下来，我们同吃同住同欢乐，同哭同笑同交流，加深了了解，友谊也深厚了。更值得一提的是，我从同仁身上学到了许多对语文、对生活、对世界的看法，我想，这次交流不仅有益于我的教学，也对我今后的生活有一定的影响。

行走在幸福成长的路上……

程涛

名师简介

程涛，女，中学高级教师，济南市光明街小学校长。

幸福是什么？幸福是一个谜，不同的人有不同的答案。很庆幸，我选择了教师这一职业，并与教育结下了不解之缘。有人说，教育如果不能带给人幸福，那它就不要存在。作为一名教师，如果自己都不幸福，又怎么去帮助和引导学生幸福成长呢？在20年的教育生涯中，我从一名懵懂少年一步步成长为业务骨干和教育管理者，一路求索，也一路求解着幸福的答案。

一、梦开始的地方

“与君一席谈，胜读十年书。”这是学生时代的启蒙老师对我一篇习作的评语。这样的“高度评价”让我的内心受到极大的鼓舞和震撼，因为，一直以来我就不是一个喜欢读书和写作的孩子，无拘无束地玩耍更符合我的本性。从那时起，这一句小小的评语慢慢改变了我，让我喜欢上了读书，喜欢上了写作，开始用自己幼小的心灵去感受和思考这个神秘的世界。其实，现在我并不记得当时写了篇什么文章，但那句话、那位老师却足以让我铭记终生。在一个人的成长历程中，对其影响最大的，除了父母，莫过于老师了。学生时代的我总是不自觉地崇拜身边的老师，儿童的那种“向师性”使我渐渐萌生了做一名教师的愿望。1990年，初中毕业时我毫不犹豫地选择了去师范学校就读。三年后，怀着对教师职业的憧憬，我如愿以偿地登上了“三尺讲台”。“长大后，我就成了你”的旋律还在耳边回荡，19岁的我已站在了讲台上，面对几十双明亮清澈的眼睛，为人师的神圣感油然而生。“上好每一节课、教好每一个学生、做学生心目中的好老师”成了我的教育梦想。

二、“取乎其上”的启示

我对“三尺讲台”比别人多一份珍惜，多一份原动力。我以百倍的热忱和激情投入工作，把“上好每一节课，教好每一个学生，不让一个学生掉队”作为自己的奋斗目标。如何把抽象枯燥的数学教得生动有趣，对着教材、教参，我每每竭思极虑，也屡屡收获成功。每当看到孩子们因我所设置的悬念而疑惑，因被激发而不懈地探索，因获得成功而兴奋的时候，我也会与他们一同疑惑、一同探索、一同兴奋……那一刻，我发现自己是天底下最幸福的人。因为自己的这份“投入”，我很快进入校领导和教研员的视野，成为他们倾力培养打造的“苗子”。现在回想起来，任何一个人的成长都离不开其背后专业人士的支持和帮助，他们在不同的时期影响过我、帮助过我，使我在懵懵懂懂中由初出茅庐的青年教师成长为业务骨干。这也使我切身体会到：只有当内因与外因相互作用、完美结合时才能加速青年教师的成长。

我特别欣赏一句话：“取乎其上，得乎其中；取乎其中，得乎其下。”这是孔子教育学生的话语。意即定高目标有利于激发人的动力和斗志，即使达不到目标，退而求其次也不错。或者说，做事前要做最充分的准备，要付出高于目标的努力来达到目标。欣赏这句话是因为我做事的状态与之比较吻合，做什么事情都喜欢追求完美、不遗余力。在1993年至2003年的10年间，我先后承担公开教学活动40多次，每一次我都争取“思想上高度重视，行动上全力以赴”。为了不影响正常教学，我每天下班后才腾出时间准备公开课，几乎天天踏着暮色回家。有人说，“课堂教学是一门遗憾的艺术”，但我坚信只要肯下功夫、力求精益求精，就会减少遗憾。正是这份“取乎其上”的坚持，使我在各种教学比赛中屡屡获得成功。参加工作的第3年，我就参加了济南市小学数学青年教师优质课观摩评比活动，并获得一等奖。1998年，我代表济南市参加了山东省小学数学课堂评比活动，在40多节参评课中脱颖而出，获得一等奖第一名。没有人会随随便便成功，丰硕的成果总要在艰辛的付出之后才能获得。因为公开教学的缘故，我人生中最重要的两个假期——婚假和产假都没有休完，就回到了讲台上。课堂教学的磨砺让我学会了坚持、坚韧与坚强，更体悟到课堂教学的更高境界：课堂是师生共度的生命历程。作为教师，提高自己的课堂质量就是提高自己的生命质量。因为，一个高明的教师能在课堂中感受师生交流的愉悦、享受智慧碰撞的激荡、体验预设与生成的完美结合。一位教师只有不断提高自己的课堂教学水平，才能真正"触摸"到从事教师职业的幸福。

三、 蜕变中的思索

一名教师，应真正懂得"为师之道"，即"以德为师"与"以智为师"。在我看来，"以德为师"应是教师的"本能"，"以智为师"则是一名教师"不负学生"的关键。为此，我走上了"追寻理想的数学课堂"之一——教学研究之路，并不断地在头脑中建构自己的教学主张。1995 年，我承担了山东省"九五"教改实验课题"小学数学教学模式的研究"，经过 3 年的实验研究和反复论证，我创造了"迁移概括式"教学模式和"比较概括式"教学模式，写了近 2 万字的说明材料，参与大会总结交流，最后，获该实验课题成果一等奖。1998 年，我又承担了山东省"十五"课题"做数学——小学数学创新学习实验研究"，在以"做数学"为基本教学策略的理论研究和实践探索中，我不断地体悟到"做数学"的深刻内涵，"做数学"不仅仅是操作实验、合作探索，对学生来说，它更是一种经历、一种体验、一个发现、一项创造的过程。作为课题组核心成员，我在课堂教学中梳理出"做数学"的基本教学策略，即问题情境策略、数形结合策略、实验研究策略和优化策略。在课题研究的进程中，我的教学理念也不断提升，我深刻地认识到，学习归根结底是学生个体自主建构的过程，教师决不能越俎代庖，而要让学生用自己的头脑去思考，用自己的双手去体验，用自己的语言去表达，用自己的心灵去感悟。进入"十一五"之后，我对"数形结合"的教学情有独钟，并独立申报了济南市教育科学"十一五"规划教师专项课题"'数形结合'在小学数学教学中的应用研究"。著名数学家华罗庚说过，"数缺形时少直观，形少数时难入微"。5 年来，我和我的教师团队带领全体学生走进了"数形结合"的美妙世界。我们围绕小学数学的四大知识领域进行研究，充分运用"数形结合"的手段组织教学，挖掘出大量生动鲜活的典型案例。如今，"当你遇到难题时，别忘了拿笔画一画"，

“当你给别人讲题时，最好用形象化的手段来表达”，已成为孩子们宝贵的学习策略。在实验研究的过程中，我们深刻感受到，对于学生而言，“不管他们将来从事什么工作，唯有深深地铭刻于头脑中的数学精神、数学思维方法和研究方法，能随时随地发生作用，使他们受益终生”。随着新课程改革的实施，我不断地汲取着新课程理念的“营养”，也不断地触发我对课堂现状的思考。我发现过去的研究主要停留在教师如何“教”，而在一定程度上忽略了学生如何“学”的层面，于是，我的课堂研究转向了学习方式的变革。“十二五”期间，我申报了“小学数学‘自主大课堂’的研究”课题。这项课题引发了学校课堂教学的革命，也让教师们的教学观念发生了大的转变。“如何创建学习小组”“侧黑板怎么用”“如何引导组际竞争”“怎样培养自主学习的能力”“学生自主了，教师干什么”等问题的破解推动着课堂的变革。最终我们发现，“在问题解决中前行”正是我们的行走方式。为推进研究活动的深入开展，我创编了“济南市光明街小学自主学习七字歌”，朗朗上口的七字歌一下吸引了孩子们的“眼球”，成了自主学习的“好帮手”。如今，我们的课改正在如火如荼地推进着。

一路走来，回想自己的科研之路，会发现“研究”其实是个苦差事，因为只有在不断的自我否定中才能实现蜕变后的成长，但它也让我在痛楚中体会到“幸福”的另一种境界：如果你钟情于自己的事业，就会因热爱而投入，因喜欢而忘我。在别人看来是忙、难、苦、累，自己却可以沉浸其中，其乐融融。从这个角度来说，痛苦也是一种幸福。

四、“我”是至关重要的

美国著名教育心理学家吉诺特博士说过一段话，对我影响至深。“在经历了若干年的教师工作之后，我得到一个令人惶恐的结论，教学的成功和失败，‘我’是决定性的因素。‘我’个人采用的方法和每天的情绪，是造成学习气氛和情境的主因。身为老师，‘我’具有极大的力量，能够让孩子们活得愉快或悲惨，‘我’可以是制造痛苦的工具，也可能是启发灵感的媒介。‘我’能让人丢脸，也能叫人开心，能伤人，也可以救人。无论在什么情况下，一场危机之恶化或解除，儿童之是否受到感化，全部决定在‘我’”。第一次读到这段话时，我的内心十分震撼，也十分惶恐，生怕因为自己的无意识而“伤”了人，制造了“痛苦”。我不断地对自己说：“作为孩子们的老师，我是至关重要的！”回顾自己20年的教师经历，我不断地从心底发出一种渴望——“让每一片树叶都得到阳光的普照”。世界上没有完全相同的两片树叶，作为教师，面对“千姿百态”的学生，要学会欣赏每一个学生，用自己的智慧去关照每一个生命个体的成长。数学是一门抽象性、逻辑性较强的学科，这就出现了一些成绩暂时落后的学生。面对这样的学生，我总是充分地信任、鼓励他们，去发现他们身上的“闪光点”，让他们像其他孩子一样健康成长。因为我知道，成绩的落后是暂时的，自信心的养成却是一辈子的事。差异总是存在的，真正成功的教育是让每一个孩子做最好的自己。正如我国著名美学家朱光潜所言：“我得到一个和常识不相同的结论，就是：欣赏与创造根本难分，每个人所欣赏的世界就是每个人所创造的世界。”

这样的理念在我成为一名教育管理者之后仍深深地影响着我。2001 年在学校副校长竞聘中，我以总分第一名的成绩被调入经七路第一小学做教学副校长。6 年后，在组织的安排下，我又被调入济南市光明街小学，成为一名小学校长。由教师到校长的角色转变，使我不再执迷于自己课堂教学的方寸之间，面对几百双明亮清澈的眼睛，久违了的神圣感再次油然而生。“如何让师生享受到成长的幸福，让生命在工作与学习中得到完美提升”，成了我的教育理想。我突然发现，因我一己的努力有可能为 500 多名师生带来成长的幸福，我为这样的想法而不断努力。我的工作重心由培养学生转移到培养教师层面上来，成就一位好教师就等于成就一批好学生，而我的努力最终会作用到学生身上。因此，我始终将自己作为数学教研团队中的一员，一方面扎根实践，一方面努力发挥自己的带头引领作用。不管哪位教师参加评比课、研究课活动，我都亲自跟上、靠上，与他们一起反复试讲、精心研磨，并多次上研究课，供老师们“评头论足”。这样的氛围加速了青年教师的成长进程，取得了丰硕的教学成果。我先后指导 10 多位青年教师在各级教学比赛中获奖。2003 年，我被评为“山东省教学能手”，2008 年获“山东省县级教师培训机构教学能手”。2010 年，在教育部重点课题“小学数学教师专业化成长途径的研究”结题现场会上，我和校数学团队进行了现场展示。正是对这些活动的倾情参与，使我与我的教师团队一直共同成长着。

不知从何时起，我发现我的幸福感来自于“身边的人”，我为他们像我一样获得成长的幸福而感到欣慰。从教师到校长，我再一次发现“‘我’是至关重要的”。

五、学而时习之，不亦说乎

朱永新教授曾经说过：“一个人的精神发育史就是他的阅读史。”近20年来，读书不仅是我教师职业的需要，更成为我重要的生活方式。《成功并不像你想象的那么难》这本书告诉我，只要足够努力，任何人都能有所成就。朱永新的《享受教育》触发了我的教育灵感，帮助我逐步构建了光明街小学“享受成长，奠基未来”的办学理念。魏书生老师说：“这个地球上任何一份平凡的工作，当你全身心去做的时候，它都是一个宏大的世界，都有无穷无尽的学问。”这种“一花一世界”的境界引领我在纷繁的事务和浮躁的现实中独守一方清净，静下心来研究教学、思考教育。《治校之道》《做一个幸福的老师》《教育的智慧与真情》等书籍都带给我不同的惊喜与收获，每读一本书都是一次对心灵的洗礼，都带给我教育和管理的智慧。现在细细回想起来，对我影响最大的一本书还是我们的国学经典——《论语》。在学校创建“孔子文化主题学校”的过程中，我要求每一位老师都要读《论语》。其实在此之前，我也没有静心读过。但当我真正走近《论语》时，才发现它是如此博大，我们的“至圣先师”孔子不愧是“万世师表”。当我狭隘时，他告诉我“夫子之道，忠恕而已矣”；当我固执时，他告诉我“己所不欲，勿施于人”；当我退却时，他告诉我“仁者不忧，智者不惑，勇者不惧”；当我迷茫时，他告诉我“本立而道生”；当我烦恼时，他“发愤忘食，乐而忘忧，不知老之将至”的境界让我释然。“己欲立而立人，己欲达而达人”成为我的行动指南，“修己以安人”成为我为人处世的准则。真正有生命力的东西是可以穿越时空的。《论语》——这部中国人的“圣经”，穿越2000多年的时空给我这样一个凡人带来了精神的慰藉和心灵的快乐。正如于丹教授所言：“《论语》的真谛，就是告诉大家，怎么样才能过上我们心灵所需要的那种快乐的生活。”《论语》就是教给我们如何在现代生活中获取心灵快乐，适应日常生活，找到个人坐标。

与静心捧读相比，另外一种学习是我不得不提的。回想近几年的工作经历，各种专题培训伴随着我的职业生活，不断为我的精神领域注入新的生机与活力。教师和校长的双重身份使我成了一个“交集”，也就有机会享受更多的“福利”。我曾先后到北京、上海、南京、青岛、洛阳等地参加各种教师或校长高级研修培训，这些培训使我有机会与魏书生、李希贵、冯恩洪、郑杰、刘京海、程红兵等教育大家面对面对话、倾听、交流、思考。

他们个个“乐业”，因热爱而追求了一辈子；他们个个博学，视角独特而全面；他们各有特色，或空灵高远，或立异标新。正是他们的“乐业”、博学和个性成就了我每次非凡的精神之旅，让我在回到“现实”时仍频频回味，流连忘返。尤其是魏书生老师，他给我留下了深刻的印象，他所倡导的“松、静、匀、乐”的学习和生活方式让我全方位领略了他至真、至纯、至高、至善的境界。“松、静、匀、乐”的状态不仅能让人释放潜能，更让人修身养性、享受人生。

行走在成长的路上，回头望望，我已走了好远。虽然有些路程行走得比较艰难，但心中涌动的，更多的是超越自我的喜悦和对前方的渴望。虽然我的教育梦想还没有实现，还有很长的路要走，但我并不沮丧，因为我发现幸福不在追求的终点，它就在当下，在起点与终点之间的一个个具体的行动中。它将激励我不断从新的起点出发，迎着阳光一路前行……

附：我的教学主张

数形结合，通向数学花园的金钥匙

在许多同学眼中，数学是死板的、抽象的，他们片面地认为数学就是枯燥的概念、法则和没完没了的计算、解题。我国著名数学家华罗庚说过：“认为数学枯燥无味，没有艺术性，这种看法是不正确的，就像人站在花园的外面，说花园枯燥无味一样。”数学中“优美的曲线，绝妙的构思，丰富的想象，严密的论证，神奇的黄金分割，千姿百态的几何图形，变换无穷的数的世界”，都能唤起大家追求数学之美的情感。“工欲善其事，必先利其器”，“数形结合”正是通向数学花园的金钥匙。

“数”和“形”是数学中两个最基本的概念，“数”，属于数学抽象思维范畴，是人的左脑思维的产物；而“形”主要指几何图形，属于形象思维范畴，是人的右脑思维的产物。数形结合的实质就是将抽象的数学语言与直观的图形结合起来，使抽象思维和形象思维结合起来，化难为易，化抽象为直观。华罗庚对“数”与“形”之间的密切联系有过一段精彩的描述：“数与形本是相依，焉能分作两边飞，数缺形时少直观，形少数时难入微，数形结合百般好，割裂分家万事休。”寥寥数语，把“数形结合”之妙说得淋漓尽致。通过下面两个问题的解决，大家会初步感受到“数形结合”的魅力。

中年级同学在学习“连乘问题”时可能会遇到这样的问题：向阳小学

有 6 个年级，每个年级 4 个班，平均每班 45 人。你能算出全校大约有多少人吗？解题方法有“45×4×6”“45×（4×6）”“45×6×4”三种。对于前两种解法大家都比较认可，但对第三种解法却产生了争议，似乎怎么也说不清“45×6”算的是什么。这时不妨画图来试试。我们可以用“□”来表示一个班的人数，那么一个年级的人数该怎样表示呢？全校的人数又会是什么样子的呢？（如图 1）

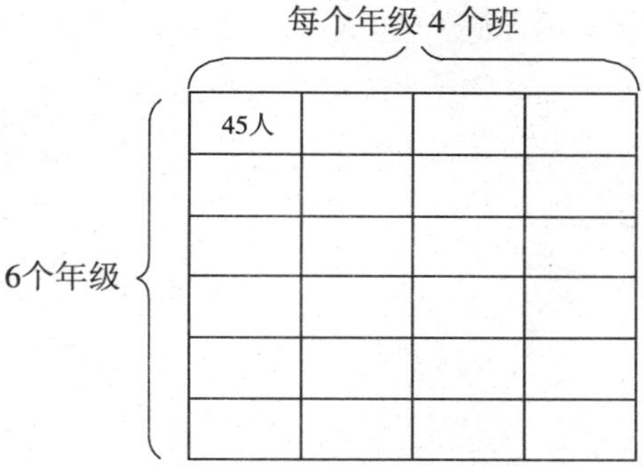

图 1

这个大长方形就是全校同学人数的“缩影”，读者一定觉得很有意思。通过分析图形，我们可以直观地发现，“45×6”就相当于算出了所有一班的人数，再乘以 4 就算出了全校的人数。这样，通过画图，隐藏的数量关系通过“形”的表象就显现出来，从而一目了然了。

高年级同学对“有关计划与实际比较的问题”一定深有体会，“计划”与“实际”一掺和，说不清楚，讲不明白，很容易出错。但如果你能拿起笔来画一画，情形就大不一样了。比如，“学校食堂买来一些大米。计划吃 8 天，实际上每天比计划多吃 5 千克，结果提前 2 天就吃完了。你能算出原计划每天吃多少千克吗？”这个问题乍一看，无从下手，但如果我们能想到用一个长方形来表示“买来大米的总量”，思路就打开了。（如图 2）

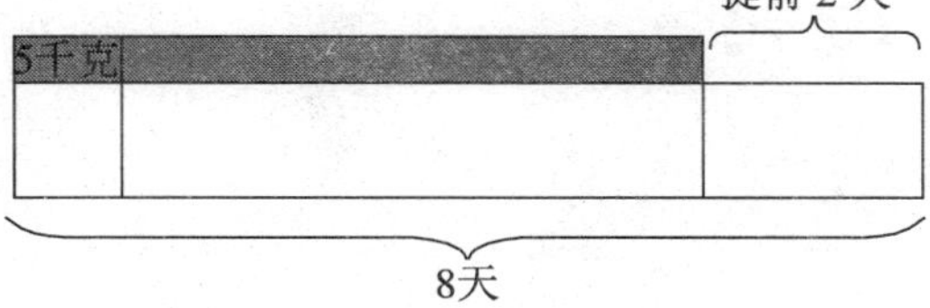

图 2

上面的图能“读”懂吗？如果能，说明我们的左右脑开始共同运动了。白色的大长方形表示大米的总量，灰色的小长方形就表示每天多吃的5千克，灰色的大长方形呈现的就是（8－2）＝6天总共多吃的千克数。因为每天都多吃5千克，所以导致提前2天吃完，总共多吃的千克数其实就是原计划2天吃的千克数，即5×（8－2）÷2＝15（千克）。

现在，读者可能已经感受到“数形结合”的魅力了，其实，还不止这些。“数形结合”作为一种重要的数学思想，广泛地渗透于小学数学各年级的学习中，如果我们能发现它，它就会成为我们攻克抽象数学问题的制胜法宝。记住，左右开攻，百战不殆！

引导教师走上教学研究的幸福之路

周建华

名师简介

周建华，数学教师，济南市西堡小学副校长。

我们不能决定生命的长度，但可以拓展它的宽度。肩负一份责任，志存高远，与书为友，到书的世界里诗意地栖居，与大师、高尚者对话。坚持就是品质，习惯就是素质。有文化才会有底蕴，有底蕴才会有底气，有底气在课堂上才会有灵气。大胆作为，努力演绎思想流动、思维碰撞的课堂。

著名教育家霍林沃斯说："教育研究有利于教师从无效的知识中解放出来。"英国著名教育家贝克汉姆也说："教育研究能增强教师的自尊心和专业性。"苏霍姆林斯基也说："如果你想让教师的劳动给教师带来乐趣，使天天上课不至于变成一种单调乏味的义务，那你就应引导每一位教师走上从事研究的这条幸福的道路上来。"多年的教育管理与教学实践已使我把课题研究对教学工作的重要引领深植于心，"应用自己的教育教学经验与课题研究的实践常识，引导教师走上教学研究的这条幸福的道路上来"则成了我的教育思想、教学行动与责无旁贷的责任。

2002年，应学校要求，我个人承担了"小学数学小组合作学习"的课题研究工作。开始时总会遇到挫折，也曾受到过很多领导与老师的质疑。但我明显感受到了学生的可喜变化，内心也就坚定了继续研究的信念。功夫不负有心人，3年的潜心钻研、精心培养，让我品尝到了课题研究带来的喜悦，奠定了我今天获得荣耀的基础。

2006年，在区教研室引领下，我带领学校6名数学教师代表农村小学参与了教育部重点研究课题“小学数学教师专业化成长途径的研究”课题研究工作。在这所师资力量薄弱、校舍破旧、从未被关注过的农村小学校里，我们围绕课题研究内容与目标，一起编撰小学数学趣题，一起进行课堂教学讲题比赛，一起设计组织各种有利于教师专业技能成长的活动。在将近半年的时间里，我们先后参加了区、市分别组织的“小学数学教师专业知识竞赛”“小学数学教师专业技能邀请赛”等活动，荣获市、区荣誉证书共计37件，人均6件。这些成绩的取得引起了各界的瞩目，在这个过程中，教师们真正领略到课题研究的魅力，品尝到课题研究的甜头。

喜欢智慧共享，喜欢沉醉集体之中，喜欢提高自己，更愿意带动别人，这就是我当时的思想写照。看到其他教师因努力而取得的成绩，我最大的幸福就是分享他们的喜悦与快乐。

从2008年开始，我着力于课堂教学改革的研究工作，仍然是以课题为引领。我们最初以“实现自主学习，构建高效课堂”工作为实施方案，最后在济南市教育科学“十一五”规划2010年度课题中以“‘双线’推进，实现小学自主课堂教学改革的研究”为课题名称立项。这一项课题研究的开展，大大丰富了我对课题研究的认识，并提高了我的课题研究水平。

为保证课堂教学改革顺利进行，学校3年来不断制订和出台新的制度与措施，并逐步完善。

1. 为培养学生的自主学习能力，学校为每个班级、每个小组配备了供课前预习和展示交流使用的小黑板。

2. 根据新课改的核心理念提出了一节好课的10个评价标准，主要突显学生课堂参与与合作探究的深度、课堂氛围、师生关系、生生关系等问题。

3. 提出了“35＋5”的课堂教学改革模式，即35分钟学生交流展示，师生互动、引导、总结、提升环节，5分钟当堂达标检测环节。

4. 建立了学生学习评价公示栏，在校园显著之处建立了两个“1.2米×2.4米”的学生学习评价公示栏。一个是1～3年级学生学习评价公示栏，另一个是4～6年级学生学习评价公示栏，并制订相应的管理措施。两个公示栏的建立有效提高了学生的学习热情，并吸引了家长的关注。

5. 建立了能够保障课堂教学改革有效推进的三个制度。

（1）教师听课制度：每位教师每学期听本校教师的课不少于20节。

（2）评课制度：每位教师都要参与学校统一开展的听课活动并评出成绩，评课成绩不得雷同。

（3）教师课堂教学评价激励制度：每学期每位教师所有课堂教学成绩平均值作为每位教师课堂教学成绩。

6. 成立了课堂教学改革测评小组。

测评小组由3位教导主任、3位教研组长共计6人组成。测评安排：由教导处统一安排，每周五下午放学前，以书面形式公示下周测评安排，每周测评课不少于3节，尽量保证每天1节，每个教研组每周都有被测评教师。

7. 提出了课堂教学测评小组的职责要求与说课、评课流程。

（1）课堂教学测评小组职责要求：课堂教学测评小组在测评课基础上，每周推出1节好课供全体教师集体观摩；每月向全体教师进行一次阶段性总结与汇报，以示引领。

（2）课堂教学测评小组说课、评课流程：执教教师根据“实现自主学习，构建高效课堂”呈现课堂元素、说设计理念及课堂效果，测评小组成员依次评课，执教教师所在学科负责领导根据评课建议写出评课总结。

8. 规范说课和评课的方式与要求。

（1）说课：评课前每位执教教师根据“实现自主学习，构建高效课堂”课堂评价元素说设计理念及课堂效果，会后根据课堂实践及评课情况写出课后反思。

（2）评课：由校长、测评小组成员根据测评情况进行有序评课。评课主持人——教导主任根据评课内容提炼、归纳、梳理，提出继承、摒弃或改进建议，会后执教教师所在学科负责人写出评课总结。

9. 组织4种课堂教学展示形式：①“每人一堂课”活动；②以教研组为单位开展的研究课活动；③学校组织的观摩课活动；④学校测评小组组织的测评课活动。

10. 进一步开展了4个活动阶段：①“每人一堂课”——“我的课堂我展示”活动阶段；②“我的课堂你观摩”活动阶段；③“我的课堂你测评”活动阶段；④“我的课堂我达标”活动阶段。

东京大学佐藤学教授说：“一所学校要有所发展，要有改进，必须敞开教室的大门，相互评论，连环跟进，除此之外，别无他法。”学校课堂教学大门的敞开，说课、评课环节的连环跟进，卓有成效地促进并加快了学校课堂教学改革研究的步伐。

一、 学校课堂教学改革研究取得的成效

（一）课堂教学模式的变化

学校的课堂是开放的课堂，大家总是在不断的学习、借鉴与反思中不断提高着自己，加之测评小组成员“每天发现一点点，每天总结一点点，每天推进一点点”的方式推进着学校课堂教学改革的发展。

目前，6 大环节构成了学校课堂教学的基本模式：①提供导学案；②先学后教，课前预习；③课堂展示：生生、师生互动交流；④教师更正、点拨、补充、总结；⑤拓展提升；⑥5 分钟当堂达标检测。

根据学科特点，在六大教学模式的构建下，各学科也有自己细微的处理。

数学教研组：采取“先学后教、课前预习”的方式，以问题为出发点，采用以题目推进思维的方法，通过学生课堂展示，生生、师生互动交流等环节，让学生在知识掌握中培养自主学习能力。

语文教研组：语文学科也是采取先学后教、课前预习、设计动点、课堂展示等方式，培养学生的自主学习能力。“识字”教学采用此方式效果最显著。“阅读理解”教学主要借鉴数学教学中“从问题出发、利用问题推进思维”的方式，作为培养学生自主学习能力的主要突破口。

英语教研组：英语课也是基于先学后教的理念，把培养学生的英语拼读能力作为解决问题的突破口。要求像小学生学习汉语拼音那样以分音节标注音标再整体认读的方式，重视学生拼读英语单词的能力，为学生自主学习单词探寻出路。因此，教师课前也为学生设计预习纸，指导学生掌握预习方法和预习内容，通过课堂展示，让学生获得成就感，培养学生自主学习的能力和信心。

此外，在研究过程中，很多老师根据自己的研究经验还总结出了很多需要注意的问题，最典型的有姜艳艳老师总结出来的：课前有预习，更要有交流；课堂上要注重培养学生良好的发言和倾听习惯；要及时跟进行之有效的评价机制等。这些问题对每一位教师的教学都有很大的帮助。

（二）学生课堂的变化

课堂教学改革是教师教学方式和学生学习方式两方面的变化，成果在

课堂，课堂看学生，学生学习内驱力的变化和发展是课改关注的焦点。学校“实现自主学习，构建高效课堂”的课改目标实施方案提出以后，从课改元素要求呈现，到课改十项措施的出台，再到学校三年课改成果的展示，让我们听一听教师们教研评价时自己激动的声音。

姜艳艳：“学生原来都是嘟着嘴不说，现在学生抢着说，而且讲起题来思路清晰、完整。”

孙同华：“老师教学有方法、讲策略，一个无言的小小的举动就足以有效组织课堂，使学生迅速到位，一种默契，一种令人心怡的课堂文化正在渐渐形成并吸引每个老师都想效仿。”

……

（三）教师的成长变化

王伟老师在学校已任教 21 年，他朴实、低调、不善言谈。在本次课改中，他脱颖而出，由平凡走向卓越，一跃成为学校课改的排头兵。在“我的课堂你观摩”活动中他首当其冲，槐荫区诸多学校的教师来观摩，教育电台来采访，多次课堂展示主会场都有他的风采。老师的一个眼神，一个动作，足以组织、调动每一个学生；一种默契、一种自动化程序，学生人人会参与、人人会讨论，积极、主动的课堂氛围鼓舞着每一位听课的教师。

姜艳艳老师作为课改中成长起来的年轻教师典范，曾站在槐荫区的讲台上与年轻教师一起交流成长，而且还应邀在全国教育科学“十五”规划教育部重点课题“小学数学教师专业成长途径的研究”结题现场会上执教“分数加减法”一课，多次获得评优课一等奖。

笔者作为学校副校长，课题研究的负责人，课改工作的倡导者、先行者与管理者，2010 年 7 月被确定为槐荫区第二届名师培养人选；在槐荫区教师素质大赛中获一等奖；应邀到云南昭通讲授同课异构“可能性”一课，受到好评。

（四）学校声誉的提升

2010 年 6 月，学校作为“课改先行学校”承办了槐荫区乡镇课堂教学改革现场会。2010 年 10 月，学校代表槐荫区迎接了“济南市义务教育课程改革先进学校评比”活动，被评为槐荫区“课改先进学校”。2012 年 4 月 28 日，学校在镇内召开了语文和综合专场三年课改总结展示会；2012 年 5 月 23 日，学校在市、区、镇各级领导的关心、指引下，以数学教研组教师为代表，组织全区数学教师成功召开了数学课改三年总结展示会。槐荫区

《探索报》，2010年4月版，头条刊登了关于学校的《盎然春意在西堡》的课改宣传报道。《风景这边更好》是《探索报》就学校课改掠影的另一篇宣传文章。济南教育电台也制作教育短片加大了对学校课改的宣传力度。学校数学教研组是在课改中成长起来的集体典范，组内共计9人，2010年在全区教师素质大赛中获得了集体二等奖第一名的好成绩，并在会上作了典型经验介绍。

正是这一次次会议的召开使学校教师的意识得到提升、经验得到总结、方法得到指导、专业得到发展，学生能力也得到提高。这就是课题引领课改给予我们的最大褒奖。

二、 学生学习评价激励机制在课改中的推动作用

评价是武器，评价是引领关注每个学生的学习过程，学生学习评价激励机制在学校课改中的推动作用不可小视。

科学组建学习小组；为每个小组选一名得力的组长；起一个响亮的名字；编一个相应的代号；等级代换，让学生品味成功，树立自信；引进竞争机制，实行量化管理；每位教师以小组为单位制订并建立适合自己学科的学生学习评价激励机制；课堂及时评价，评价知识点，评价学生的学习态度、学习状态、声音、形体语言等；在教室墙壁上设立“小组评比积分栏”……所有这些，都为学生自主学习能力和习惯的培养奠定了基础。

为此，学校相应建立了许多评价策略，教师们也都有自己独特的做法。

1. “比赛加分”法

“比赛加分”法，即在黑板上画表，分1到6组，回答1次加1分，声音洪亮再加1分，难题答对加2分，课后统计总分，班长记录，各组分数加起来排出前3名，进行奖励。表现优秀的给发奖状，10个奖状升1级，依次提升。

2. 神奇的圆片

每个小组同学以成绩为标准按好、中、差分组、排序和编号。这就是学校五年级一班同学的分组、排序、编号情况，不同序号的同学持有不同颜色的圆片以示区别。粉色圆片表示1号同学即小组中的优秀代表；以此类推，蓝色圆片表示4号同学。

课堂教学的具体激励办法：为激励“后进生”，关注每个学生，回答问题时，每个小组中编号最大的同学即“后进生”先回答，答对了在小组桶

内投以相应圆片。答错了，小组其他同学纠正或给予帮助，纠正或帮助的机会只有一次，如果本小组帮助的同学再次答错，机会就要留给其他小组，这样做的目的是既照顾后进生，又保证其他小组同学的参与。

另外，在课堂教学中，教师为提高课堂效率，要能够关注每个小组，让每个小组的同学都有展示的机会，并让他们以最快的速度获得可参与的信息，在课堂教学中为每个小组同学制作圆形磁片，以及时翻牌的方式提醒可参与的小组，这样在有些环节既可及时抢答，又可有序进行，抢答和有序穿插进行，既保证了课堂的有序性，又保证了课堂的有效性，重要的一点是便于教师给予每个学生机会。

3. 到“购物超市”去看看

此“购物超市”非彼“购物超市”。这是西堡小学的一些班级为促进学生的学习兴趣，根据学生的年龄特点而制订的新型评价机制——“超市购物家园”。即每天按照“每日得分标准”和校“每周一评总评价记录表”，对每一位学生作出综合评价，每周五由超市副总经理（学生任命）根据校“每周一评总评价记录表”算出每位学生本周综合评价所得总分，然后按照“50分=1个金币”的兑换规则，为每位学生兑换金币，而学生则可以随时用金币去超市购买自己需要的学习用品。这种评价机制不仅让学生充分享受到自己“挣钱”购物的乐趣，同时渐渐地为学生渗透了理财的思想。

金币兑换规则：每周根据校“每周评价统计表”将每人的课堂参与、作业完成、纪律表现所得分值进行汇总，算出总分，并记在“金币兑换登记表”的“本周得分”处；实行“50分兑换1个金币”的兑换规则，将兑换后的金币按数上榜张贴，而将剩余分数保留并填写在“金币兑换登记表”的“剩余分”处，以备与下周的“本周得分”相加进行下一次的兑换。金币兑换后，学生可根据需要随时去超市进行购物，买自己想要的东西，同时超市经理要扣除与该生所买物品相对应的金币数；超市内的商品可每月调换一次，以满足学生对学习用品和其他用品的需求。每两个月超市可举办一次“幸运顾客大抽奖”活动，将近两个月来到超市购物的“顾客”编号，进行大抽奖。抽出一等奖1名，奖励5个金币；二等奖2名，各奖励2个金币；三等奖5名，各奖励1个金币；为了超市的健康有序运营，超市将聘任总经理1名，副总经理2名。总经理，负责超市商品的买卖——超市的商品更换和商品价格的制订；副总经理，负责“金币兑换登记表”的填写和日常超市秩序的维持。

一天一种样子，每天都有新的变化与精彩。学校教师们的这些评价激励机制不但调动起了学生自主学习的积极性，而且也给学生们的童年带来了无限乐趣。

三、 课改感受与评价

课改提升了学校声誉，成就了教师，也培养了学生。

目前，我正在主持“十二五”课题的两项课题研究工作。为对本镇其他学校教学工作有所引领，我被安排负责本镇5所学校的教学管理工作。

本学期，我在5所学校调研了24节课，发现诸多问题。而后，我写出了调研报告，组织召开课堂教学调研反馈会。在会上，我指出了存在的问题，并确立《课堂教学问题现象与解决策略研究》。分析研究归因，明确研究内容，指出研究目标，提出研究策略，一切工作在调研总结反馈会上都被安排妥当、一气呵成。

通过本次活动，教师们一致反映，问题清晰了，目标明确了，可操作性强了，并且这种研究确确实实解决了教师的课堂教学实际问题。这些问题每个教师都存在，也都可以参与解决，因此参与范围广、密度大。教师们需要这样的指导与研究。

工作需要激情，工作需要思想。我用我的实践与认知带领周围的教师开展课堂教学研究工作，有收获也有不足，但思想认识不变。课堂上想要有教师的思想流淌，有学生的思维碰撞，就需要充实自己、提高自己。给学生一杯水，自己就要有一桶水，这需要教师共同研究，不断发现与总结，不断用理论与实践支撑自己。

在课题引领的这条路上，我成长起来，也期盼有更多的教师比我走得更远。

附：我的教育故事

走在“名师”培养的道路上

茫茫人海，芸芸众生，我知道我本平凡，也很普通，但平凡绝不意味着平庸。人生的每一次努力，都在为明天埋伏笔，在适当的时候偿还给我们。懂得了这些，就会自觉地珍惜每一次锻炼的机会。在一次次不断磨砺、努力与付出中，我荣幸地得到“名师”培养的机会。这次机会非常珍贵，我感觉身上又肩负了一份新的责任。在职责、机遇、挑战面前，我开始打点行囊，重新整装，向更高的层次出发。

懂得珍惜，懂得谦卑，就要了解自己应尽的职责：磨砺、提升、榜样、带动。我想起了高尔基笔下的海燕，我愿像海燕那样在广阔的天地里拼搏、奋进、锻炼、成长。

肩负一份责任，志存高远，与书为友，到书的世界里诗意地栖居，与大师、高尚者对话。坚持就是品质，习惯就是素质。有文化才会有底蕴，有底蕴才会有底气，有底气在课堂上才会有灵气。正如我非常欣赏的一段话，“我们不能决定生命的长度，但可以拓展它的宽度；我们不能改变天生的容貌，但可以时时展现笑容；我们不能企望控制别人，但可以好好掌握自己；我们不能全然预知明天，但可以充分利用今天；我们不能要求事事顺利，但可以做到事事尽心。”

歌德说：“责任就是对自己要去做的事情有一种爱。”修女玛丽·劳里特也说：“成功的第一要素便是热爱你的工作。”人生是一本存折，需要储备的太多。为了肩负起这份神圣的职责，为了做好每一份储备，为了“名”有所符，让我们从每一天、每一点、每一个细节做起，尽自己的最大努力，与志同者同行，在教育这片热土上活出生命的精彩！

让每个学生都爱上学习

玄秋玲

名师简介

玄秋玲，济南第十二中学生物教师。

泰戈尔曾经说过，教育的目的应该是向人传递生命的气息。教育应该从尊重生命开始，使人性向善，使人胸襟开阔，使人唤起自身美好的“善根”。我认为每位教育工作者都要通过唤醒、引导、鼓舞等手段来使学生“亲其师而信其道，信其道乃受其教”，为每一位学生的发展负责。

对“初中生物学教学中的学习动机激发”的思考

教育心理学认为：学习动机是直接推动学生学习活动的内部动力。

人的任何活动，若没有动力，都是不能发动并维持下去的，学习活动当然也不例外。学习活动的产生和持续涉及内部的和心理上的原因，这就是学习动机。学习动机是学生完成学业的最直接的内在动力。

根据产生这种动力的不同原因，学习动机可分为两类：功利驱动的学习动机和志趣驱动的学习动机。

功利驱动属于外部动机，指人们不是对学习本身感兴趣，而是对学习所带来的结果感兴趣。如有的学生是为了考试，为得到奖励、避免惩罚、取悦老师等。

志趣驱动属于内部动机，与外部动机相反，它是人们因学习本身所引起的兴趣而产生的动机。它不需要外界的诱因、惩罚来使行动指向目标，因为行动本身就是一种动力。就是因为喜欢，所以才努力去学习。

如果功利驱动是一种应试教育，那么志趣驱动就是素质教育。我们最需要做的就是激发学生志趣驱动的学习动机。

关注生物学是人的本性。人本身有生物属性的一面，本能地对衣食住行有浓厚的兴趣，比如，我们吃的是什么食物，它们有什么作用，怎样饲养小动物，生物为什么会长大，怎样才能健康地生活，等等。从这点看，激发学生志趣驱动的学习动机，生物学科有着得天独厚的条件。教学中，我们要充分利用这些条件激发学生的学习动机。

运用一切教学策略唤醒志趣，激发潜能，工作中，我们运用的教学策略有很多。比如，建立融洽的师生关系，使学生“亲其师，信其道”。通过适时地对学生进行鼓励，积极营造愉快的学习氛围，使学生产生强烈的学习动机。再比如，创设“问题”情境，激发学生的求知欲和学习的积极性；用教师对生物学的热爱感染学生热爱这门科学；引用生动、有趣的故事激发兴趣；联系生活实际，激发兴趣，等等。

老师们早已经把以上内容融入了日常教学工作中。我想说一下我在两方面的体会。

第一，充分开发利用现有的课程资源，指导学生进行研究性学习，激发学生的学习动机。

学校有一个“仿真鸟科普馆”，它是山东师范大学生物系王宝荣教授捐赠的。王宝荣教授是鸟类研究专家，曾跟随苏联专家学习，王教授对鸟类有着独特而深厚的感情，深知鸟类对人类的重要性，同时对鸟类数量的减少也有敏锐的察觉。近几年，国家将对稀有鸟类的保护上升到了法律地位，人们保护鸟类的意识也日益增强。为了让人们认识这些受保护者的“面孔”，王教授另辟蹊径，通过制作仿真鸟标本，将“保护鸟”展现在人们面前。王宝荣教授花费了 30 多年的心血，利用废旧物品制作了国际“保护鸟”和中国一级、二级“保护鸟”以及中日协定“保护鸟”等科学仿真标本 140 多件。这些“保护鸟”科学仿真标本的科学性等同于真鸟标本，解决了珍稀保护鸟类的标本问题。王宝荣教授希望这些标本能为珍稀鸟类的保护事业尽一份力量，所以将这 140 件“保护鸟”科学仿真标本全部捐赠给了济南市第十二中学。

借助学校独特的教学资源，我们愿意尝试进行一些研究，最终，我们把课题定位为“研究型课程”的开发，让学生在自我探究学习的过程中去体会环境保护的重要性，去感悟生命的珍贵和美妙，培养他们的“创新精神和实践能力”，让他们体验探究的快乐，激发他们的学习兴趣！由此，我们提出了“‘识鸟、爱鸟、护鸟’校本研究型课程开发的研究”这个研究课题它包括八个专题。

（1）走进仿真鸟族馆——联想鸟类生活，激发研究兴趣，促成“问题引领”。

（2）我好羡慕你会飞——探究鸟类飞行生活的特点，形成“结构与功能相统一”的核心理念。

（3）请到鸟巢来做客——探究鸟类的栖息地，形成“生物与环境相适应”的核心理念。

（4）鸟宝宝成长日记——探究鸟类生殖、哺育的秘密，产生“珍爱生命”的思想情怀。

（5）鸟喙一瞥——探究鸟类的喙与食性的关系，形成“结构与功能相统一”的核心理念。

（6）鸟足风采——探究鸟类的足与生活环境的关系，形成“生物与环境相适应”的核心理念。

（7）大自然的美容师——探究鸟类在生物圈里的作用，树立“生态文明”的价值观。

（8）山东人民的骄傲——考察大天鹅自然保护区，抒发“爱国主义”情怀。

第二，充分发挥生物学实验在培养学习动机中的作用。

首先，在课堂教学中，把挂图、标本与活体实物结合起来，将学生实验与知识学习结合起来，采取边实验边讲授的教学方法，尽量使学习变得直观、形象、轻松。

如膝跳反射实验，这些实验既活跃了课堂气氛，又激发了学生的学习兴趣。实验中，注重引导学生的自主参与意识，老师只提出指导方法和注意事项，学生自主探究，不拘形式。

其次，增强实验的趣味性。如讲“昆虫的呼吸”时，设计了蝗虫头部浸入水中却淹不死的实验。实验前，让学生亲自到野外捕捉蝗虫，感受大自然的美妙，教育学生热爱自然、热爱生活；实验时，学生亲自动手准备器材、做实验，当学生用放大镜在蝗虫的胸腹部找到了呼吸器官时，自己就找到了答案。成功的喜悦和探索的乐趣会使他们被学习的强大魅力所吸引。另外，还可进行观察鲫鱼、蚯蚓等各种各样的实验。

另外，重视课外实验的“魅力”。

青岛一位老师引导学生做的一组实验，给了我很大的启发。生物课外实验是中学生物实验的重要组成部分，同时也是生物课堂的一种有效补充和延伸。但是，由于多种原因，很多老师未能充分重视课外实验的教学，影响了学生对知识的掌握以及能力和素质的提高，也失去了对学生学习兴趣的培养和思想教育的绝好机会。如把“探究蚂蚁的觅食行为”“探究根的向性”“观察青蛙的变态发育”等设计为课外实验，可以让他们对生物这门科学产生浓厚的兴趣。

通过以上各种措施，在学生分析和解决问题的过程中，在他们进行实验探究的过程中，又潜移默化地培养了他们热爱生命、敬畏生命、感恩生命、珍惜生命、博爱生命、与自然和谐相处的高尚情操。这正是我们所提倡和要求的。

总之，激发学生学习兴趣的方法有很多，只要我们大胆去尝试、用心去琢磨、用心去挖掘、用心去寻找、用心去教学，激发学生的学习动机，学生一定会更加喜欢我们的生物学科。

附：我的教育故事

我的教育教学之路

“幸运”的求学之路

“人活着就是一种修行”，对我而言，生活更是一种感恩。

一路走来，我在生活中遇到了许许多多的“贵人”，他们给予了我或温馨的友情、或善意的批评、或亲人般的包容、或无私的帮助与关爱——我默默地感激他们、祝福他们，并尽我所能去善待周围的人。

在这些“贵人”中，有一位不得不提，因为他改变了我的人生轨迹。他就是我的初中数学老师——亓老师。我对于小学生活几乎没什么印象，除了清晰地记得曾被语文老师（我本家的叔叔）撕过几次作业本（因为字写得不好）之外，就傻乎乎且“幸运”地上了初中。我原以为考不上初中，哪知道人人都可以上，除非自己或家长不愿意。

由于家里人多，我又是最小的，干不了农活，所以初中我是可以上的。

刚上初一时，也不知怎么回事，睡眠特别好，早上总睡不醒，而家人睡得比我还沉，也没人叫醒我，家里又没有闹钟，每次，我总是被屋后那些赶时间跑着去上学的学生的脚步声惊醒，然后慌乱地起床去上学，所以总是迟到。班主任对我的意见很大，他曾经打过我，骂过我。我那时特别怕他，不喜欢他，因为他让我在同学面前抬不起头来。那时，我也不知道应该好好听课，总是偷偷说话，搞小动作，所以成绩自然是不好的，挨批也是习惯了的。

唯一不同的一次是初一的第一次期中考试，我的数学成绩是55分。课后，我和其他不及格的同学一起跟着亓老师去了办公室，当时心里比较紧张，我们都耷拉着脑袋静静地站成一堆，亓老师不紧不慢地坐下说："别挤在一起，站成一列。"大家一听，就赶紧往后挤，谁也不愿站在最前面，我也不例外，快速向队伍的最后移动。这时，只听亓老师说："你，别跑，过来!"，我只好迈着沉重的脚步，挪到队伍的最前面。我发现他正对着我慈祥地笑，我的脸通红，低着头，心都快跳出来了，心里想他是在对我笑吗?只记得他和颜悦色地跟我们说，告诉我们要懂事，要看到父母的不容易之类的话，其实那时我还真没想过父母有多么不容易，只是觉得这个老师真好。他引起了我的好奇心，于是我开始在数学课上很专注地去听他讲的话，喜欢看他笑的时候露出来的整齐的、白白的牙齿。论年龄，亓老师当时跟我们的父母差不多大。同学们都喜欢透过窗子来看他上课时的情景，他习惯用两根手指捏着数学课本的一角，随着手臂的摆动随意地荡，另一只手捏着一个大三角板，也随意地荡，偶尔会叼着烟来，到教室门口把烟扔在外面就开始上课，给人感觉很潇洒，大家都模仿他。记得接下来那次数学考试中，我考了100分，全班只有我和学习委员考了满分，亓老师表扬了我，我的脸涨得通红，觉得很不好意思。从那以后，亓老师逢人就夸我聪明，而班主任很明显地对我持怀疑态度。由于他的表扬，我开始对上课感兴趣，慢慢地我仿佛开了窍，经常当堂很快就背下一篇英语课文，让人不可思议，而且各科成绩直线上升，开始在班里名列前茅。

我经常参加乡镇组织的各科竞赛，在竞赛中，又非常"幸运"地考入高中。高中的学习生活可以说是顺风顺水，我的成绩还算不错，还被评上了"省级三好学生"。高考那年，"命运之神"再次眷顾我，我提前被保送进山东师范大学。就这样，我"幸运"地、轻松地跨进了大学的大门。我经常想：如果没有亓老师，我还会这么"幸运"吗?是他改变了我的人生轨迹，对此，我始终铭记于心!

我要成为那个“改变我人生轨迹”的人

4 年的大学学习生活，让我更清晰地明白，做一名教师，责任重大而神圣。

毕业后，我成为一名中学生物教师，同时兼任班主任（现在想来，十几年的班主任工作和我的教学工作可以说是相得益彰，互相促进，可以让我有更深刻的多维度的反思，也更快地促进了我的专业成长）。面对活泼可爱的孩子，我感觉自己肩上的担子沉甸甸的。我本能地意识到，我要成为亓老师那样的人，一个可以改变他人的人生轨迹的人。我要让我的学生因为我的存在而使未来的人生之路变得更美好。现在想来，这应该算是我最初的个人教育理想吧。

在正常的教学工作之余，我经常像亓老师那样找学生谈心，尤其是“后进生”。但我渐渐地发现，这项工作收效不大，甚至对有些学生来说根本不起作用，我根本无法改变他们！这让我很有挫败感，为了提高他们的学习成绩，我利用休息时间义务为他们辅导，却失望地发现，他们并不领情，并由开始的消极对待发展到后来的公开抱怨和埋怨，有的家长甚至也不理解我。我渐渐失去了往日的温和和耐心，开始变得严厉、专制而霸道，几乎天天发火。学生开始惧怕我、疏远我，见了我就像“老鼠见了猫”。我当时心里很痛苦，为什么我的良苦用心他们不理解？为什么殚精竭虑的付出换来的却是这个结果？为了学生的前途，我一直无私地奉献，为什么他们不接纳我？我甚至认为，并不是老师把学生逼成了魔鬼，而是学生把老师逼疯了。我不喜欢这样的自己，学生同样不喜欢。

我要冷静下来——反思！

此时，实施素质教育的呼声越来越高，新课改的理念也渐渐进入了我们的视野，所有这些都引起了我深刻的反思：于我而言，初中数学老师和班主任教育行为的出发点都是好的，为什么我却欣然接受了前者？是不是亓老师的教育方式正符合了我当时的情绪和感受，因此抓住了一个很好的教育契机？

随着不断的学习，我清醒地意识到：那种强硬的、灌输式的“改变他人”的教育思想已经不适应教育的发展，不适应当代社会“以人为本”的教育理念了，我忽视了学生作为主体的人的情感体验。从某种意义上讲，我可能伤害了他们。

我要改变！

提升，改变，生命教育——我的心找到了归宿

教学在继续，我也不断地吸收着新的教育教学理论。为了更好地提高自己，在2010年夏天，我参加了区里组织的名师候选选拔赛。备赛期间，我自学了《当代教育新理念》《新课程与教学改革》《教师校本研究与专业成长》等几本书，并做了大量的读书笔记，这让我对“教与学的关系”“教师与学生的关系”等有了全面、系统的认识，也使我和学生的关系有了很大的改变，让我的教育教学工作变得更加愉悦，我又重新热爱上了我的教师职业。

我的教育思想的全面提升是在入选“区名师候选”后，区教育局和培训中心给我们安排了各种培训学习和导师辅导，在这个过程中，我大开眼界，如获至宝。众多专家的各种教育思想精彩纷呈。在这些教育主张中，有些观点是截然相反的。有人认为，教师在学生面前，就要树立起坚强的榜样；而有人认为，我们教育孩子成为人，我们自己首先必须是情感正常的人。有人认为，教师是导演，学生是演员；而有人认为，教育教学不是演戏。有人认为，我们应该教育学生刻苦学习；而有人认为苦学没意思。诸如此类，所有这些既富有个性又富有哲理的教育观点迫使我思考，我对教育的理解又是怎样的呢？

我重新打开书，静静地思考——

教育不该是“生硬”地去“改变”一个人，因为“改变”忽视了“人的心理和情感的需求”。从这个角度出发，教育应该是尊重生命个体前提下的“帮助”，或是“鼓励和唤醒”。

教育以培养人为宗旨，这也意味着教育应当关注受教育者作为生命个体的真实存在，应关注受教育者的生命成长历程。这才是“以人为本”的主旨所在。那么，我们该对学生进行什么样的教育？生命——生命教育！

“生命教育”的理念在我的脑海中执着地沉淀下来，就好像原本一颗漂泊的心找到了归宿开始安定下来。于是，我开始享受我的教育教学工作。

教育是人的教育；教学的艺术不在于传授本领，而在于激励、唤醒、鼓舞；教育不是要改变一个人，而是要帮助一个人。教育的过程是“生命教育”的过程，让学生在不同的生活空间中体验生命的价值，让学生学会尊重、学会关心、学会感恩、学会珍惜，使每一个学生都成为生命的所有者与爱护者。

对于“生命教育”的理念，我主要在两个方面进行了实践，并取得了

一定的成绩。一是在课堂教学中注重人文精神的渗透和培养，我撰写的论文《初中生物教学中人文精神的渗透与培养》荣获 2012 年省教育科研优秀成果一等奖，并在《济南教育》杂志上发表。二是开发“校本研究型课程”，让学生通过自己的调查研究，去了解生命、欣赏生命、关爱生命、珍惜生命，进而感恩自然，敬畏自然，感悟人与自然的和谐之美。由此，我主持申报的省级“十一五”规划课题“中学生物课程标准教材建设及教学研究——‘仿真鸟科普馆’校本研究型课程开发的研究”已于 2012 年 9 月结题，并荣获省一等奖。

“高山仰止，景行行止。”今后的教育教学之路还很长，我会努力前行，不断超越自己，让我和我的学生一起呵护生命，一起享受世界的神奇与美好，这就是我的教育梦想。

情蕴芝兰

李琴

名师简介

李琴，济南市小辛庄小学语文教师。

教育是一种幸福，教育的理想就是引领孩子们一心一意、时时刻刻去追求本来就应该属于他们的幸福，去成为他们本来就应该成为的人……所以，我们要关注每一个孩子，使每一个孩子都能自由、充分、和谐地发展；我们要聆听每一个学生发出的童音；我们要带领孩子体验生活，一起体验成长过程中的每一个精彩瞬间。

有人说，教师是桥，是园丁，是雕塑家，是人类灵魂的工程师……其实，是什么并不重要，重要的是有一颗爱生之心。热爱学生，不只是老生常谈，也是老生必谈。师爱，是师德的灵魂，它如无声细雨，滋润学生的心田。转眼间，自己走上教育岗位已有 26 年，其间担任了 16 年的班主任，深感教师的付出是荷花下的淤泥，是润物细无声的春雨。

一、心桥——和谐师生关系的纽带

巴特尔说："教师的爱是滴滴甘露，即使枯萎了的心灵也能苏醒；教师的爱是融融春风，即使冰冻了的感情也会消融。"

古人说，"亲其师而信其道"，足以说明建立平等和谐的师生关系至关重要。工作中，我力求创设一种愉快、合作的学习环境，尊重、关心、爱护每一位学生。当学生做错事时，不是靠压制，更不是靠简单粗暴的指责、讽刺或体罚，而是耐心、细致地进行正面教育；当学生取得了成绩，我在适时表扬的同时，更注意鼓励其不断进步。为培养学生的自信心，我在让学生做某件事时，总是用鼓励、信任的口气说："我相信你一定能做好。"

为进一步增进师生的情感交流，我在班里设立了"悄悄话""心连心"等栏目，我们称其为"心桥"。学生可以将心里话写在里面，无论什么想法都可以写。我很珍惜通过文字与学生交流的机会，每次在认真阅读学生心里话的同时，我都会在上面留言，与学生互动交流、分享快乐，为他们解开心结。有了这个本子，我与学生的沟通方便很多，学生虽小，但他们能从内心深处感受到老师对他们的情感，当他们发现老师从内心深处喜欢他们时，他们也会向老师敞开心扉。

一天下午，我走进办公室，发现办公桌上放着一个本子，打开一看，是我们班一个女生的"心连心"本子。翻到最新的一页，我被那密密麻麻的小字触动了。这是写给我的一封信，刚一读开头，我的心就揪了起来——"李老师，我告诉你，我不想活了……"一个花季少女怎么会有这样的想法？我的心隐隐作痛。"自从爸爸妈妈离婚后，我和爸爸住在12平方米的小屋里，我没有自己的空间。最让我忍受不了的是，爸爸每次喝酒后就把我当出气筒，拧得我身上青一块、紫一块的。每次被他暴打，我除了大哭，没有别的办法。看着周围的同学在爸爸妈妈的呵护下幸福快乐地生活，我绝望了。真想离开这个世界，这或许是我唯一的选择了，因为活着，我没有一点快乐。每天面对酗酒的爸爸，遭受他的毒打，我真的不想活了……"信没读完，泪水已模糊了我的眼睛。一个十一二岁的孩子，正处在花季，本应有属于自己的快乐童年，可是她却承受了我们无法想象的痛苦。信里的每一个字都让我产生揪心之痛，多么可怜的孩子！我能做些什么呢？我应该先找她谈谈，告诉她我会帮她的。后来，我找到孩子的爸爸，跟他交流孩子的情况，发现他还没有泯灭人性，只是喝酒后控制不住自己。我建议他以后少喝酒，并把信拿给他看，告诉他如果不想失去女儿，就要改变自己，他下决心要改。后来，这个孩子又通过"心连心"告诉我，爸爸妈妈离婚前，都是妈妈带她到厂子里洗澡，自从跟爸爸生活后，爸爸不允许她见妈妈，从此没人带她洗澡，她的身上有时痒得难受。得知这一情况后，每周学校澡堂对老师开放的时间，我都带她去洗。时间久了，她已和我无话不谈。爸爸妈妈离婚后，她的第一个生日，我买了蛋糕，和全班同学一起为她庆祝，同学们有的送她礼物，有的表达对她的友情，我也送给她一个精美的笔记本。在笔记本的扉页上，我工工整整地写下汪国真的诗《生命总是美丽的》——“……无论天上掉下来的是什么，生命总是美丽的！”自那以后，她像变了个人，灿烂的笑容又回到了脸上，学习成绩也进步了。看着这个孩子的转变，我深感自己肩上责任重大：家长将承载着家庭希望的孩子交到我手里，我的一句话或一个举动都会给孩子带来意想不到的影响。我要好好对待每一个学生，让每个孩子都能身心健康地成长，这是我的责任！

“心桥”不仅是师生关系的纽带，也是一面镜子，映照出我工作中的失误。记得有一次，在同学写给老师的“悄悄话”中，我看到一位同学写的一段话：“……面对您严肃的目光，我真有些害怕了。难道我真的是‘语言的巨人，行动的矮子’吗？我知道您对我很失望，说实话，我也很讨厌我自己……”看着这消沉的话语，我知道自己的教育方式走入了误区。这位同学思维活跃、口齿伶俐，唯一的缺点是做事没有持久性，较粗心。尽管他多次向我做保证，但始终不见效果。有一段时间，因为他连续几次的粗心，我批评他是“语言的巨人，行动的矮子”。今天看了他写的这段话，我思考良久，提笔在他本子上写下了这样一段话：“没想到老师无意中的一句话，让你伤感了这么久，真对不起！其实，我一直很欣赏你能言善辩的口才，但我更相信你会努力让自己言行一致，对吗？”短短几句话，解开了他心头的结，他也因老师能够知错就改而和老师的关系更近了。

教师是“以灵魂塑造灵魂”的工作。作为一种精神生产性劳动，教师的劳动成果凝聚在学生的心灵上。“身教重于言教”，“心桥”让我深感自己的人格、言行作为重要的教育手段在塑造青少年灵魂中的作用，这是其他方面的影响难以比拟的。它没有时间和空间的限制，能潜移默化地影响学生。因此，在工作中我更加注意规范自己的言行，要求学生做事认真、知错就改自己则以身为范、一丝不苟。有了“心桥”，我与学生的心更近了，师生关系更加融洽了，班级工作也因此开展得更为有声有色。

二、 赏识激励， 享受成功的喜悦

赏识教育的理念是让那些感到孤独、充满恐惧、失去自信的孩子重新燃起生命之火，重新获得安全感！

对10来岁的孩子来说，成功所带来的欢乐是一种巨大的精神力量，它能使人增强信心，以取得更大的成功。工作中，我努力去赏识每个孩子，为每个学生创造条件，提供能充分展示其个性特长的机会。我将每周四的10分钟晨会课定为赏识教育课，充分赏识孩子创造的天性、丰富的潜能，赏识孩子的好奇心、求知欲，甚至善意地赏识孩子“可爱的错误”。师生多角度、全方位感受对方，让孩子们互相发现亮点、交流亮点。赏识，保持了学生每天的好心情。他们不再以苛求的眼光打量别人，而改之以真诚的眼光发现别人。赏识，令学生在关爱与付出之间达到最完美的结合。赏识，令学生更全面地了解自己、肯定自己，从而进一步完善自己、超越自己。不仅老师赏识学生、学生间相互赏识，而且请家长参与赏识教育，使学生在赏识中获得成功的喜悦，取得更大的成功。我想，学生在各类大赛中获奖，与赏识的作用是分不开的。当然，作为花园中的一名园丁，我不单欣赏典雅华丽的荷花、菊花，也欣赏争奇斗艳的牡丹、玫瑰；不仅欣赏小巧玲珑的茉莉花、太阳花，也欣赏那些不起眼的含羞草。赏识优等生容易，赏识后进生却不是一件易事。后进生之所以“后进”，大多是由于缺乏成功的体验而自暴自弃。为此，在工作中我会对后进生倾注更多的关爱，正确认识他们、赏识他们，给予他们浓浓的爱，让这些迟开的花朵沐浴阳光雨露。对于后进生，我不仅在学校为他们积极创设条件，使他们找到展示自己才华的舞台，而且通过走访家长，请家长共同参与到赏识教育中来。同时，让家长学一点教育心理学知识，让他们学会了解孩子、尊重孩子、赏识孩子，使家庭教育与学校教育形成一种合力，为每个孩子创造成功的条件。我相信，今天的赏识，定会换来明天的成功。

三、 寓教于乐， 开展丰富多彩的班级活动

冰心说：“童年啊！是梦中的真，是真中的梦，是回忆时含泪的微笑。”

童年是美好的，为给学生的童年留下美好的回忆，我经常创造一些机会开展活动。丰富多彩的班级活动，既能有效地强化自然群体间的团结协作精神，增加自然群体的集体活动意识，又能增加集体的凝聚力。至今，好多学生谈起当年组织的活动时还兴奋不已。

每次活动，除带给学生快乐外，更带给了他们美好的童年回忆，也为我的班主任工作打开了一扇窗——巧用活动、寓教于乐的窗。进入六年级后，我发现有的同学越来越注重穿衣打扮了，于是班里出现了“男生染黄发，女生比服装”的现象，有的女生一两天中频频换装。针对这一现象，

我组织开展了“什么是美？美在我们心中”主题活动，大家争相穿自己认为最美的衣服亮相，选出谁的着装最美。由此，我引导学生明白，适合儿童的、能表现儿童朝气的大方得体的服装才是最美的，同时，更让学生明白，真正的美在内心，应用知识充实自己、美化自己。通过这一活动，班里没有了怪发型，也没有了不适合儿童的服装，同时，大家的学习热情地提高了。

另外，适时召开主题班会，培养学生的美好品质，使学生从小树立崇尚科学的思想。当世界各地以各种方式迎接21世纪时，我组织学生召开了“我们站在世纪之桥上”的主题班会，运用多媒体设备，由学生操作、主持。话别20世纪，让学生牢记“落后就要挨打”的历史教训，认识到只有掌握先进的科学技术，只有经济发达了，才能立于不败之地。畅想21世纪，激发了学生“从小打好基础，将来科技强国”的雄心壮志。那次班会开得很成功，济南电视台“迎接21世纪”大型节目和“今晚20分”节目播出时两次插播了那次班会。崇尚科学的思想更深地刻入学生心中，学生学科学、读好书的积极性提高了，此后，多人多次在省、市、区演讲及读书活动中获奖。

组织丰富多彩的活动，寓教于乐，为学生童年增添最美的一笔，这是一次次班级活动带给我的思考，也使我在如何有效开展班主任工作方面总结出了一条行之有效的方法。

“情蕴芝兰芳自醇，心念桃李总是春”，教师只有将爱洒向每一位学生，浸润学生心田，教育才能取得意想不到的效果。在爱的陪伴下，与学生共同成长，才能分享每一个精彩的瞬间。

附：我的教育故事

经历每一次“破茧成蝶”

工作26年，回首自己走过的路，跟绝大多数同行一样，小学、初中、师范，然后工作。工作后，为弥补没上大学的遗憾，我利用业余时间在山东师范大学读完了汉语言文学专科，后来，又在济南教育学院读完了汉语言文学本科。20多年的教育教学生涯，虽没做出过什么轰轰烈烈的事情，却也没有虚度，我一步一个脚印，充实快乐，脚踏实地。回顾自己的成长历程，书的滋养让自己变得富有内涵，公开课的历练更让自己快速成长。有人说，“家常课养人，公开课练人”，的确如此，我把每一次公开教学看作教育教学之路上的成长点，经历一次又一次“破茧成蝶”的磨砺之后，我真正感受到了成长的喜悦。

第一次参加“走做”活动

1999年，我代表学校参加区里的“走青春路，做育花人”选拔活动，经历准备材料、主题班会、上课等环节，每晚都要忙到12点。为了准备好一节班会课，我读了大量的相关书籍，内容从“迎接21世纪”，到“崇尚科学，反对迷信”。经过几天的阅读，我不再为班会课从何处入手而苦恼，带着书中文字给自己的感动，思路如泉涌。从自己阅读到引导学生阅读、搜集、整理资料，到呈现出一节打动听者与学生心灵的班会课，我收获的不仅是班会课的成功，更是视野的开阔、思想的升华。另外，现场说课要从高年级的4册书中抽取，而准备时间只有40分钟。为此，抽课前我做了大量的准备工作，认真钻研了4册书中的所有讲读课文，为了研读好每一课，我又阅读了相关的教学书籍。整个准备过程，虽然辛苦，但不痛苦，因为我将它变成了一种发自内心的主动学习的过程。有时，为一节课钻研到深夜，当身心沉浸其中的时候，感觉到的是豁然开朗后的充实与快乐，那是一种真正走进文本、不断提升的快乐。功夫不负有心人，最终我取得了济南市“走青春路，做育花人”活动小学组一等奖第一名的好成绩。这份沉甸甸的成绩让我明白了什么叫“台上一分钟，台下十年功”。这次比赛，更提升了我自身的业务素养，让我在教育教学之路上迈出了可喜的一大步。

第一节网络课

2001年，我接到区电教站的任务，让我准备一节网络环境下的语文课。要知道，那个时候，计算机还没有普及，学校刚刚给每个办公室配备了一台电脑，接到任务后，我不知从何处入手。在这之前，除了有人上过计算机教学方面的课外，在我区还没有人上过网络与学科整合的课。由于学校计算机设备上得早，所以这节课就给了学校，学校又移交给了我。市电教馆的老师说，这节课主要是想通过具体的操作体现整合的思想，对今后的计算机与学科整合教学有一定的引领作用。七月份接到任务时，已经临近暑假。我一点思路都没有，之前又没有什么可以借鉴的课例。没办法，要做第一个吃螃蟹的人，就当作是对自己的一次挑战了。

首先是选课。拿到教材后，考虑到网络课的特殊性，我选择了《只有一个地球》一课，感觉这节课很适合学科整合。接下来我认真分析教材，进行了精心的解读，一来从语文教学的角度对学生进行语言文字方面的训练，二来选取网络与语文教学的契合点。既落实了语言文字训练，又充分利用网络资源达成教学目标，突破教学重难点。这是我对课程的定位，否则很容易上成科学常识课。有了定位后，我开始上网浏览网络资源，输入“地球”后，数以万计的网络资源令我措手不及。我又重新研读教材，制订教学目标，准确把握教学重难点后，再次浏览网络资源，从海量的信息中，搜集有用的资料，下载相关内容，制作成专题学习网站作为学习导引。网站设计了“全文预览”“自主学习”“自由论坛”等页面。

现在说来容易，但当初从理出思路到浏览网站，再到从海量信息中搜索有用的学习资料进行汇总整理的过程相当辛苦。为了这节网络课，我白天上网查资料，在电脑前一坐就是一天，晚上还要修改教案、绘制流程图。由于网络还不普及，为了让学生熟悉网络，学会搜集处理资料，我还要指导他们学习网络操作，一个暑假几乎没有休息。但经历这样一个过程，自己在阅读海量信息的过程中，保护地球的责任感和使命感增强了，再读文本中一段段的文字，感情也丰富起来，我知道那是自己内心被打动后，语言文字带给我的真切而又特殊的感受。同时，我对网络环境下的语文教学有了自己的思考，对于如何将网络与语文学科整合，也有了自己的见解。后来的一次机会，我结合我们的学习网站，在区里进行《只有一个地球》的说课展示，当时分管教学的陈局长听后，大为赞赏地说：“这节课对于我区网络环境与学科整合具有里程碑的意义。”

《只有一个地球》一课不仅获得山东省网络环境下的课堂教学评比一等奖，而且该课由教育部音像出版社出版发行。我撰写的论文《浅谈网络环境下优化阅读教学的探究》获全国电教年会一等奖、山东省电教论文评比一等奖。通过第一节网络课的磨砺，我从最初的迷茫到豁然开朗，它使我在教学理念上发生转变，更让我在网络环境与学科整合方面作出了行之有效的探索。

第一节想象作文指导课

因为自己一直从事小学中高年级语文教学工作，习作教学成为我教学中的重要部分。在多年的习作教学中，我也积累了一定的经验。2003 年，在济南市教研室江洪春老师的领导下，我们进行了想象作文课题实验。经过一段时间的课题研究，市里准备召开想象作文研讨会。我代表我区在研讨会上执教了《听声音编故事》。题目看起来不难，但在亲身经历的过程中，我真正感受到了做教学研究的辛苦。为了将枯燥的作文课上得有声有色，我们决定让整节课在创设的情境中进行，作文教学的知识点、写作要点，也在情境中得以自然落实，取得了“教而无痕”的效果。为了找到一个根据声音破案的导入故事，我读了《福尔摩斯探案》等侦探类小说，但没找到合适的故事。后来，我又跑去书店，在众多的书中找寻合适的书籍，再逐一阅读里面的故事，每次去书店，一待就是半天甚至一天，有时真想放弃了，为了一个导入故事要这么辛苦，值得吗？后来告诉自己，就当作通过读书充实自己了。经过几天的努力，终于找到了，我的那份欣喜可想而知。为了将整节课在情境中推进，我跟教研员老师一起研究创设什么样的情境合适，有了情境，还要根据所创设的情境准备相关的视频，并进行剪辑。当所这些都完成的时候，针对如何指导学生在这一节课中根据提供的声音口头完成习作、需要在哪些方面进行指导、学生可能会出现什么状况等，一一进行预设、针对学生出现的各种情况、如何加以引导，如何将习作的相关要点加以落实和体现，都进行了细细的考虑。为了设计出切实可行的教案，也为了将自己的思考落实到纸上，100 页的信纸我写了 2 本多。教案出来了，但由于第一次上想象作文指导课，学生的水平不同、起点不同，课堂上会频发状况。为此，我反复试讲，自己学校的班级讲完了，再到外校试讲，根据出现的不同情况再进行教案的调整与修改。就这样一遍又一遍地打磨，直到最后能自如地驾驭课堂上可能出现的任何状况。就这样“放下”“上升”，再“放下”，再“上升”。就像王崧舟老师说的那样：每一次“放下”都是痛苦的，每一次“上升”都是快乐的。

“千淘万漉虽辛苦，吹尽黄沙始到金。”终于，这节课获得了与会领导与老师的一致好评，该课的教学设计也获得全国小语会作文教学设计评比一等奖。这节课，让我对习作教学的指导有了深入的思考。

公开课练人。的确如此，经历公开课磨课的过程，我收获的不仅仅是一节成功的课。在磨课过程中，跟我区教研水平最高的教研员一起，与高手一次次切磋，“水尝无华，相荡乃生涟漪，石本无火，相击乃发灵光”。正是在这一次又一次的打磨中，在彼此思想与智慧的交流与碰撞中，我的思想得到启迪，我的视野得以开阔，我的能力不断提升。

回首自己的教育教学之路，有太多的第一次，也经历了太多次的公开教学，每一次，我都把它当作自己的成长点。“磨课”的过程很辛苦，但经历这样的过程，如“凤凰涅槃”般痛苦的历练后，自己在教育教学之路上得以不断提升，一路成长！

追寻花香满径的成长路途

侯锐楠

名师简介

侯锐楠，中学一级教师，济南市第十二中英语教师。

有道是"学海无涯"，那么，教学之海更应该是广阔无垠的。为师者，都是身处教海中的一朵朵浪花。每朵浪花都在教海中欢快地歌唱，都会遇到很多别具风格的贝壳，依偎在不一样情调的沙滩。这丰富了我们的阅历，同时，引领着我们形成独特的魅力。每朵浪花都应该视她所在的这片海洋为自己的信仰，并在对信仰的坚守中以不同的姿态表现我们的存在，印证我们的价值，锤炼我们的风格。

一、温情的力量

我已经做了17年的老师，领教过不同的教育方式，有严厉型的，有智慧型的，有柔和型的……而我，究竟要成为什么类型的老师呢？毕竟，适合自己的才是最好的。

做班主任之初，我就已为人母。我相信母爱的温情已经在我身上彰显并蔓延开来。给大家讲两个发生在我们班一个孩子身上的故事吧。

冲是我们班最高的男孩，瘦瘦的，看他那瘦弱的身躯，绝不会想到他身上蕴藏了那么多不可预测的杀伤力和爆发力。但是，他就是那样的。刚入校时，就有老师告诉我，你们班的这个孩子，参加军训时就已经表现出极大的不安分，跟人打架斗殴，而且极为蛮横。有了这样的预期，我对他当然更为关注，而言谈举止间，绝不能流露把他视为异类的心态，而要努力去发现他的闪光点，及时表扬。例如，我会告诉大家，我发现我们班最单纯的一双眼睛，就是他的。这不是假话，其实，他所说的话和做的事，都让我感受到他的是非观念不够强烈。爷爷奶奶的疼爱导致了他的骄纵和为所欲为，父母的管教都可以不放在心上，动辄与母亲顶嘴，简直就是一个做起事来不管不顾的“二愣子”。可是，儿童犯错都可以原谅，更何况他还是一个有点“缺根筋”的孩子。本着这一点，我劝诫他，真诚地对待他，不歧视、不放纵、不采取冷暴力。我相信，人心都是肉长的，我对他的好，他不会一点儿都看不到。所以，我逐渐看到，他的眼神一点点变得更为清澈，更为驯服，最初的桀骜不驯和挑衅也慢慢淡去，对我，他终于可以低下头讲话，开始用温和的眼神回馈我。即便如此，在某些时候，他的暴躁，依然不受任何人的控制，包括他自己。

一次，同级部的另一个班主任在处理一起学生纠纷时，有涉及他的内容，后被别的学生传到了他的耳朵里，他不去想怎样通过正常的渠道去核实和解决这个问题，而是立刻火冒三丈，觉得人家冤枉了他，要跑去找老师“单挑”。由于其他老师的阻止，当时并未真的动起手来。上午的课结束后，在我想找他时，他窜出了学校并躲起来，想去门口等那位老师。后来，我打电话通知他妈妈，让她在门口等到他并先控制好他，让他冷静后再解决问题，但是正当我在快餐店坐下来想吃口饭时，电话响起，他妈妈恐惧的声音传来，她说拉不住孩子，冲拿着棍子又进了学校。我放下筷子赶紧往回跑，在进门不远处看到了眼里充满愤怒的他，他又想往外走，我们俩擦身而过时，我说了一句：“如果你还当我是你的老班，就跟我回去。”他很听话，甚至没有挣扎就回过身来，跟着我回到了班里。我把快被他气疯的妈妈“拒之门外”，跟他单独交谈。我们两个人，相对坐在课桌旁，许久没有说话。我的思绪也很乱，我没有见到过学生如此歇斯底里的发作。但突然，我用了一招会对我儿子用的招数，力求让我们两个都平静下来。我说，“冲，让我抱抱你吧。”他怔了一下，眼神立刻发生了变化，柔和了许多，他起身靠在我的肩膀上。我们两个都哭了，也许我们都需要这样的发泄，他需要一个内心可以得到安慰的地方，而我，需要宣泄我为他付出的担心和牵挂。之后，可想而知，当一个人的心向另一个人敞开时，心结自然可以被解开了。后来他真诚地向那位老师道歉，一切归于平静。

这就是我身边的孩子，他也许是一个特例，但是，每一个孩子都是极具个性的，都有着还未成熟却坚定的内心。而我们，不能以打骂这种简单粗暴的方式去阻挠什么，我们能抓住的，是每个孩子与生俱来的“性本善”的内心，以温情的力量去吸引那些善良的情感的靠拢，为他们指引前进的方向。我想我们是在履行“人类灵魂工程师”的光荣使命吧。

二、 幸福如花儿绽放

幸福，之于每个人，意义不尽相同。但，它是每个人都会用一生去追逐和渴望得到的神圣之物。它是抽象的，然而，它并不神秘，它就是自己给自己的一种感受。

已经毕业的52级9班留给了我太多的感动和幸福。难忘毕业典礼时他们的表现。作为班主任，最后一个发言的我走至话筒前时还很镇定，但看到他们突然不约而同地起立，抽泣着庄重地听我最后一次教诲时，我的眼泪不可抑制地噙满眼眶。听他们大声地喊“老师，我们爱您”，那种笑着流泪的幸福，我体会到了。接受他们每个人深深的弯腰鞠躬，拥抱每个留着泪的脸庞，让他们从我的怀抱里出发，开启新的征途，是为师的我“桃李满天下”的幸福。

目前55级这个班的孩子更有个性，更有心思，也更不好统领。但是，作为班主任，从绝大多数孩子那里，我可以听到实话。这个班里最让人不放心的伟，是假期里主动跟我密切联系的学生之一。去了哪里，做了什么，要去打工了，打工中的感受，都时时汇报，这是一种被依赖的幸福。

有次在加油站时，一位大姐问我：“您是侯老师吗?”随后得知，她是9年前我做任课教师的那个班的一位家长。近10年后，还能被一个可能仅有过一两面之缘的人记住，并且她那样真诚地向我表示感谢，使我为能够对孩子的未来产生正面的影响而感到欣慰，这是一种获得职业成就感的幸福。

有一条家长发来的短信，我一直留在手机里：“侯老师，梦迪告诉我说，这次回校看见你有白头发了，问我这样问题大吗？我很感动于孩子对你的牵挂，头发也能反映身体的健康状况，请好好保养身体。梦迪妈”前几天，我让爱人帮忙拔掉表皮易见的白发，毕竟不想显得那样苍老。他有些哑然：“怎么会这么多?”如果少尽点心，少费点力，白发或许会少一点吧？但，我尽心尽力地去做了，在心灵的花园里，多了很多因幸福而开的花朵，即使是白色的，也一样妖娆而美丽！

生活中最大的幸福就是，坚信有人爱着我。生活简单就迷人，人心简单就幸福，学会简单其实就不简单了。希望为师者都能学会简单生活，感受简单的幸福。

三、温言软语——给孩子们的一封信

孩子们：

我们在一起已经一年半了，初中的路你们也走了一半，多快啊！对你们来讲，那是转瞬即逝的美景还是曾经恼人的风雨？一切都不重要，因为都已成为过往，回不去了！唯有伸向未来的路，在你脚下延伸。你，做好安排了吗？选好方向了吗？问清自己想要什么了吗？

你无法拒绝成长，无论你愿不愿意！一张张稚嫩的脸庞在悄然间发生着变化，使你们出落成美丽的少女、英俊的少年。每当看着念文和淏芃初一时的照片，我便感慨时光老人无形的力量。我很高兴，见证着大家的成长。并且，感怀着由于你们的成长所带给我的幸福。一早踏进办公室，发现杯子里已经注满热水；时常出现在我桌子上的便条问候；张巍对我饮食的很认真的提醒；感冒了，走上讲台后念文悄然放在我身后的凳子；博文为我准备了维C泡腾片，帮我提高抵抗力；瑞丽悄悄放在我桌上的巧克力，让我分享大家尽力比赛后的“甜蜜”；刘珺为我准备的橙子，撕开两层保鲜膜，发现竟已是整齐切好的。还有为我亲手制作的新年礼物，更是代表大家传递的一份深厚的情意。还有我的生日，我这是一生中享受最多祝福的一次生日，收到最多礼物的一次生日，怎能让我不感动于大家的用心、用情？尤其是每个组为我制作的卡片，成了我平息心境的良药。面对内心善良的你们，我愿意选择原谅和宽容某些时候你们顽劣的表现。因为，我们彼此间的信任与爱，已经在那里了。这是人与人之间最可贵的一种情意，我有幸拥有，我懂得珍惜，我感恩于机遇和时间所带给我们的点点滴滴的感受，感恩于你们对我的付出。

班里的每一个人，都在不断进行着自我修正。这或许是一个有点痛苦的过程，但你们都勇敢地选择了不断完善自我。智鹏的随意，虽还未完全销声匿迹，但自律的要求已走进了他的心里。尤其喜欢你憨憨的笑和有趣的蹦跳，像极了一只可爱的大兔子，那可是我的属相，不许诋毁它的形象哦。韩晓身上张扬着东北小少年的不羁个性，每次你说自己会改，我都相信且盼望着，盼望着你把“小”变为“大”，大少年心胸宽阔，讲仁义自律，知奋进自强，你若如此，何愁没有“天下谁人不识君”的境界？嘉伟，一个心智尚小却自认长大的男孩，你要明白命运或许会在某一阶段被别人左右或干扰，但终究由自己决定。我还记得篮球赛前你对我认真说的那句话：“老师，你嗓子疼，不要大声说话，看着我们就行。”你的眼神很坚定，所以，我当然相信你会努力让我放心。你曾经的坏脾气在球赛中也没有因为落败而发作。如果我在你生命中的出现，让你有了些许正向的变化，如果你能感受到且由此记住，我很高兴且荣幸。程浩，生命是一次没有返航的旅行，不要用自己无辜的眼神去注销一次次到达过的险境。不要用游离的目光忽视你身边的美景，还有什么比浪费生命更可怕呢？这几句话不只给他，还有很多人，大家都对照自己心灵的镜子去自省一下吧！

然而，成长意味着不断的选择。选择你为人处世的态度，选择你的学习和工作方法，选择你的人生方向和道路，选择你的朋友，选择你的下一站停泊点——目标所在！你若不去选择，不去想，那就会被有选择的人抛在后面。人生中，一步领先，步步抢先。一步走错，后面虽未必都是万丈深渊，却也会是群山环绕，想走出来，需你翻山越岭，费些周折。故面临你人生之中第一次抉择，戒除少年轻狂，消除浮躁无知，踏实明智地思考一下吧。岁月，蹉跎不起！少年，无斗志则消沉，玩物则丧志。明知其理，却难自控，你是这样吗？现在原谅了自己，一次又一次，终将在10年之后的人生里，再一次又一次追悔曾经的韶华岁月中，对时间的践踏、生活的沉迷。倘若再屡次遭受世事的打击，不晓得你是否会想乘坐时光穿梭机，回到此时，重新来过？但这是梦，而你，必将活在现实中！

曾经几次听已毕业的学生说，也知道老师讲的是对的，为什么就做不到呢？问题出在你制订的目标的可行性和是否有坚韧的意志力上。人最难战胜的是自己，征服了自己，便拥有了属于自己的世界。目标有远有近，要有对自己人生的规划。你想为自己做主，却不愿去思考你想要怎样的生活、怎样的明天，只是这样混沌度日，只想“到时候再说”，这是对自己负责任的态度吗？机会只给有准备的人！别埋怨上帝对你的不公，因为你没有为把握机会积攒力量。你知道你的潜能有多大吗？还记得那个背负75千克用双臂支撑纵贯整个球场的棒球手吗？大多数人都以为30码是足够大的目标，50码是超极限，而他创造了惊撼自己和所有人的奇迹——110码。其实，每个人的智慧和能量都是一座如珠峰一样高大的金山，我们只挖掘到或多或少的金山一角，便已满足得不得了。或出于懒惰，或出于满足，或出于杂事的消磨，停下了探索的脚步。若挖到的财富可让自己丰衣足食也便罢了，若成为“啃老一族”，若生活捉襟见肘，该如何从容面对自己内心的拷问？学习若科科亮起红灯，又如何对得起生你养你为你操劳至白发丛生的父母？你又拿什么给未来的自己储备打拼世界的强有力的文化利器？“没文化，真可怕。”这可不是一句笑谈。目前这个阶段，我们所学的是作为一个正常成年人应具备的基础知识，而不是晦涩难懂的专业知识。为人的基本素养不能欠缺，否则会被人瞧不起，尤其是终会为自己瞧不起，在自卑中倍受煎熬。去做该做的事，会让自己心安；做好该做的事，会让自己自信。不信你试试吧。

过年，意味着又长了一岁。你会用怎样的心境、怎样的态度来面对新的开始呢？纪律问题，已有了改善，希望能成为习惯。定下我们一班课堂的基调：热情、有序、会听、会记。希望女生们更有淑女风范，可以泼辣但不野蛮，可以强势但不无理。其实，强势不是对女生的培养目标，温文尔雅、知书达理、智慧坚强才是我希望看到的女生的样子。希望早一点唤起男孩子们自强、自立的奋斗精神。不想被压制，唯有使自己更强大。所以，互相尊重、视彼此为兄弟姐妹的班级氛围，理应也必将在我们班形成并巩固。

记得那个拼命喊加油的教练吗？如果你的生命中有这样一个人，记得珍惜他。如果你自己可以成为这个人，为自己加油呐喊助威一辈子，那恭喜你，不用费心去找了，你就是自己的贵人兼伯乐，何愁不会把自己锤炼成“千里马”呢？

我用了3个半小时的时间手写了这封信，因为用心，所以写得有些慢，又用了近2个小时完成了输入工作。一个在我生命中不可复制的下午，因为在与我亲爱的学生进行文字的交流中过去而未变得虚度。

道理越早明，行为越早动，道路越宽广。人的改变有时候就是以一件小事为契机的。多希望这封信能给有的同学一条正确的航向啊！

我们，一起努力吧！小考，大考，我们会一路披荆斩棘，直至成功！不抛弃，不放弃，一路并肩前行！

爱你们的老班

2012年3月10日

四、寄语明天的自己

对于过去，不可忘记，但要放下。因为有明天，今天永远只是起跑线。

对于明天的自己，我亦有若干畅想。

第一，提升自己的幸福指数。明确幸福的方向，学会积极关注。

任何事情都有它的正反面，然而生活中，很多人习惯于把注意力放在糟糕的一面，而忽略其美好的一面。我一直要求自己保持乐观的态度，因此要从学会积极关注开始。所以，我想每天写一篇这样的日记。

今天，又是美好的一天，我从中收获了很多：(1) 让我开心的事；(2) 让我感动的事；(3) 为学生或同事做的事；(4) 比起昨天我的进步；(5) 我要感谢的人和事。

无需长篇大论，每个单元一句话也好。我相信这个看似简单的小日记会使我的幸福感大大提升，因为它能改变我对生活的关注点。不仅如此，我也会有意无意地主动去创造各种积极的事件。希望我能坚持，也希望大家都能一试。随着积极思维的建立，想必人会越来越宽容、越来越友善，脸上的笑容越来越多，事业也会在不知不觉中变得更顺利起来。

第二，当“职业倦怠”来敲门，我希望它成为另一种成长的契机。

职业倦怠是一种现实存在，各行各业概莫能外，但是，教师的倦怠很可怕，因为我们的受众非常特殊——没有教师的幸福，学生是很难快乐的。我们在燃烧自己的同时也要照亮自己。面对职业倦怠和职业枯竭的潜在威胁，我们如果以积极的心态面对，应该可以将这危机转化为重新认识自己的契机，促成自己的又一次成长。2012年的上半年，近两个半月的时间里，我先后进行了5次教学内容和不同的市、区公开课的展示和比赛。对于已经不再年轻的我而言，从身体到精神，都堪称是痛苦的磨砺。但是，走过来后，我会佩服自己，因为战胜自己就是最大的成功。我希望自己还能尝试创新，努力创造自己的风格；希望自己乐观豁达，善于奖励自己；希望自己发现更多工作的兴奋点，享受工作的乐趣；还希望自己重视休息，学会休闲。

附：我的成长故事

成长路上，感谢有你们相伴

记得填报高考志愿时，我在心中定下了3个奋斗目标。要么成为一名心理医生；要么做法律的维护者——法官或律师；抑或成为一名人类灵魂的工程师，去从事阳光下最光辉的职业——教师。在我看来，一个人如果能从事自己喜欢而又适合做的工作，那是幸运的，我就成了一个幸运儿。而且，之后的教学生涯中，我发现我现有的身份其实还闪烁着我所追求的前两者的影子。合三为一，岂不乐哉？我快乐于自己的选择。

之所以有这样的选择，我要感谢我的老师们，是他们让我感受到了那么真挚而美好的师生之情，从而激励我成为这份人间真情的创造者和培养者。有一幅画面至今仍时常浮现在我的眼前。那是高中学习生活的第一个冬天，一夜间，大地覆盖上厚厚的积雪。我家离母校济南一中距离很远，父母实在不放心让我在那样的路况下骑车去上学，因此，我只好乘车前往了。尽管早早的出发，我依然迟到了。当我匆忙跨进一中的大门时，就远远地望见百米之外的办公楼台阶上伫立着一个身影，身体前倾着，脖子伸得长长的，眺望着，期待着。为什么那么熟悉呢？是他，我的班主任——陈老师。我怯怯地走到他面前，想着该怎样开口解释。可我从他眼中却没有寻到一丝责备，反而从那关切的目光中透露出一份欣慰，欣慰于自己的学生平安到来，此情此景让我在冬日的严寒中感到无限的温暖。陈老师就是这样，把每个学生都装在他的心里，班里每位同学都特别期待生日的来临，因为在那一天，会收到一张来自陈老师的贺卡。他激励的话语，殷切的希望，亲切的叮嘱，曾给予我们力量、信心和方向。回想那寒风中眺望的身影，大雨中送来的衣物，脱口而出的每个学生的生日，我深深感受到师爱在平凡中的伟大，在奉献中的震撼，这些都深深地埋在我的心里。

即将踏上讲台之时，我对自己有如下要求和期盼：其一，绝不可以被学生气哭，泪水只可以源于真情流露；其二，我要让我的学生以我为骄傲，让他们成为我的自豪。这也许有点不经世事的幼稚，还有点年少轻狂的味道，但我为此努力了，也成功地实现了这些目标。激励我努力，引导我成功实现愿望的，是我可爱的孩子们。17 年的教学生涯中，我与每一届的学生们平和、温馨、幸福地相处着。初为人师的我，在一定程度上，接受了他们的教育而成长着。很多的情景，经历了 10 余年的磨砺还依然清晰地印在我的脑海里。一天中午，我独自一人在办公室看书，听到一个声音由远及近，我知道一个人即将大呼小叫着闯进办公室里来。我便佯装睡着了，不想理会他，因为我一直不太喜欢这个黏黏糊糊而又不太懂规矩的男孩儿。他果真未经允许就闯了进来，几步走到我身边叫我。见我没有回应，想必是知道我睡着了，便刻意地蹑手蹑脚地、静悄悄地退了出去。他一定是担心我着凉吧，还特意关上了风扇。之后，听到他从班里拿了一条凳子，放在我的办公室门前，整个中午，他安安静静地为我守候着，维护着周围的纪律，不让别人惊扰我。听到他一次次对喧哗的同学说“小声点，我们侯老师睡觉呢”，我心里酸楚极了，感动极了。我对他有偏见，而他却用真情在维护我，我感到深深的羞愧和自责。从此，我不允许自己再对任何学生有偏见，也不能原谅自己的任何无心之过。

孩子未来的发展是不可估量的，我至少要保证不让他们受到言语的摧残，承受轻蔑的目光的冷落，因为那很可能会影响他的一生。作为老师，我觉得我应该让有缘聚在我身边的这群孩子阳光灿烂地过日子，让他们保持健康的心态，这是我的目标，同时我也是努力这样做的。我从不恶意地、夸张地挖苦学生，在我看来，恶毒的语言就是一把利剑，远比体罚更伤人。就事论事、公平处理是我一贯的原则，不对后进生有偏见，并带着自然而然的亲近，这使我对他们的教育能够顺利开展，没有障碍。

我曾在作业本的背面无意间发现两个学生的对话。上面写着“咱老班真是个性情中人”，另一个答“你才知道啊”。我不明白“性情中人”在孩子们心中是什么意思，就在一次跟他谈话的时候问他的看法，小男孩略带羞涩地跟我讲，他的理解就是“真实地表达感情”。我们面对的学生就是一群坦诚的孩子，还没有学会像大人一样世故地掩藏感情，我也希望把他们的这份纯真保持的时间长一点，所以，我理应对他们真实，他们感受到了，也就会习惯相信我。

人，在经历中增长了阅历和见识，并善于借助这些让自己进步，这便是一种终身学习的方式。太阳每天照常升起，但每一天，对我们来说都绝对是新的一天。感恩身边的人，体会身边的事，做一个敏感的感知爱、传递爱的“人类灵魂的工程师”吧！

感悟成长

徐

悦

名师简介

徐悦，济南市纬十路小学体育教师。

课堂是所有孩子的课堂，教学要为每一个学生服务。只有这样，作为一名教师，才能让所有的孩子留在操场上，让他们形成锻炼的习惯，从而为培养学生的终身体育意识奠定坚实的基础。

记得曾经有这样一首歌："因为有了你，成长的路上不怕风雨，在你的目光里，冬季也成了花季；因为有了你，成长的足迹写满甜蜜，在你的歌声里，烦恼也成了过去……"今天，我唱起这首歌，脑海中再次浮现那一个个难忘的"你"。你——我的学生们，在你们的成长之路上，也许我这个体育老师和其他老师一样，都已成为记忆中一件件小事的代表、一次次经历的标记，但是，在我的从教之路上，在踏上工作岗位20年的时间里，那些经历我从未忘记。是你们的欢声笑语陪伴着我，我们一起走过春夏秋冬，一起体验甘甜与苦涩。就在这如水岁月里，我们共同成长。

记忆，翻到这一页……

老师，我也想参加

我所教的班级里有个学生叫小诺，由于她髋关节发育畸形，所以平时走路不便，行动很慢。刚刚接这个班时，我并不了解这个情况，课堂上慢跑热身时，我总是催促她快一些，跟上同学们。而她总是皱着眉头，很努力地在跑，但越想加快速度，就拐得越厉害。课下我找到她，想了解是怎么回事，可她倔强地低着头，一言不发。当从她的班主任老师那里了解了情况后，我感到很吃惊，从此在课上对她倍加关照，几乎所有的活动都不太敢让她参加。慢慢地，我发现她几乎成了体育课的“观众”，总是坐在花坛边的石阶上，冷眼看我们上课。每次看到她那孤独的身影和无助的眼神，我的心里总有一种隐隐的痛。但她的情况实在不便于参加体育活动啊！无奈的我很想安慰安慰她，可是她却总是躲避我的目光。

一天，我带领学生玩儿“捕鱼”游戏，学生们第一次做这个游戏，个个兴高采烈，笑声传遍了整个校园。我正指挥着，突然觉得有人拽我的衣角，我一转头，看到的却是她——小诺。她的眼神我至今难忘，因为那是她第一次直视我的眼睛！细小的声音几乎让人听不见：“老师，我也想参加。”莫名的激动和欣喜涌上我的心头，我脱口而出：“当然好啊！”可是，另一个念头接着涌出来：这可是一个奔跑游戏啊！让她参加会让她很难堪，这可怎么办呢？这时候，我看到操场上有的孩子们跑累了，“跑”变成了快速地走。我灵机一动，吹响了哨子。同学们马上停止了游戏，40多双眼睛齐刷刷地盯着我。我说：“同学们，刚才的游戏大家都积极参与。跑得很累了吧？我们变换一下游戏方法，改跑为走，进行追逐。”这个要求再次激发了学生们参与游戏的兴致，我牵起站在一旁的小诺的手，让她加入了女生组的游戏中。我们努力地走着，去追逐那些“小鱼”，我感觉到她一跛一跛的脚步，感觉到她大口地喘气，更感觉到她那份参与的激动与兴奋。我们的网越结越大，当终于将所有的“小鱼”收入囊中时，我们激动地相拥在一起。我低下头，看到的是一张满脸汗水的小脸，那脸上洋溢着幸福的笑容。这久违的笑容让我欣慰之中有一丝内疚，是我的过份照顾让她成了体育课的旁观者。课堂应该属于每一个孩子，只要变一变方式，就能让每一个孩子都成为课堂的主人。

那个特殊的小诺，带给我深深的思考。因体育课的学科特点，教师关注的往往是那些技术动作完成优美、课堂上表现积极的学生，而忽视了那些因各种情况表现平平、甚至完成动作有困难的学生，他们也就渐渐成为“观众”。新课改提出，要关注个体差异，确保每一个孩子受益的教学理念。对教师而言，我们应该看到每一个学生的差异，对不同的孩子设定不同的教学目标。像小诺这样的孩子，即使她不能完全完成教授的内容，但是可以在课堂上降低难度或变换方式，让她也成为课堂的主人。

要让每个孩子都找到属于他们自己的快乐，我不断思考着，实践着。

从“真没意思”到“恋恋不舍”

记忆中，那次外出上课的场景让我不断回味……

那一天，我接到省教研室通知，代表济南市体育教师到某市进行交流。到达上课学校后，我被告知展示课上统一要求 40 名学生参加。因此要提前一节课与学生见面，我来到班里开始了与学生的交流。看到外来的老师以及从来没有接触过的篮球教材，学生们很感兴趣，听得津津有味。而我正讲得起劲儿的时候，突然听到一句：“真没意思啊！”我心里一沉，停止讲解，用疑惑的目光搜寻到了那个学生。他小小的个头，大大的眼睛，身体歪向一边，眼睛盯着地面，眼角的余光却偷偷地瞟着我，那眼神里，有一种难以琢磨的感觉。我正要说话，体育委员站了出来：“老师，不要理他。他是我们班出名的‘皮猴’，这次上课他不会参加的。”原来，这个班共有 43 个学生，课堂要求 40 个孩子参加，那么，除了两个身体不适无法参加的学生外，还有一个学生也不能上课，这个出名的“皮猴”无疑被老师留在了班里。规则已经制订好，我只能按要求上课，毕竟，多一个孩子的队伍是会不整齐的，也会影响教学效果。我只好用安慰的眼神看了看他，继续和同学们交流下去。可是我分明看到他看似漫不经心的神情里，流露着对参加展示课的渴望。因为他也在认真地听我讲着。

交流结束，我开始准备场地器材，可心里还记挂着那个孩子：他不会因为这件事变得不爱上体育课了吧？上课时间到了，我必须暂时忘记刚才的事情。学生们排着整齐的队伍来到篮球场上。整队时，我总觉得最后一排女生不整齐，就从排头开始一一对准，到达排尾后才发现竟然有两个人站在了一个学生的位置上。原来是那个“皮猴”同学“浑水摸鱼”，也来到了操场。他低着头，一言不发，等着我的“处置”，我笑了，不能再让他下场了，于是，抚摸了一下他的头，把他请到了第一排男生的排尾。我用手轻轻地托起他的头，他的眼睛里充满了感激。我冲他一笑，然后跑到场边，跟当地的老师说再准备一个小篮球，接着就开始了我和孩子们的篮球课。

课堂进行得非常顺利，虽然多一个小“尾巴”，但课堂气氛活跃，孩子们非常投入，享受着体育课带给他们的快乐。“皮猴”同学非常珍惜这失而复得的机会，练得异常认真，不知不觉中，课上到了最后一个环节——游戏挑战赛，学生两人一组，用刚学到的行进间运球进行追逐。男生组站到了比赛场地上，“皮猴”马上就要遭遇尴尬了，因为没有人和他一组。他慢慢地来到比赛场上，无助写在脸上。突然，他的眼睛里充满了惊讶，因为我站到了他的对面。“老师要和‘皮猴’挑战了!”许多同学都异口同声地喊起来。我说：“请女同学为我们发令，准备好!”同学们眼中最“精彩”的比赛开始了。比赛中，我故意稍稍放慢了速度，让“皮猴”追上我，同学们都为他鼓起了掌，他高兴地跳了起来！再返回起点时，他走在我的身边，不拿球的那只手竟然挎住了我的胳膊。放松结束后，我和同学们一起来总结本节课大家的表现，大家争先恐后地发言，有评价自己的，有评价老师的，有评价同学的，就在这时，我听到了那个熟悉的声音：“恋恋不舍啊!”是“皮猴”在发言。

这节课上得非常成功，听课的老师在评课时给予了高度的评价，我自己对此也非常满意。不仅仅是因为这堂课带给了孩子们快乐和成功的体验，让孩子们学会了技能，最重要的是，那从“真没意思”到“恋恋不舍”的评价，让我非常难忘。之后外出上课，我尽量都不在人数上提要求，即便有难度，我也尽量克服，因为那句“恋恋不舍”让我再次审视自己的教学，思考教学的实质：课堂是所有孩子的课堂，教学要为每一个学生服务。

20载春秋，我在成长；20年冬夏，我陪伴着那些花季少年。那一个个与学生共度的日子，我收获着，珍惜着。记忆，仍在翻动；思考，在继续……

附：我的教育主张

游戏，让学生快乐着学习

“激发运动兴趣，培养学生终身体育意识”是体育与健康课程的基本理念之一。孩子的童年是在游戏中度过的，可以说，童年即是游戏。如果你要问孩子最喜欢什么？所有的孩子都会说——做游戏。游戏是小学生喜爱的体育活动，是实施小学体育课程的主要内容和实现课程目标的有效手段。它能激发学生的学习兴趣，使学生感受到运动带来的快乐，增进学生之间的交流与协作能力。在游戏中学习，能使学生敢于大胆尝试、主动练习，投入全部的热情，收获最大的快乐。

一节篮球课之前，我像往常一样提前来到操场准备器材并开始最后一遍备课。今天的教学内容是行进间运球，像往常一样，我准备热身后先集中讲解篮球运球的正确方法，然后让学生反复练习、纠错，最后进行教学比赛。但是，每次上这一节课，总感觉学生不是太感兴趣，有的孩子认为内容太简单，有的孩子更是应付了事，一节课结束后，总是很牵强地达成教学目标。

课间休息时间到了，许多孩子来到操场上做游戏，每个学生都投入地玩儿着，笑得特别开心。我也被他们吸引住了，随着他们一起笑起来。“要是我的课堂上也有这样的笑声多好啊！”我这样想着。“对，试一试，把枯燥的练习变成一个个学生喜闻乐见的游戏。”我拿起身边的篮球开始构思这节篮球课。上课的铃声响了……

一开始，我首先向学生介绍了篮球场地上各条线的名称——中线、端线、边线、罚球线、三分线等，然后提出“线”的名称让学生在图板上找到它，在学生了解篮球基础知识的同时，给学生建立较强的空间感。一套自编的篮球操热身后，我让学生围拢到我的周围并提出了这样的问题：“行进间运球时，手触球的什么位置？球在身体的什么位置才是正确的?”学生们立即开始尝试，或自己练习，或三五成群地讨论，一会儿，就找出了正确的答案（手触球的后上方，球在身体的侧前方）。

游戏一：老狼老狼几点了——走着运球。

接下来进入了“走着运球”的环节，我联想到学生经常做的游戏“老狼老狼几点了”。教师在前边扮演狼的角色——走着运球，进行正确动作的示范；学生在后边扮演小羊的角色——进行模仿练习。这个建议的提出得到了学生的积极响应，学生们很快进入了角色，积极地投入游戏练习中。我分别带领学生进行了右手运球练习、左手运球练习、看手势练习、与学生交换角色（指生示范、纠错）练习等。在游戏的过程中，学生们表现得非常兴奋，在不知不觉中就初步掌握了篮球行进间运球的动作要领。第一个游戏的运用很成功，那接下来应让学生尝试慢跑运球。

游戏二：运球踩线——慢跑运球。

上课伊始我指导学生认识了篮球场各种线的名称，第二个游戏我提出让学生慢跑运球找到老师说出的线，并踩到线上。为避免拥挤或互相干扰，我尽量以组为单位提出要求，如第一组右手运球找到边线、第二组左手运球找到中线、第三组左手运球找到三分线等。学生接到不同的指令，做出不同的练习，复习巩固所学的体育常识的同时提高了运球技术的掌握水平。做过几组游戏之后，我发现孩子们运球的速度越来越快了，动作掌握得越来越好，下面的游戏最好能让他们进行教学比赛。

游戏三："姚明"与"易建联"——行进间快速运球。

追逐游戏"黄河——长江"是我们经常运用的教学手段。学生根据教师口令相互追逐，并记录成绩，可以对这个游戏修改后运用。我将学生集中起来问他们："你们都喜欢哪些篮球明星啊?""姚明、易建联、麦迪、科比……"学生们踊跃地回答。"那我们今天就来个运球对抗比赛，先给你的小组以你最喜欢的篮球明星的名字命名。"学生们给自己的组起好名字之后，我将他们带到两个篮球场之间的相距 2 米左右的两条边线上两两相对站立，提出游戏规则——被叫到的一组要迅速运球追另外一组相对的同学，并用手轻拍对手的肩膀，累计拍到的人数，多者为胜。游戏开始了，学生在教师预设的情境中积极参与竞争，欢笑声不绝于耳，在快乐中学习的学生是那样投入，且运球的技术也越来越熟练。

最后，我和学生一起模仿"给篮球打气"的游戏进行放松活动，学生们笑着、玩儿着，愉快地结束了这一节课。

兴趣是学习的原动力，是最好的老师。新课改的春风已经刮了很久，但是很多教师思想还是有些保守，仍用传统的教学方式按部就班地教授体育技能。在新的教育形势下，我们也应与时俱进，转变教育观念，不要小看这小小的改动，一个小游戏其实蕴含着教师教育思想的转变——从"以教师为中心"向"以学生为中心"的转变。今天的我已经进行了大胆的尝试，从课堂效果来看，还是颇有成效的。今后，我还会不断地探索体育教学的新方法、新手段，让我和学生的课堂变得更加精彩！

教　育

——一项最美的艺术

名师简介

钟欣，济南市第二十六中学思想品德教师。

古人云：求其上者得其中，求其中者得其下，求其下者无所得。人应该把目标定得高远一点，这样，才能在前行的路上，不断向自己提出新的挑战，不断实现新的价值。耐得住平凡、耐得住寂寞，远离浮躁、远离喧嚣、志存高远，才有可能捡拾到教育海洋中最精美的贝壳，才有可能眺望到更加高远的教育风景。

在22年的教育生涯中，我做过教师，做过班主任，做过教务主任，现在是一名副校长。虽然岗位在变化，角色在变化，但始终不变的是，我永远是一名初中思想品德课的教师，我也从未停歇过追求与探索的脚步。

在追求与探索中，我通过阅读教育专家的著作，学习优秀教师的经验，并结合自己的教育教学实践，逐渐梳理出自己在教育方面的理念和主张，主要有以下三点：教育教学要以人为本；在教学中要激发学生学习的愿望，让学生乐学；要培养学生主动获取知识的能力，让学生会学。

一、教育要以人为本，教学要始终秉承这一理念

1. 教育要以育人为本，教育的核心是培养健康的品格

教学不能仅仅是传授知识，必须将正确的教育理念贯穿在

教学理念中，才不会偏离方向。教学始终要以培养健康的人为根本，我树立这一理念也是有一个过程的，刚开始工作的时候，我更多的是想如何把课上得精彩让学生喜欢，如何让学生考出更好的成绩让家长满意，如何在各种竞赛中获得好成绩为学校争光。但随着教学实践的增多，我越来越体会到，教育的核心不是传授知识，而是培养健康品格。“有才有德是上品，有德无才是次品，无德无才是废品，有才无德是危险品。”2004年，云南大学学生马加爵杀害4名同学，2010年，西安音乐学院学生药家鑫对被自己驾车撞伤的行人刺了8刀致其死亡，以及最近复旦大学林某毒杀室友的事件都在不断地提醒我们，教育者一定要重视立德树人。

教育是人的教育。一个不明白世界是人的世界的人，不是合格的教师；一个不把学生当作人来培养的人，更不配当教师。教育不能把人忘了。我们常说，21世纪是全球化竞争的世纪，却忘了21世纪首先是人的世纪。因此，我提醒自己，教师教学生学知识，但首先要教他们学会做人。教师不仅应该对学生的升学考试负责，更要对学生的终身幸福负责：要为学生的幸福人生奠定坚实的基础，教学的真正目的应该是培养完整的人。如果总是只关注“考试得好不好”，这种画地为牢、削足适履的教学就只能培养出鼠目寸光、兴趣狭窄、内心贫乏、对人类苦难和外部世界冷漠的人。

2. 站在“人”的角度关注教学

基于前面的认识，我将教学建立在以人为本的基础上，树立注重人的生命发展的价值观，即教学应是一种以人的生命发展为归宿的教学。它尊重生命、关怀生命、拓展生命、提升生命，蕴含着高度的生命价值与意义。它所关心的不仅是人可以从教学中获得多少知识、认识多少事物，而且在于人的生命意义可以由教学而获得展现和扩展。作为一名教育工作者，更应站在“人”的角度来关注教学，让教育充满个性、充满人性、充满人情。因此，在教育教学中，我努力营造一种充满真情与关爱的氛围，让学生成为积极的生活者，帮助学生确立健康、文明的生活观念和态度，为学生的发展创造良好的环境，让教育成为放飞学生生命的绿洲。

具体地说，教学必须服务于完整的人。每一门课程、每一个学习主题都有自己具体的教学目标，而教学的任何一个环节、要达到的任何一个具体目标，都应自觉地朝向这个教学的终极目标——完整的人的发展，并且使任何一个教学活动与教学环节，都能作为通向这个终极目标的步骤而存在。教学的真正目的是通过提高个人选择和自我指导的能力来最大限度地促使自我发展——成长为一个完整的人。作为教师，我们在教学过程中应该始终怀着这个大的目标。教学是为学生的发展而不是为学生获得较高的考试分数服务的，教学要目中有人。

《义务教育思想品德课程标准（2011 年版）》指出，帮助学生过积极健康的生活，做负责任的公民是思想品德课课程的核心，思想品德课课程的目标是以社会主义核心价值体系为导向，旨在促进学生正确思想观念和良好道德品质的形成与发展，为使学生成为有理想、有道德、有文化、有纪律的社会主义合格公民奠定基础。通过对新课程目标的理解和体会，我认为一堂思想品德课追求的应该是让学生们通过课堂教学活动，真正获得某种体验和感悟，让心灵得到启迪，哪怕是心灵上的一点点触动，从而在潜移默化中形成美好的品格、良好的品德修养，进而提高思想觉悟，逐步养成良好的行为习惯，即学会如何做人。分数的高低不应该成为衡量思想品德课是否有效的标准。思想品德课是学校德育工作的主渠道，德育是要帮助学生如何做人，所以其教学任务不同于一般学科。如果思想品德课仅仅在课堂上照本宣科，考前背要点，虽然道理背得一套套，考试时也可以考出高分，但一旦落实到行动上就毫无功效，思想品德课不能对学生的行为产生影响，又何来实效呢？更何况人的品行和修养岂是用分数来评价和衡量的呢？

教师面对的是活生生的人，而不是受教育的机器，教师应该成为学生成长的“人梯”，而不应把学生当成自己发展的梯子。确定了这一点，在教学中才能做到心中有学生，从学生出发明确教学目标，设计教学活动，这样的教学目标和教学活动才是真正为学生的发展服务，而不仅仅是为了学生在考试中获得高分和教师在公开课上获得荣誉而服务。

3. **教学要促进学生的全面发展**

教学要促进个人成长和自我实现。现代教育以促进人的自由全面发展为宗旨，因此它更关注人发展的完整性、全面性。表现在宏观上，它是面向全体公民的国民性教育，注重民族整体的全面发展，以大力提高全民族的思想道德素质和科学文化素质，提高民族的知识创新和技术创新能力，增强包括民族凝聚力在内的综合国力为根本目标；表现在微观上，它以促进每一个学生在德、智、体、美、劳等方面的全面发展与完善，造就全面发展的人才为己任。这就要求人们在教育观念上要实现由精英教育向大众教育、由专业性教育向通识性教育的转变，在教育方法上采取德、智、体、美、劳等五育并举、整体育人的教育方针。而现实教育中，有的教师没有认识到这一点，而更关注学生的分数。有的教师为了让学生成绩更高一些，占用音、体、美等所谓不考试的学科来上自己的课，有的教师则布置很多作业，占用学生的个人时间。这样的教学理念本身就是错误的，教学的方向也是错误的，教出来的学生成绩再高，教师本人获得优质课的等级再高，他也算不上一名真正优秀的教师。

二、在教学中要激发学生学习的愿望，让学生乐学

德国教育家第斯多惠这样阐述教学："教学的艺术不在于传授本领，而在于激励、唤醒、鼓舞。"伟大的科学家爱因斯坦说过："兴趣是最好的老师。"我国古代大教育家、思想家孔子也曾说过："知之者不如好之者，好之者不如乐之者。"这些哲理性的语句都强调了要激发学生学习的愿望，指出了兴趣在学习中的重要作用。现代教育理论认为，让学生对学习内容本身产生兴趣是教育的一项主要任务。由此可见，课堂上激发学生的学习兴趣，让学生主动成为课堂教学活动的主体尤其重要。古人言："教人未见其趣，必不乐学。"因此，能否调动学生的学习兴趣，关系到教学的成功与否。只有当学生将学习的内容内化为自身的需求，对其所学的内容产生兴趣，才会乐意去学，才会积极去思考，才会受教育于轻松愉快之中。我把激发学生学习兴趣，使学习成为学生内在需求作为教学的一个重要主张。

思想品德课需要以"理"服人，更要以"情"动人。教师亲切和善的教态，生动幽默的语言，以及给予学生鼓励的目光、神情、手势等，都会触动学生的心灵，激起学生学习的兴趣。尤其是教师那像阳光一样温暖的微笑，能消除学生脸上的忧色，温暖学生的心。有微笑的课堂，学生们的情绪就会稳定，心情就舒畅，对学习也会产生愉快的情绪体验，从而能更主动、更高效地学习，久而久之学生也会从内心对思想品德课产生兴趣。在实践中，每当我的教育达到这种效果的时候，我所教的这个班的孩子就特别"听话"，特别愿意接受我的引导和督促，甚至有时候他们对学习内容并未完全产生兴趣，而是因为愿意听我的，而认真按照我的要求去做，并逐渐进入学习状态，进而产生浓厚的兴趣，真可谓"亲其师，信其道"。相反，如果教师在课堂上没有丝毫的热情和激情，甚至是面无表情，这种麻木的状态很容易传染给学生，他们自然也不会对这样的教师和课堂产生热情和激情，更不会产生兴趣，严重的还会产生厌学心理，学生的心窗就此

可能对课堂彻底关闭。

三、教学要培养学生主动获取知识的能力，使学生会学

培养学生自主学习的能力，使他们能立足于未来社会，不断发现和解决新的问题，是素质教育的重要任务之一。现代教育不同于传统教育重视知识的传授，它更注重教育过程中知识向能力的转化工作及其内化为人们的良好素质的过程，强调知识、能力与素质在人才整体结构中的相互作用、辩证统一与和谐发展。针对传统教育存在的重知识传递、轻实践能力，重考试分数、轻综合素质等弊端，我在教学中主张把能力与素质当作比知识更重要、更稳定、更持久的要素。因此，在教学中，我就把学生综合素质的培养与提高作为教育教学的中心工作来抓，以帮助学生学会学习和强化素质为基本教育目标，旨在全面开发学生的素质潜能，使其知识、能力、素质和谐发展，提高学生的整体水平。

总之，只有在科学的教育教学理念的指导下，进一步转变教育教学思想，把课堂还给学生，发挥学生在课堂学习中的主体作用，让学生在自主学习活动中学会发现、学会探索、学会创新，课程才会焕发生机与活力，才能促进学生有特色地可持续发展，才能达到“今天的教是为了将来的不教”的目的。

附：我的教育故事

用心教育，执着探索——我的教学成长回顾

我从事初中思想品德课教学已经有23个年头了，我的名字中有个“欣”字，在工作中我也始终坚持用“心”做好每一件事，用汗水和智慧在教育园地中耕耘。多年用心的执着，在时光的脚步里，演绎了一段简单轨迹：从初上讲台的新教师成长为山东省优秀教师，漫漫教学之路，清晰地印记着自己从稚嫩走向成熟、从困惑走向明朗的成长脚印。

初登讲台，良师引领

22年前，刚走上三尺讲台的我得到了教研组长朱德华老师的帮助。她为我指定了指导教师，推荐我阅读一些专业书和杂志，组织组里老师听我的课，然后进行详细点评。我在课余时间不断向她请教教学中遇到的问题，朱老师结合自己的实践详细地解答，这些让我很快熟悉了课堂教学。组长

还积极推荐我参加区里的教研活动，区教研员张绍延老师经常来学校听课、评课，张老师对我的课点评得非常细致，不仅对知识点，还对教态、语调等都详细地指出问题和不足，以及如何改正。这些都对我上课基本功的规范、扎实起了重要的指导作用。市里教研员刘朝振老师也不定期到学校听课、评课、检查，他给了我直接的指导。组长还经常请学校其他学科的优秀教师听我的课，并给我评课。良师们的引导，使我的教学能力得到了快速提高。

参与活动，认真执着

认真是一种态度，执着是一种精神。我坚持苦字当头、实干为荣，青年教师的成长离不开各种教学活动的锻炼。我从不把这些活动当作负担，而是当作提升自己的平台，离开了这样的平台，青年教师是无法快速成长的。当时学校组织了各种活动，如教案比赛、板书比赛、优质课比赛、青年教师课堂竞赛等，对于这些活动，我都积极参加，认真准备，从没有怠慢过。最初的教案是将上课的每一句话都认认真真写在教案本上，每一个教案都有反思，一学期的教案本写得满满的，每次都被学校评为优秀教案。市政治学科每年都组织优质课或论文的评比活动，优质课比赛和论文比赛也隔年举办一次。这些比赛我也会积极报名参加，并把每一次参赛都当作提高自己业务水平的一次好机会。我从不把比赛当作负担，相反，在准备比赛前我都非常有激情，反复看教学大纲（现称“课程标准”），看教材，搜集资料。当时政治课（现为“思想品德课”）的资料并不是太好搜集，我在图书馆、书店搜集资料往往要用好几周时间，正式比赛前，组里、区里的老师对我的课听、评、研讨，我自己也把课录下来反复听，并寻找不足，晚上对着镜子一遍一遍地试讲。参赛经历让我感受到，一个青年教师只有在备课中经历过，在课堂上磨砺过，才能在反思中快速成长起来。我不断地上课、修改，不断地评课、研讨，不断地反思、总结，期间充满了痛苦和艰辛，从中我也体会到了充实和幸福。准备期间，整个人很紧张很累，但是进步也很快，自己对教学大纲（现称课程标准）、教材、教法、学情等有了更深入、更准确的认识和把握。比赛时，通过听其他优秀选手的课，更使自己直接感受、学习了优秀的经验，对照自己、取长补短。比赛后，在平常上课时，我也努力把每一节课都当成公开课，严格要求自己，课堂教学水平也有了明显提高。

为了撰写论文，我反复看教学杂志，去书店购买相关书籍，去图书馆借相关图书，学习、研究教育教学理论，这促使我把自己的实践经验提升到理论水平，能够把自己平时的实践经验和理论结合起来。市教研室组织的说课、课件等学科竞赛我都积极参加、认真准备；我还三次执教济南市公开观摩课；在 2004 年暑期济南市初中思想品德新课程教师培训会上，我承担了培训主讲任务；2004 年，我参加了济南市“送课下乡”活动……现在回头看看，我非常感谢这些活动，这些活动对我成长的帮助非常大，正是这些活动磨炼了我，为我的成长搭建了平台，促使我不断地去学习和实践，从而使我的教学业务水平能够较快地得到提高。

外学内思，专业提升

俗话说：“根深叶茂，源远流长。”只有不断学习，不断提高自身素质，才能跟上现代教育的脚步。在学习实践中，我努力做到以下几点：

一是积极向同伴学习。我经常与同学科的教师进行教学切磋、探讨与交流，通过集体备课、观课品课、主题研讨等途径，与同伴们互通教育信息，共享教育资源，碰撞思维火花，采集众人所长，收获集体智慧。

二是认真参加培训。以前参加过市教研室组织的各种培训以及学校组织的培训。近几年，由于工作岗位的变动，我有了更多走出去学习的机会，先后参加了教育部和北京师范大学举办的“国培计划（2010）——中小学骨干教师研修项目”，天津师范大学举办的“发展与教育心理学专业研究生课程进修班”以及山东省教育学院培训，还参加了区里组织的各种培训，去了上海、北京、江苏等教育发达地区学习，聆听了许多教育专家、优秀管理者的讲座和专题报告。通过系统的理论培训，我提高了自身的教育理论素养，增强了理论思维能力，提升了自己的教学理念，拓展了教育视野，开阔了研究思路。

三是重视专业学习。刚工作时，我就自费订阅政治专业的杂志、报纸，做教育剪报和文摘卡片，这些给我的教学提供了指导，也提供了教学资源；电脑刚刚进入学校时，我自学了电脑技术，学会了盲打，学会了各种软件的操作，学会了制作课件，我自己设计的课件获得了济南市课件评比一等奖，我采取网络形式上的课获得了全国网络课二等奖。随着素质教育的深入，我更感觉到要不断学习新的理论，既要阅读经典教育论著如《给教师的 100 条建议》《教学原理》等，也要大量阅读崔允漷、陶继新、魏书生、张万祥、李镇西、窦桂梅、程红兵等教育专家的论著，从而丰富自己的教学理论。我还曾到优质学校参观学习，如人大附中、北京十中、北京 101 中学、史家小学、上海建平中学、苏州十中等著名学校，还去了上海八中、泰兴洋思中学、山东杜郎口中学、南京东庐中学学习了解新课改情况。为更好地拓宽专业视野，我还参加了天津师范大学的心理学在职研究生班的学习。每学期我的读书笔记、读书心得都在两万字以上，并定期在个人博客上发表读书心得和教学感悟。

四是时常自我反思，自我反省。每周进行一次教学总结、反思，反思自己的教学行为，对已有的教学经验常审视、常修正，不断调整和优化。通过反思发现问题，研究问题产生的原因和解决的途径、方法与策略，在认识问题、解决问题的过程中，不断提升自己的教学水平。

潜心钻研，教育教研

苏霍姆林斯基说过："如果你想让教师的劳动能够给教师带来一些乐趣，那么，就应当引导每一位教师走上从事研究的这条幸福的道路上来。"在多年的教学实践中我也认识到，教育科研能为教师的专业成长插上有力的翅膀，所以自己不能仅仅停留在教书匠的水平上，要努力向研究型教师发展。为此，我尝试进行课题研究，我从自己的实践入手，探索在政治课中进行"设疑—引导—探索"教学模式的研究，2002 年被批准立项为济南市教育科学"十五"规划重点课题，2006 年顺利结题。"设疑—引导—探索"教学模式被评为济南市情境教学中的优秀教学模式。2006 年，我申报的研究课题"运用信息技术构建体现认知主体作用的教学模式研究"又被批准立项为山东省"十一五"教育技术研究重点课题并顺利结题，获得优秀研究成果二等奖。2010 年申报的"'问题引领教学合一'课堂教学模式实验与研究"课题被批准立项为济南市教育科学"十一五"规划年度课题。课题研究使我的教学更富有生命力。

拥有喜悦，坚定信念

踏实的前行带来的是丰硕的喜悦。我所教的学科成绩突出，中考连年获得优异成绩，居全区前列，我也因此获得了"山东省优秀教师""济南市青年技术创新能手""济南市优秀班主任"等荣誉称号。2004 年，我被聘为济南市初中政治学科中心组成员，并先后被评为"槐荫区名师""百佳教师""教学能手""优秀教育工作者""'三八'红旗手""十佳青年教师""师德教风先进个人"。

我的信念是：做一个快乐的研究型教育者，以无为之心做有为之事，为学生打开一片智慧的空间，启发学生的思想，点亮他们心中的明灯，照亮他们脚下的道路。

热爱和责任可以变苦为乐，学习和勤奋能够成就自我，努力和付出能够让学生的一生幸福快乐，也将使自己的人生无愧无悔。我愿把生命中所有的力量化为一缕缕阳光，希望能照进每一个学生的心间，照亮他们的未来。

浓情教育

王德梅

名师简介

王德梅，济南市第十二中学物理教师。

20年的教学生涯，走上三尺讲台，教书育人；走下三尺讲台，为人师表。虽感忙碌、虽感辛劳，但可以每天沐浴着太阳的光芒，呼吸着雨露的清香，在那些活力四射的孩子身上感受生命的神圣与美丽，或许我干不出惊天动地的伟业，但追求本身就是美丽的。只要我们心中依然装着美，追求着美，我们就是美丽的。

年华似水，岁月飞逝。回首往事，发现自己竟已在教师这个行业里耕耘了20个年头。在每一个与孩子为伍的日子里，我都感受着喜悦和幸福，脸上总是带着灿烂的笑容，心中总是装着满满的快乐，我把自己的那一份愉悦、那一颗爱心、那一种执着都无私地奉献给了孩子们。所以，我有着如同孩子般透明的心灵、简单的快乐和豁达的心境，我用真心、真情从事着阳光下最为纯洁的事业。

一、亲其师，信其道

“亲其师”，才能“信其道”。一个学生对老师的感情，直接影响着这名学生对这位老师所教学科的态度。每年元旦时，都会受学生之邀参加元旦晚会，欣赏他们表演的节目，和他们一起度过欢乐的时光，每到那时，学生都很期待我为他们表演节目。我总是说："三尺讲台就是我的舞台，每天我在这里载歌载舞，今天你们是我的偶像，我是你们的粉丝，我是来享受你们的演出的。"学生不会就此善罢甘休。实在没有办法，只能和学生玩儿一个小游戏，大家依然会收获许多欢乐。有时候我就会反思，我没有动人的歌喉，某种程度上说，我的普通话不标准，声音也不动听，为什么学生那么愿意听我讲课？学生们这么厚爱我，我很感激他们。静下心来想想，我用什么吸引我的学生，用什么征服我的学生？那就是，我以物理知识为载体，以三尺讲台为舞台，追求近乎完美的设计和表演。

二、 我的班里没差生

我每年几乎都从初三接班，并且几乎都是接一些成绩较落后、纪律较差的班。在第一堂课上，我总是先给他们摆事实、讲道理，让每一个学生都重新对自己充满信心。

记得带某级学生的时候，班上有因多次违反纪律而出名的双胞胎于德海、于德洋，这两个男孩很聪明，但由于是在单亲家庭长大，性格偏激，放荡不羁，经常和同学打架，成绩一塌糊涂，还经常和任课老师发生矛盾。两个男孩个子高、身体壮，兄弟两个相互配合，再加上一帮所谓的小兄弟的加入，可以说，他们兄弟俩搅得这个班里风气非常不正，但是这俩孩子的优点是很讲义气。我在任教这个班之前，就对这兄弟俩有所耳闻，接手这个班之后，我就在想，怎么在一开始就抓住他们的心呢？我设计了一个环节，在第一节课上我说："去年我教的班里有一个叫于海洋的同学，初二结束的时候，他的物理只考了 46 分，初三刚开始时，于海洋的班在年级落后第一名 18 分，居倒数第一。经过一年的努力，他在中考中取得了 81 分的成绩，他们班也取得了第四名的好成绩。对这个班我更是充满信心，咱们班只是落后第一名 13 分的倒数第一，而且今天我真诚邀请你们于家两兄弟为我保驾护航，做我的物理课代表，协助我们班争取优异的成绩。怎么样？"两个男孩从来没获得这样的正面重视，当时很激动，也很感动，立下了"老师看我们的吧，我们肯定尽最大努力学习"的誓言，他们从心里激起了努力学习的斗志。当然让他们当课代表的一个目的是让他们帮助老师，也给同学树立榜样，更是希望他们多接触老师，使老师随时发现他们学习上的困难，并及时帮助他们扫除障碍。当然，让一个"差生"彻底转变不是一两次的思想交流和简单的讲道理就能做到的。因此，我总是想办法让他们体会到自己的进步，体会到学习的乐趣，体会到成功的喜悦，更体会到老师对他们的关爱和期待。

我常常鼓励那些“差生”：要想让别人看得起你，首先你得看得起自己。你可以在一段时间内落后，但只要你不服输，在我眼里，你仍然是好学生。我最看不起的学生，就是认为自己“不行”的学生。只要自己想学，没有学不好的。

在成长的过程中，每个学生都会有一段颓废的时间段，一段混沌的经历，但这是人成长的必然。不能因为他在成长的过程中暂时落后，我们就给他冠之以“差生”之名，这对学生是不公平的。同样，我们也不能因为他某一个阶段成绩突出，就冠之以“优秀生”之名。如果一个孩子成绩很优秀，思想品行很差，我不认为这个孩子将来会多有出息；但是如果一个孩子成绩很一般，可他很有爱心，很有社会责任感，我不认为这不孩子将来就没有机会。也许有很多人会把这种孩子看作是“差生”，“差生”这个概念本身就没有一个明确的界定，所以我们不要轻易地给一个正处在青少年时期的孩子安上这样一个标签，我觉得这对孩子也是不公平的，而且这也不是教育，甚至可能会影响他一生的发展。

如果说教师是园丁，那每个学生就是一朵花。在园丁博爱的眼睛里，所有的花都是美丽的，只不过它们是在不同的时间，分别以不同的颜色、不同的样子向世人展现它们的美丽罢了。

三、 快乐是高效课堂的氛围保证

教师的教育思想渗透在课堂教学中。一个优秀的教师，其课堂教学一定是高效率且富有思想性的。他的教学艺术，对教材的理解和挖掘、对教育资源的利用、对教学步骤的设计，无不渗透着他的思想。教育思想的支配作用在他的教学中更为突出。物理老师在物理教学中要贯穿一个思想：即引导学生欣赏、感悟物理之美，体验探索物理问题的思维之美，观察物理定理公式的和谐对称之美。每带领学生解完一道物理题目，我并不急于转入下一道题目或结束课程，而是提醒学生回味一下思维过程，观察一下解题步骤，欣赏一下“劳动成果”，让学生在学习中发现物理的逻辑美和和谐美。这样一来，看似枯燥的解题过程，因为贯穿一种教学思想，便使学生变得兴趣盎然，使上物理课成为一种享受。

对于授课，我是下了功夫的。我总是力争把物理课当作学生一天中所有课程中的亮点和兴奋点。我要求自己备课充分，对所教内容烂熟于心。当我走上讲台时，必须要把课讲得条理分明，而学生们在一节课中也都处于兴奋状态。而且在上课时，我会不时穿插点儿小幽默，学生们也都感到很愉快。什么叫幽默呢？幽默就是剩余的智慧。如果一个人连课都没备好，紧张得不得了，还能幽默得起来吗？只有把所教内容烂熟于心，胸有成竹的时候，才可以表现幽默。

苏联著名教育家加里宁曾说过：“教育不仅是科学事业，而且是艺术事业。”成功的教学是高度的科学性和精湛的艺术性的有机结合，它能给学生以激情和美的享受，从而激起学生高涨的学习情绪。因此，坚持教学原则，采用艺术手法，浇灌学生心田，努力使教学过程审美化，应是每一位教师孜孜不倦的追求。课堂教学是教学过程的重要环节，它要求教师辩证地处理知识与能力、教学与教育、教学与发展的关系，使学生在智力、能力、思想等方面都得到发展。教师是课堂教学的设计者、组织者、实施者，教学效果的好坏很大程度上取决于教师的教学手段和教学艺术。

四、 课堂教学的语言艺术

在一堂物理课中，学生的心理和生理特点都要求我们的教学不能只体现物理的科学性、严密性，只体现物理的难和抽象等，还应注意语言表达的艺术性，所以教师要充分把握学生学习物理的心理特点和教材内容，充分利用汉语言文学的宝库，并添加一些合理的幽默，使课堂轻松有序，使学生的心理和生理都能得到调节，让他们带着轻松、愉快的心情，在艺术的氛围中学习物理，让他们听得轻松、学得自然。同时，也能让学生感到物理的趣味性，对物理教师产生亲近感。

物理的许多内容给我们提供了幽默风趣的材料，许多概念和规律都可以用一些对联、口诀、谜语、成语和俗语的方式来加强学生的理解和记忆，我们应当充分利用这些资源。例如，在讲解作用力与反作用力时，我给学生出了这样一副对联：“他蹬地，地也蹬他，双方运动为何地没动；我打你，你也打我，等值二力为何你觉疼。”横批：“说清有奖。”刚说完，同学们立即活跃起来。又如，“未受外力运动状态永不变，没有摩擦机械能量总守恒。”横批为“注意条件”。这副对联是描述惯性定律和机械能量守恒定律的，朗朗上口，便于理解和记忆。还有一联：“两球落斜塔双音一响，八马拉半球一声双分。”横批为“学史奇观”。上联是描述比萨斜塔实验研究自由落体运动的，下联是描述马德堡半球实验证明大气压强存在的。一副小小的对联将物理学史上的两大实验有机地联系在一起。物理学中的物理量数不胜数，物理概念更是多如繁星。我们不妨采用谜语的形式让学生记忆，比如，屡教不改——惯性、异口同声——共鸣、闹矛盾——摩擦、景德镇的作坊——磁场……中国的成语和和俗语灿若星河，我们亦可大加运用。例如，作用力与反作用力可以用成语“以牙还牙”“人不犯我，我不犯人，人若犯我，我必犯人”等来表述。这些丰富多彩的对联、谜语及成语等，使学生对物理产生了浓厚的兴趣，实现了由“厌学”到“爱学”的转变，使课堂气氛和谐而活跃，形成了独特的教学艺术和风格。

由于各种原因，课堂教学随时会发生变化，有时一个意外或一个错漏，也可以成为我们充分发挥教师语言艺术的机会。例如，当提问一个问题时，若明显出现两种不同的观点（或几种观点）时，后面回答的学生有明显的支持前面某种观点的倾向，我们可以乘势加上几句，如“女同学毕竟支持女同胞”“同组的观点还是相同的”“连邻居都不支持你（指前面回答的同学），是否考虑‘投降’吧”……教师根据持不同观点的情况可先支持一种观点（可以先支持错误的），如果多数人错误，可以说“看来还是少数服从多数”“我也只能选择他们的观点了，少数人若不服我们可以分析一下”，但结果却是少数人正确，自己又可以找个“台阶”下，“看来我也站错了队，有时真理往往掌握在少数人手里，毛泽东的观点确实有道理”等。反之，如果少数人错误，我们也可以用类似方法进行分析，使学生听你的课有一种神秘感，不听到最后不能乱下结论。在语言艺术方面，还应注意必要的形体语言的配合，教师的一个点头、一个微笑、一个转身、一个停顿都会起到意想不到的效果。语言的魅力是无穷的，我们应在课堂教学中充分地利用，充分发挥其在物理教学中的作用。

作为一名物理教师，我们不仅要求学生拥有好的学习成绩，而且要求他们必须具有良好的学习态度、浓厚的学习兴趣和健康的思想品格以及健全的身心素质。我们要把自己对学生的爱、对教育的爱融入每一天的工作中，使每一节课都能让我们的学生感到新鲜，每一分钟都能让学生享受快乐，让我们的学生插上想象的翅膀，畅游于知识的天空。

附：我的教育故事

成功，只因为有你们的提携

高中一直成绩优异的我，在选择志愿时只熟知教师和医生两种职业，医生通过救死扶伤成就自己伟大的同时，恐怕面临的更多的是痛苦和悲伤，我不敢承担如此重任，于是想到了教书。毕竟教书面对的是一些可爱的孩子，是一张张灿烂的笑脸，塑造的是未来、是希望。于是稍加比较后，我便选择了教师这一职业。

从 1993 年毕业至今整整 20 个年头。自己从一个初出茅庐的学生成长为一个业务精湛的教师，总结起来，一些人在我人生中起到了关键作用。

一、父亲把“爱心、耐心”的教育基石踏实地铺在了我的心底

父亲是一名乡村物理教师，三十几年耕耘在讲坛，踏实苦干，可以说是桃李满天下，在当地是出名的好教师。父亲也是我的初中物理教师，在做父亲学生的两年里，我耳濡目染，体会到了父亲为人师的爱心与耐心。在我大学毕业的时候，父亲语重心长地和我交流，使我在开讲之前就对这个职业有了充分的认识：要认真对待每一个孩子。人的智力水平有高有低，也就造成了学习的差异。要想让每一个孩子都达到统一标准是不可能的，用统一的眼光看不同的孩子也是不对的。教师要用不同的尺子来衡量孩子，发现孩子的与众不同。孔子弟子三千，贤者才七十二；爱因斯坦小时候呆头呆脑，被学校开除；黑格尔在大学毕业时，辅导员评价他“此人智力中等，不擅长哲学”，没想到却开了个天大的玩笑，黑格尔成了哲学大师。由此可见，孩子的发展有快有慢，我们怎能凭孩子的一时表现而判定他的一生呢？

二、王金战老师“艺术、激情”的教学风格深深影响了我

高中时，我很荣幸成了王金战老师的学生。三年沐浴在王金战老师的教学当中，细枝末节可能已经遗忘，但是所有细节沉淀出来的风格一直深深地印在我的脑海中，那就是艺术的课堂和激情的教育。高中数学应该是很多人都感觉很难的一门学科，但是经过王金战老师的精心打磨，细心安排，数学教学过程变得那样流畅，那样充满活力，那样充满乐趣而又不失严谨。忘记了那些细节，只记得那些快乐的、幸福的感觉。作为班主任，王金战老师更是用他的激情点燃了我们的激情，忘不了那三年每周都要开

的班会，每一次班会都会使我们充满信心和力量；忘不了骑自行车 20 公里的春游，那是畅游，是青春的畅游；忘不了班里虽然没有体育特长生，但是奋力争得冠军后“团结就是力量”“付出就有回报”的感受；忘不了紧张的高三时，王老师和我们一起自编自跳的乱舞，舞到了熄灯，舞亮了蜡烛，舞来了其他班的艺术高手，我们一起狂欢，释放压力、点燃激情。高中生活因为有了王金战老师而不再枯燥，反而成为我们的一种享受。王老师用他的智慧和思考带给我们艺术的课堂和激情的教育，这种风格一直是我教学 20 年来所追求的。

三、李均老师的赏识打造了我的业务素质

如果说前期我的追求在优化课堂结构上，可以说经过几年的打造我的每一节课都达到了公开课、评优课的水准。2001 年的某一天，李均老师作为教研员到育华中学听课，记得那节课我讲得很成功，机会总是降临到有准备的人身上的。我因此得到李均老师的赏识，先是成为物理奥校的教练，在带领学生参加奥林匹克物理竞赛的准备过程中，我和学生一起探究到了初中物理的极高、极宽和极深之处，也因此提高了我的业务素质。然后就是参加各种比赛，评优课、素质大赛、课件比赛、论文比赛、说课比赛，一次次的比赛丰富了我的教育理论，提高了我的业务能力和教育教学水平。我还参与编写了各种教辅资料，在 2002 年到 2007 年大约 5 年的时间里，我参与编写了 13 本教辅资料，约 60 万字。这些经历把我从一位教书匠渐渐打造为一位名师。

四、张校长的唯才是举把我推向了事业的高峰

2004 年，一个偶然的机会，我的工作被调动到了向往已久的济南市第十二中学，这里有素质较高的学生，有和谐的同事关系，有浓厚的教研氛围，有追求卓越、以人为本的校风。在这里工作，我感到如鱼得水，更是一如既往地把自己的精力投入教学中。功夫不负有心人，我取得了优异的教学成绩。在期末测评中，我多次被评为优秀，被评为教学先进个人和“槐荫区教学能手”，并被推荐为槐荫区名师人选。

虽然教书已经整整 20 年，但是面对每一级新学生，我还是踏踏实实从头备课，看作业，测试讲评，我还是孜孜不倦地追求我的艺术课堂和激情教育。

做社会基层人才的输出者

鹿学俊

名师简介

鹿学俊，中学高级教师，济南第九职业中等学校教学副校长。

职业能力和职业意识的培养已经成为职业教育发展和改革中不可回避的问题。职业学校必须面向学生的就业和职业，与企业紧密联系，重视学生的生产实习和社会实践，改革以学校和课堂为中心的传统人才培养模式，实行工学结合、校企合作的人才培养模式，根据企业的需求，实行在校期间的专业教学，渗透职业意识，培养职业能力。

在从教 20 余年的职业生涯中，我一直致力于使用生动形象的教学手段，追求课堂教学的生动高效，享受学生爱戴的鲜花掌声。看到对中职毕业生就业现状的调研后，我抚平心头的浮躁，明白了中职学校的使命——在校期间把学生培养成合格的职业人，使他们走出校门就能高质量就业，并获取终生从业的能力。作为中职学校的一名教学管理者，我感到责任重大。

所谓职业人，就是参与社会分工，自身具备较强的专业知识、技能和素质等，并能够通过为社会创造物质财富和精神财富而获得合理报酬，在满足自我精神需求和物质需求的同时，实现自我价值最大化的一类群体。目前，我们中职学生一般需要 2～3 年的过渡期才能真正成为合格的职业人。

在德国、日本等职业教育发达的国家，90％以上的学校都特别重视加强对中职在校生的岗位能力的培养和职业意识的渗透，他们通过国家及社会的力量将学校实训教学和企业实践结合在一起，形成工厂化的学校，最后从校园中走出的是一批批技术精湛的产业工人，是有一定水平的专业技术人员。

现在，在我国有 80%以上的中职学校还不具备将企业引进学校的条件，学校的培养环境与企业的用人要求有较大的差距，大多数中职毕业生达不到用人企业的需求。那么，如何让中职学生在学习阶段，体验企业的用人需求，掌握前沿的行业技术，培养综合的职业能力呢?

一、 在教学中渗透职业意识，为职业人成长奠基

《国家教育事业发展“十一五”规划纲要》要求“坚持以就业为导向，深化职业教育教学改革”，提出“职业教育必须深化教育教学改革……要更新教学内容，改进教学方法，提高学生的实践能力、职业技能和就业能力”。这些都表明职业教育的发展要从教学理念和教学模式方面进行改革，改革的方向就是面向学生的就业和职业。因此，职业能力和职业意识的培养已经成为职业教育发展和改革中不可回避的问题。职业学校必须与企业紧密联系，加强学生的生产实习和社会实践，改革以学校和课堂为中心的传统人才培养模式，实行工学结合、校企合作的人才培养模式，根据企业的需求实行在校期间的专业教学。

(一) 增强学生的职业能力是企业对职业学校的要求

1. 企业对中等职业学校毕业生的能力和态度的要求

根据抽样调查的结果，企业对中等职业学校毕业生的能力和态度的要求如表 1 所示。

表 1　企业对毕业生的能力和态度的要求

项目	很高	较高	一般	无要求
积极好学	26%	65%	8%	1%
解决问题的能力	19%	61%	19%	1%
敬业精神	48%	42%	9%	1%
工作态度	48%	46%	5%	1%
处理合同任务的能力	19%	51%	27%	3%
安全生产意识	49%	38%	12%	1%

续表

项目	很高	较高	一般	无要求
对技术资料的记录、归档、评估和技术表达的能力	17%	48%	30%	5%
对设备的操作和器具的使用能力	22%	55%	20%	3%
独立工作的能力	27%	50%	22%	1%
注重质量、效益的意识	46%	40%	13%	1%
协调、合作能力	29%	55%	15%	1%
责任心	54%	40%	5%	1%
法纪观念	46%	41%	12%	1%
文化知识与人文素养	12%	62%	22%	4%

2. 企业对毕业生的技能需求

企业在回答“今后学生应更多地学习哪些知识和技能”的问题时，突出强调了实践性技能的重要性，有93%的单位把它列为重要项目，其次是专业理论知识，占62%，组织和协调能力占61%，普通文化课知识占24%，其他占13%（如表2）。

表2　企业认为今后应重点开设的教学内容

	实践技能	专业理论知识	组织协调能力	普通文化课知识	其他
企业比例	93%	62%	61%	24%	13%

3. 职业能力的要求

在对6项职业能力的调查中，按企业的重视程度排序为：

①职业道德与工作态度；

②专业操作技能；

③学习新知识、新技能的态度；

④相关专业知识；

⑤文化知识与人文素养；

⑥组织协调能力。

4. 企业对教学的建议

在250份用人单位有效问卷中，企业回应了“职业学校的教学应该从哪些方面加以改进”的问题，有关建议可集中归纳为5个方面（如表3）。

表3 企业对教学工作的建议

序号	建　议	比例
1	以市场为导向，了解企业需要，有针对性地设计教学内容，培养职业技能	36.8%
2	加强综合素质培养（包括文化基础课、文化素养、组织协调能力、社交能力、沟通合作能力、竞争意识、创新意识、市场化意识、法律意识）	29.6%
3	理论与实践更好地结合，加强理论知识学习，加强实践性教学环节	23.6%
4	加强思想道德、职业道德（包括敬业精神、诚信、吃苦精神）、心理健康教育	23.2%
5	加强校企合作、工学结合、半产业化教学	8%

（二）教学中渗透职业意识的思路

前国务院总理温家宝曾在全国职业教育工作会议中强调：职业教育要深化教学改革，注重学以致用，搞好以敬业和诚信为重点的职业道德教育，突出学生的动手能力和职业技能训练。学校实训教学是培养学生专业技能和职业素养最好的教学方式，但现在大多数中职学校的实训教学基本上是按照教材内容进行逐项的技能训练，学生只能学到单一的专业技能，不能与将来从事的工作岗位有效地进行结合，学生的职业意识、职业能力也就不能在这个过程中得到提高。而且职业学校的学生文化素质相对较低，大多没有良好的学习习惯，学习兴趣低，这为实训教学带来更大的困难。

因此，我们迫切需要在借鉴国内外先进经验的同时，结合本地区、本校的实际，探求一种既能培养专业技能又能渗透职业意识的实训教学模式，研究渗透职业意识的有效途径，以提高学生的综合职业能力，提高中职毕业生就业率。因此，我们要通过培训、调研和座谈，集中解决教师对职业教育认识模糊的问题，明确教师对职业教育地位和作用的认识，确定了职业道德和职业意识的培养目标不能脱离社会、行业和企业对职业道德和职业意识的要求。

通过参与，我们引导教师发现目前中职教育教学中存在的问题，通过学习把理论和德育课教学的实际结合起来，提出了符合实际的解决办法，基本确立了学校教学改革的思路：

1. **改革教学模式——以培养职业能力为核心**

职业教育从终结性教育到终身教育是一个有机组成部分的变化，这要求教学应在“学会求知”“学会做事”“学会共同生活”“学会生存”几个方面下功夫，对学生掌握的知识、技能，教育的组织方式以及教学制度等方面均提出了不同的要求：从以往较多地关注传递和储存知识向寻求获得知识的方法转变，从较多地注重教师的传授向有组织的和可持续的交流转变，教学制度从学年制向学分制转变。教学模式改革作为教学实施的重要手段，成为教学改革的重要内容。

教学模式改革是课程改革的核心内容和实施保障，它还决定着教学管理模式的改革方向，直接影响着中职学校能否建立行之有效的运行机制并能否正常推进课程改革。机电、汽修等技术应用专业课程的改革，也加速推进了对传统的教学模式的改革和创新，推行以综合职业能力培养为核心的教学模式；同时，对项目教学、学案引领、任务驱动、案例教学等教学模式的研究和运用，在较好地体现理论与实践相结合、充分发挥学生的主体作用、因材施教等方面发挥了积极的作用。

2. **加强实训教学——以形成岗位能力为重点**

按照“以能力为本位、以职业实践为主线、以项目课程为主体的模块化课程体系”的教学改革指导思想，把知识传授和能力培养紧密结合，保证课程的基础性、实践性、前沿性和适应性。文化基础课应以必需、够用为主，专业基础课和专业课应加强针对性和实用性，打破传统的学科体系，大胆实行教学改革。专业课教学中应尽量以项目课程为主体，让学生在项目课题的实施中学到理论和实践知识。在整个教学过程中，教师起着点拨作用，负责给学生介绍难懂、易错的地方，从而充分发挥学生的自主性。

加大实践课时比例，加强对实验室、实训室设施和实训基地的建设，给学生提供更多的动手空间。专业课程的教学采用课堂教学与实验室、实训车间实训相结合的方式，逐步形成基本实践能力与操作技能，形成专业技能、专业技术应用能力与综合实践技能有机结合的实践教学体系。为适应行业要求，学生在模拟的实训室中训练，一切按照企业标准来要求，使学生既能学到一般的知识，又能养成相应的职业素质，较快地适应企业。

3. **改进德育课教学——以渗透职业意识为目标**

加强学生的职业道德教育，教育学生树立正确的职业观和职业理想，形成良好的职业道德习惯；培养学生分析问题、解决问题的能力；培养学生的合作意识，树立集体观念；注重加强学生语言表达能力的培养；培养学生在职业上的应变能力和创业能力；加强学生心理健康教育，正确分析学生的心理特点和职业心理特点，了解他们的思想发展规律和个性形成的特征，从实际出发运用正确的方法，科学、适时、适度地指导学生完成各种学习任务。

实训、实习既是强化学生职业技能、提高其全面素质和综合职业能力的重要教学环节，也是对学生进行劳动观念、职业意识、敬业精神、职业纪律、职业责任感教育和促进职业道德行为习惯养成的重要途径。在实习过程中，教师应与实习单位共同对学生进行思想政治教育、品德教育、纪律教育、法制教育和相关岗位的职业道德规范教育及其养成训练。

职业意识的渗透需要改变传统的教学模式，面向工作过程，让学生在学习的过程中形成习惯。

二、推行“教学做合一”的教学改革，培养职业人

陶行知先生曾指出：“教学做是一件事，不是三件事。我们要在做上教，在做上学。”前国务院总理温家宝把陶先生的生活教育理论提升到一个更高的层次，温总理明确指出，职业教育只有在做中教才是真正的教，只有在做中学才是真正的学。笔者在多年的电工电子专业一线教学中，不断进行理论教学与实训教学的实践，近年来尝试“教学做合一”的改革，在以下几个方面作了一些探索。

（一）以行为导向为准则，整合开发教学资源

中职学校培养的学生是面向生产、服务和管理一线的技术工人，学生在校学习的应是行业中广泛应用或较为先进的专业知识和技能。现在的学校教育都以教材为依据，而现行的专业教材相对滞后是个不争的事实。因此，要想培养出适应社会需求的学生，必须从教材改革着手，依托行业优势，紧跟企业的步伐，聘请行业技术人员参与教学改革，优化课程设置，更新教学内容，把企业先进的技术引入专业教材，具有实力的专业应开发具有学校专业特色的校本专业教材。只有这样，学生才能学到实用的知识和技能，才能打造出品牌专业。

教学资源的开发，包括“理实一体化”课程的开发和数字教学资源的生成两部分。

1. **校本“理实一体化”课程的开发**

课程文化是职业学校校园文化的重要组成部分，是学校在课程教学中通过选择、整理和提炼而形成的，体现了职业教育的特点。中职学校课程文化建设必须以“实用、够用、能用”为原则，突出核心技能和职业素养的培养，努力培养高素质技能型人才。为提升学生的职业能力、激发学生学习积极性并满足企业对人才素质要求的需要，根据学校的实习设备情况，我们在理论教学中穿插实训课程，整合为“理实一体化”教材。后来，我们的校本教材《电工技术与技能》经清华大学出版社出版。借助自编教材实现“教学做合一”，变枯燥的知识堆积为生动的实践经验总结，在操作的同时帮助学生构建理论知识框架。

首先，在教材内容的编排上跳出学科体系的藩篱，把学生在工作过程中将要用到的基本操作做成典型的项目，让学生在教师的引导下完成，帮助学生获得最受企业关注的“工作过程知识”和基本工作经验，以满足企业和劳动力市场的需求。

其次，在自编校本教材时，推行以一个个的项目、任务引领型课程等带有工作过程导向的课程开发模式，并在课程体系上进行重构，在课程实施中从以教师为主导转向以学生为中心，从课堂情境转向工作情境，从以知识储备为主转向以实际应用为主，并在教学实践中成功地应用和推广。

2. **数字教学资源的生成**

目前，大多数中职学校专业教学资源主要有挂图、模型、实验设备、实训基地以及一些课程的多媒体资料。如何综合利用这些散的教学资源？我们在自编教材基础上，利用网络及学校服务器，较好地整合开发了教学资源。

首先，建立系统的数字化教学资源。学校引入星科网络云平台，充分利用网络资源。建立网络教学平台是教学资源发展的一种趋势，包括教学课件、教案、题库、图片库、视频库等。用三维软件做成的动态模拟仿真动画，可以弥补电工电子专业基础课实物教学资源的不足，而且使知识更为形象生动。

其次，根据整合后的教材，合理使用学校的实训设备，安排学生的实习。

再次，加强校企合作，将课堂拓展到工厂车间，将教学资源无限延伸。教学资源的整合、开发是实现教学做合一的基础，教师在备课过程中要结合教学内容，综合考虑教学资源，合理地创设教学情境，有针对性地设计学生活动，使学生能在做中学、学中做，将教、学、做更好地结合起来，寻求课堂教学的最优效果。

（二）以因材施教为准则，配合多种教学方法

职业学校学生的知识基础和接受能力相对薄弱，上好电工电子专业课的重点之一就是教法设计。这需要教师根据所教模块的特点，采用灵活多样的教学方式。我们在内容编排上采用基于工作过程的项目教学法，具体到每一模块内容，采用“用大项目引领，小任务驱动”的模式贯穿，学生按照项目要求、任务说明书做，教师以“巡视指导—讲解示范—训练纠正—师生共评”的基于工作过程的项目方式教学，更有利于学生在“做”中学，学习如何完成任务、与人合作、解决实际问题。在教学中要注重过程管理，做好“三抓”：抓课堂，以企业的组织模式设置班干部和学习班组、以企业的管理形式实行“总经理（班长）负责制”、按照企业的制度制订班级制度公约、学习企业的管理手段、每天组织晨会进行工作总结和点评；抓细节，宣传“天下大事，必做于细”“细节决定成败”，严格校牌佩戴、升旗仪式、就餐秩序、文明用语、教室物品摆放、内务打扫、行为举止、仪容仪表等方面的要求，把学校的行为规范转化为学生的行为习惯，内化为学生的个性品质。

在教学中为了让学生感受到实际的教学效果，我采用了案例教学法，让学生通过了解案例，掌握基本操作技能，而课外自己创意再做，又进一步提高技能，有利于培养学生收集信息、制订计划、实施计划的能力，同时，提高了学生解决实际问题的能力。

为了解决实训材料短缺、学生基础参差不齐的问题，我们采用小组合作的模式，建立帮助小组，对底子薄的同学多关注，留意他是否也能按时完成任务或遇到哪些需要及时解决的问题，使大家顺利完成各项任务。在教学过程中，也可以适当运用问题教学法，提高学生的学习兴趣，精讲多练，达到“教学做一体化”的教学效果。

三、 教师自觉成为职业人培养的承载者

（一）严格过程管理，培养职业人

在实训室硬件环境的配置上，将环境设计成教学工厂模式，建立更多

的“理实一体化”教室，把各实训教室包装成企业“车间”，按照企业生产标准张贴安全标语、生产操作流程、安全操作规程等。在实训教学管理中，按照提高要求，严格督促达到标准，长期坚持使形成一种习惯的思路进行教学。把学生包装成企业“工人”，穿整齐的工装，统一站队，进行实训前教育、实训后总结，实行班组长管理制，严格按照企业操作流程上岗实训，实训时要统一操作规范，包括卫生打扫、工具的摆放、操作动作的规范到位、课上用语、同组人员的协作、课后器械工具整理等，营造完整的企业文化氛围，促进学生形成职业认同感。坚持实行开放式办学，通过专家讲座等形式，定期邀请企业管理层到校对学生进行企业文化和规章制度教育，引进一些具有丰富实践经验的技术人员参与学校实训教学。利用联办单位或就业指导委员会成员单位，组织学生不定期到企业进行参观实习，进行工学交替，使学生领略到企业文化的内涵、要求与特点，加强学生对企业的认识，培养学生的主人翁精神和敬业精神，使其顺利实现由学生到企业员工的角色转换。

（二）细化考核标准，贯穿企业要求

教学中只有目标明确，才能充分调动教师和学生的积极性。生产实习与就业指导办公室要规范就业信息的发布工作，设立就业信息宣传栏，让师生随时关注企业用人信息，了解应聘职位的要求，对各种岗位有一个明确的认知。对于基础学科的教学，根据本校学生特点，制订出阶段性的考核标准，保持相对的稳定性和延续性，使文化课教学有较明确的目标；专业课教学要根据企业的用人标准，分项目细化考核，提高专业技能的培养水平和效率，试行在高二阶段将学生专业考核与技能鉴定相结合，综合考核与校外实习相结合，力争做到合格的学生早实习，考核不合格的学生不离校，确保学生质量，进一步提高社会声誉。

四、丰富校园活动，促进职业人的成长

开展一系列贴近专业、贴近学生的校园活动，促进学生思想净化、灵魂升华，丰富教师的精神生活。职业学校应该是让学生身心健康、心情愉悦的家园，是激发学生求知愿望、积极向上热情的乐园，是让学生成人成才之后依然怀念和感激的地方；职业学校还应该是教师的物质利益、文化利益、政治利益得到尊重和维护的地方，是教师获得学习机会、发展空间并实现个人价值场所，是促进他们身心健康、关系和谐的工作单位，是他

们创造力竞相迸发的乐土和愉快生活的家园。可以尝试建设师生论坛、师生博客等，促进师生交流，融洽师生关系。

注重学生社团活动的开展，选择动手能力强且有兴趣的学生组建以培养职业技能为宗旨的社团，如微机社团、CAD设计社团、新理念汽车维修社团、舞蹈社团、机加工社团等。举办一些校内实践活动，如设计制作成果展、专业服务技能展示等，由专业师生及行业人员共同参与，将知识与实践结合，激发学生的创造力和竞争意识。定期聘请专家到校作相关专业的学术报告，发动师生进行研究性学习，培养学生创新精神和实践能力，增强校园学术氛围。

教学改革不是一朝一夕能够实现的。在校园内培养一个合格的职业人，不是一名教师、一所学校能独立完成的，需要全社会的合力。我将会一直坚守在这条布满荆棘但又充满希望的路上，追求职业理想早日实现。

附：我的教育故事

在教研培训中成长，做高效课堂的践行者

一、为了一个理想——执着于三尺讲台

1993年，我调到九职专，师范大学毕业的我终因一份教师情怀，到企业转了一圈后又回到了让我魂牵梦萦的讲台，如愿以偿地成为一名专业课教师。我非常珍惜这“失而复得”的教师岗位，在教学上投入百倍的热情，经常备课到深夜。对课本上的每一个字我都能熟记于心，真正走上讲台后，才知道“教然后知困”的含义。20世纪90年代初，家电设备还是稀缺品，我经常对一个高频头电路、调谐式振荡电路讲半天，虽然使出了浑身解数，学生依然觉得枯燥，我一筹莫展。我立志做一名学生喜爱的老师，让枯燥的机电专业课堂变得生动鲜活。怀揣这份理想，我开始尝试将“理实结合”和快乐教学的理念注入课堂。

润花蕾，育桃李，光阴荏苒，不知不觉我已在三尺讲台上耕耘了20个春秋，其间先后担任班主任、专业组长、教育处主任、教务处主任等工作。随着事务性的工作越来越多，周课时也由原来的18节减少到现在的6节。但我对教学的热爱丝毫没有减少，反而更加浓厚了。从学生的姐姐，变成阿姨，直到今天与他们的妈妈同龄，我始终保持着这份热爱和这份执着。

二、为了一个追求——热衷于各类教研

要成为一名好教师，得到大家的认可，我认为其业务能力应该是最棒的。在网络尚未普及的20世纪90年代，组长陈成瑞老师告诉我，要不断参加教研活动，参加各类比赛，提高自己的业务能力。

源于对教学的热爱，更是为了不辜负各级领导的厚爱，我在1997年到2012年的15年间共参加过4次省市优质课评选，讲了两次省、市级公开课，参加过两次课件评比、两次论文评选、两次教具比赛、一次电子教案评选、两次市级技能大赛、3年对口升学命题及阅卷、8本教材的编写。正是在这一次次的锻炼中，我逐步成长起来，由最初的力求教具新颖、动画形象，到追求目标定位的准确，教法、学法的有效，从形式到内容，由教学到学法，我领悟到课堂教学的真谛是让学生在参与中消化内容、体验方法。参加课件评选使我领悟到多媒体的生动、形象，为课堂增添了生机、提高了效率；论文评选使我理清了思路，提高了教学理论水平；参与对口升学命题使我这个“马大哈”开始变得严谨；参加教材编写，让我对专业内容间的联系有了更好的把握；自制教具比赛提高了我的设计及动手能力；技能大赛强化了我的专业技能；指导学生参赛提升了我的综合素质。

这些活动促使我不断提升业务水平和组织能力，不断完善和丰富自己。这种因参与获得的体验、因参与获得的提高是在潜移默化中进行的。我在参与中不断成长，很大程度上得益于省、市教研室老师对我的业务引领和指导，从他们身上，我学到了治学的严谨与认真，做事的执着与无私。

三、为了一份责任——致力于教学改革

“构建高效课堂”是一份责任，也是一名教师永恒的追求，它需要教师专业技能的及时更新和理论素养的不断提高。为此，我抓住每一次培训提高的机会，牺牲无数个节假日以提升自己。其中，对教学改革影响最大的有两次培训。

北京的培训让我学会换位思考。2007年暑假，我到北京参加首批“骨干教师国家级培训”。一个月的理论学习，从早上8点到下午5点，每天坐8个小时，总共聆听了5位教授的授课，体会到单片机学习的迷茫与困惑，也领略到PLC学习的欣喜与快乐。赵志群教授关于教学改革的讲座为我的教学改革之路开启了一盏指路灯。一个月的企业实践使我了解到哪些知识和能力才是企业最需要的。37岁的我认真做了一个月的学生、一个月的学徒后，也深深地体会到做学生的不易。换位体验后的我开始领悟：教学内容一定要贴近生产实践和生活实际，教学方法的选择必须从学生的感受出发。这次培训使我真正领悟到“换位思考”的含义，我的课堂开始由关注自我讲课感受到有意识地关注学生的体验，我真正开始了对有效课堂的探索与实践。从此，我在电工基础课上探寻“问题引领，小组合作”的教学模式，通过形象生动的问题、小组捆绑记分的考核形式带动各学习小组互帮互助、积极思考、相互讨论、大胆发言、共同进步。

德国的培训使我开始反思教学。2010年暑假，我参加了教育部组织的赴德专业教学法培训班，主要是学习德国职业教育中学习领域的课程及行动导向的专业教学方法，亲身感受和体会了德国的职教文化。德国43天的学习培训应该说是轻松、快乐的。德国的职教课程已经转化为学习领域，体现为具体的学习情境和学习任务。单元式的教学把专业知识、技能以及方法能力和社会能力融合在一起，目的是培养学生的综合职业能力。学生学习的知识是工作中的应用性知识，学习的内容是工作，学习的目的是能够胜任工作。从课程内容看，学习领域课程基本上是从行动领域开发出来的学习领域（学习任务、学习情境），内容的展现形式为工作页、引导文、辅助教材，注重的是对直接经验的体验和学习。从课程实施过程看，实践性课程从一开始就得以介入，综合的学习情境和学习任务保证了实践和理论同时进行，形成纵向的职业能力成长结构，所以能更好地适应生产和服务的需要。在专业教学法的研究上，德国人做得也很细致，课程改革的步伐非常扎实。以行动导向教学法为主，其范畴很宽，四步教学法、项目教学法、引导文教学法、案例教学法、角色扮演法、头脑风暴法、小组讨论法都有所应用和涉及，有时也表现为多种教学方式交替使用。

所谓“学然后知不足”，通过学习和体验，我开始反思。目前我们的教学改革一直在探索教学模式，改革的是教法，即怎么教，而教法改革是以教学内容为根基的，显然教什么更重要。因此，在现行的教材模板下搞教法改革，就要求每位教师都要有重组教材的能力。改革的实践也提醒我，部分教材制约和束缚着教师，课程改革是目前中职教学改革的核心。目前，我除了继续进行“教学做合一”的教学法改革外，也将校本课程、教学资源建设作为近五年教学改革的努力方向。